HENRI
ou
L'ÉDUCATION NATIONALE

ŒUVRES DE JEAN DUTOURD

LE COMPLEXE DE CÉSAR, essai (Gallimard).
LE DÉJEUNER DU LUNDI, roman (Gallimard).
GALÈRE, poèmes (Éditions des Granges-Vieilles).
L'ARBRE, théâtre (Gallimard).
LE PETIT DON JUAN, traité de la Séduction (Robert Laffont).
UNE TÊTE DE CHIEN, roman (Gallimard).
AU BON BEURRE, Scènes de la vie sous l'Occupation, roman (Gallimard).
DOUCIN, roman (Gallimard).
LES TAXIS DE LA MARNE, essai (Gallimard).
LE FOND ET LA FORME, tome I, essai alphabétique sur la morale et sur le style (Gallimard).
LES DUPES, contes (Gallimard).
L'ÂME SENSIBLE, essai (Gallimard).
LE FOND ET LA FORME, tome II (Gallimard).
RIVAROL, essai et choix de textes (Mercure de France).
LES HORREURS DE L'AMOUR, roman (Gallimard).
LA FIN DES PEAUX-ROUGES, moralités (Gallimard).
LE FOND ET LA FORME, tome III (Gallimard).
PLUCHE OU L'AMOUR DE L'ART, roman (Flammarion).
PETIT JOURNAL 1965-1966 (Julliard).
L'ÉCOLE DES JOCRISSES, essai (Flammarion).
LE CRÉPUSCULE DES LOUPS, moralités (Flammarion).
LE PARADOXE DU CRITIQUE, essai (Flammarion).
LE PARADOXE DU CRITIQUE, suivi de SEPT SAISONS, critique dramatique (Flammarion).
LE PRINTEMPS DE LA VIE, roman (Flammarion).
CARNET D'UN ÉMIGRÉ (Flammarion).
2024, roman (Gallimard).
MASCAREIGNE, roman (Julliard).
CINQ ANS CHEZ LES SAUVAGES, essai (Flammarion).
LES MATINÉES DE CHAILLOT, essai (S.P.L.).
LES CHOSES COMME ELLES SONT, entretiens (Stock).

2

ŒUVRES COMPLÈTES, tome I (Flammarion).
LE BONHEUR ET AUTRES IDÉES, essai (Flammarion).
DISCOURS DE RÉCEPTION À L'ACADÉMIE FRANÇAISE (Flammarion).
MÉMOIRES DE MARY WATSON, roman (Flammarion).
UN AMI QUI VOUS VEUT DU BIEN (Flammarion).
DE LA FRANCE CONSIDÉRÉE COMME UNE MALADIE (Flammarion).

Traductions :

LE VIEIL HOMME ET LA MER, d'Ernest Hemingway.
LES MUSES PARLENT, de Truman Capote.
L'ŒIL D'APOLLON, de G. K. Chesterton.

JEAN DUTOURD
de l'Académie française

HENRI ou L'ÉDUCATION NATIONALE

roman

FLAMMARION

Il a été tiré de cet ouvrage :

DOUZE EXEMPLAIRES SUR VERGÉ BLANC DE HOLLANDE
DONT DIX EXEMPLAIRES NUMÉROTÉS DE 1 A 10
UN EXEMPLAIRE, HORS COMMERCE, NUMÉROTÉ I
ET UN EXEMPLAIRE POUR L'AUTEUR.

VINGT-CINQ EXEMPLAIRES SUR PUR FIL
DES PAPETERIES D'ARCHES
DONT VINGT EXEMPLAIRES NUMÉROTÉS DE 11 A 30
ET CINQ EXEMPLAIRES, HORS COMMERCE,
NUMÉROTÉS DE III A VII

VINGT-CINQ EXEMPLAIRES SUR PAPIER VERT
RÉSERVÉS A L'AUTEUR, IMPRIMÉS NOMINATIVEMENT

Le tout constituant l'édition originale

Printed in France
ISBN 2-08-064517-X

« Et Frédéric, béant, reconnut Sénécal. »

(Flaubert, *Éducation sentimentale.*)

À Henri Flammarion, frère d'esprit,
frère de cœur.

I

Ce matin, je suis monté au Sacré-Cœur de Montmartre, que tant de peintres ont reproduit, et qui malgré cela reste un des endroits les plus laids de Paris. Il me fallait une colline, du haut de laquelle contempler une ville. Je m'étais mis cela dans la tête. J'avais fait le plan de ma journée depuis deux mois : à huit heures du matin, grimpette au Sacré-Cœur. Petite méditation poétique devant Paname à mes pieds. Ciel bleu. Émotion. Ensuite l'épisode de la ceinture. Redescente. Retour chez moi à l'hôtel Pitre, où j'écris ceci.

J'ai hésité trois semaines entre le Sacré-Cœur et le Père-Lachaise qui est aussi sur une hauteur, et d'où j'aurais pu contempler la capitale. Le Père-Lachaise me tentait assez, mais je ne voyais pas exactement où Rastignac s'était posté pour dire : « À nous deux, maintenant. » En outre, je n'avais pas l'intention de lancer un défi de ce genre. Il ne faut pas mélanger les symboles. Donc, va pour le Sacré-Cœur. J'avais emporté avec moi mon exemplaire de la *Vie de Henri Brulard,* en guise de canevas, avec l'espoir un peu bête que tout serait pareil ou presque pareil, dans mon affaire, à l'exquis début du premier chapitre (et aussi par piété pour un homme que j'aime à la folie). Je croyais pouvoir, à cent quarante-deux ans de distance, ressusciter pour mon compte une des pages qui m'ont le plus fait rêver dans la littérature française. Était-ce une entreprise idiote, une de ces démarches saugrenues comme en font les garçons de mon âge qui se désolent parce qu'ils ne trouvent rien dans leur tête qui soit assez riche pour faire passer le temps plus vite, et cherchent les moyens de fabriquer des événements par lesquels ils seront enfin émus ? Nous verrons. La longueur de cet écrit me le dira. Si je dépasse deux cents pages (enfin, deux cents bonnes pages, pas du bavardage pour ne rien dire), j'aurai gagné. J'aurai eu raison d'aller faire le jocrisse sous la pluie en haut de Montmartre avec mon *Brulard* sous le bras. Si je tombe en panne après-demain, comme cela m'est si souvent arrivé, mon équipée ne sera qu'une bêtise de plus dans ma vie. Au moins cette bêtise-là ne sera pas déshonorante. Personne n'en a été le témoin. Même extérieurement, je suis irréprochable. On ne peut vraiment pas se moquer d'un type qui va se promener.

J'aurais été transporté si le temps avait été le même que le 16 octobre 1832 sur le mont Janicule à Rome. Le 18 janvier 1974, sur le mont des Martyrs à Lutèce, c'était impossible. Il n'y a que moi pour espérer de tels miracles. À six heures et demie, lorsque j'écartai les rideaux de ma fenêtre, il faisait encore nuit. À sept heures et quart, dans la rue, le moins qu'on puisse dire est que je n'étais pas à Rome. Les ténèbres tournaient au marron. Les profs de cinquième s'extasient sur *l'obscure clarté* qui tombe des étoiles, dans *Le Cid*. J'eus une idée, ou plutôt une sensation du même genre : je reconnus une certaine *chaleur d'hiver* : l'air était mou, il tombait un crachin tiédasse, les trottoirs luisaient, les voitures faisaient en roulant un bruit de papier qu'on décolle.

D'abord cela m'ennuya : on me gâchait mon romantisme. Puis j'en pris mon parti, et même je m'en réjouis. C'était mieux. Cela donnait le contraste entre 1832 et 1974. En 1832, on écrit : « Il faisait un soleil magnifique. Un léger vent de sirocco à peine sensible faisait flotter quelques petits nuages blancs au-dessus du mont Albano, une chaleur délicieuse régnait dans l'air, j'étais heureux de vivre. » C'est du Berlioz, c'est *Harold en Italie* ; c'est du Rossini, du Schubert, du Beethoven. En 1974, on en est à Prokofiev, à Britten, au moins à Ravel. Ce n'est pas la sensibilité qui est différente, mais le paysage, et il faut trouver d'autres sons.

J'aurais pu rentrer à l'hôtel Pitre et me refourrer dans mon lit. J'en eus fortement la tentation. Qu'avais-je affaire de me carapater au Sacré-Cœur et d'y attraper un rhume, lequel ne manquerait pas de dégénérer en angine ? Comme toujours, j'avais compris avant de commencer. Quelle corvée d'être intelligent ! Un mot, une pensée, un clin d'œil, et hop, je sais tout. C'est assommant. On finit par ne plus rien faire. Pour une fois je décidai de ne pas m'en tenir à la simple idée, mais d'aller physiquement jusqu'au bout de mon projet.

Je me forçai à prendre le métro, où je suai pendant une demi-heure entre des travailleurs mal réveillés et des dactylos maquillées par-dessus leur crasse de la veille. Je descendis à la station « Abbesses ». Je pris un café-crème et un croissant dans un bistrot de la rue Saint-Éleuthère pour me redonner du cœur à l'ouvrage, et je montai les escaliers du Sacré-Cœur en me demandant à chaque marche ce que je faisais là. J'étais malheureux comme un alpiniste qui s'est entêté à escalader les Grandes Jorasses par le nord un jour d'avalanche, malgré les avertissements des guides. À perte de vue, j'étais seul. La pluie tombait plus dru que tout à l'heure et, en dépit de la « chaleur d'hiver », me criblait la tête d'aiguilles glacées. La basilique, dont l'unique charme est sa blancheur, avait la couleur sale qu'à Paris le mauvais temps communique à tout, du moins le peu que j'en voyais, car elle était aux trois quarts mangée par la brume ou par un nuage.

Étais-je « heureux de vivre » comme l'autre Henri ? Je me posais sérieusement la question et j'étais assez surpris de constater que oui. Je me disais qu'en somme j'avais eu raison de me forcer. Je n'avais pas prévu que la pluie, les escaliers, la solitude et la tristesse du lieu, le naufrage de ma petite fête intime dans la dérision me procureraient une telle allégresse. En plus, je puais le chien mouillé. C'était si bête et en même temps si pénible à exécuter que cela tournait à la cérémonie initiatique, au rite de sauvage. Je pensais que, quand je serais arrivé à la dernière marche, j'aurais vraiment attrapé mes vingt ans, que je les aurais gagnés, qu'ils seraient à moi comme un trophée, que je serais entré dans l'âge d'homme par une épreuve réelle, au lieu que cela m'ait seulement effleuré pour s'envoler aussitôt en ne laissant qu'un léger regret, comme la plupart des événements de la vie.

Pas question de s'asseoir et de contempler Paris. J'aurais voulu le voir, l'autre Henri, s'il avait flotté sur son Janicule comme il flottait sur ma butte ! Il y aurait regardé à deux fois avant de poser son gros derrière sur les marches de San Pietro in Montorio. Quant à la rêverie, ce serait pour mes trente ans ou mes quarante ans. Aujourd'hui, on ne distinguait rien au-delà de deux cents mètres. Du reste, même s'il avait fait beau, même si j'avais pu porter le regard jusqu'à l'Opéra, au Panthéon, à la tour Eiffel, je n'aurais pas eu la patience de me repaître de ce spectacle pendant « une ou deux heures ». Déjà que cinq minutes me paraissent une éternité ! Rester deux grandes heures immobile, rien qu'à songer, rien qu'à se laisser occuper par des idées ou des sentiments comme on écoute de la musique, c'est tout à fait au-delà de mes possibilités. Je n'ai pas le moindre soupçon de la manière dont on s'y prend. J'ai la tête vide ; il n'y pousse rien. Le Sahara. Du sable à perte de vue sans un arbuste, sans un oued. Se promener là-dedans est le comble de l'ennui. Au bout de deux minutes, je n'ai qu'une envie : être ailleurs.

Ce désert se métamorphosera-t-il un jour en jardin, en usine, en bibliothèque, en musée ? Prendrai-je plaisir enfin à y demeurer ? Est-ce que cela m'intéressera plus que le monde extérieur ? Cela m'étonnerait. Je ne me vois pas le genre rêveur, perdu dans mes pensées. Dieu sait cependant que j'essaie. Je m'enferme dans ma piaule avec l'intention de rêver, de penser, ou tout au moins avec l'espoir d'y parvenir. Je prends toutes les dispositions : je me bourre une pipe, je me pose sur une chaise, j'adopte l'attitude officielle du penseur (le menton dans la main). Je ferme frénétiquement les yeux. Et puis j'attends. Zéro. Je ne suis pas doué pour la pêche à la ligne. La pensée ne mord pas. Au bout d'un quart d'heure je suis fou d'impatience. D'autres fois, j'essaie la marche à pied. Idem.

Pour ce qui est de la ceinture, épisode crucial, couronnement de mon expédition, j'étais bien embarrassé. J'avais tout prévu pourtant. J'avais choisi un ceinturon large de deux centimètres et demi, orné d'une grosse boucle en cuivre qui me rentrait dans le ventre lorsque je m'asseyais. Je m'étais muni d'un stylo à pointe Bic pour l'inscription. Ce que je n'avais pas prévu, c'était cette foutue pluie.

Dans *Brulard*, H.B. raconte qu'il attendit d'être rentré au Palazzo Conti pour tracer tranquillement sa jolie phrase énigmatique. Moi, je voulais régler cette question-là à Montmartre, devant Paris, en plein air, avec du vent dans les cheveux si possible. Bref, je voulais tout. En plus de Stendhal, il me fallait Chateaubriand. Quelle chance j'ai eue qu'il soit tombé des hallebardes ! Cela m'a quand même évité de trop faire le clown. Merci, mon Dieu, pour cette bienheureuse flotte ! À cette sauce que vous m'avez envoyée pour m'empêcher de me fabriquer en une matinée six mois de souvenirs ridicules, je reconnais votre adorable et coutumière mansuétude.

Finalement, c'est dans l'église où je me réfugiai que je fis mon petit exercice de calligraphie sur cuir. Je m'assis dans un coin noir et traçai pieusement, avec application, en dedans de mon ceinturon : « J. les 20. » Je balançai une minute pour savoir si j'ajouterais la date, et puis cela me rasa. Cette histoire avait assez duré, cela tournait à la scie. Je renfilai le ceinturon, jaillis du Sacré-Cœur, descendis les escaliers au trot, et me voilà dans le métro, puis chez moi avec mon stylo à la main (après avoir changé de vêtements, étant à tordre comme si j'avais traversé la Seine à la nage).

Alors, là, tout à coup, phénomène bizarre que j'ai

observé vingt fois : autant je suis stérile quand je m'échine à méditer dans le vague, autant les choses viennent facilement si j'ai un papier pour les noter. Non, ce n'est pas exactement cela : lorsque je m'installe pour écrire une dissertation ou un récit, après que j'ai commencé (en me disant que je vais sans doute caler au bout de dix lignes), j'ai la surprise de m'apercevoir que d'autres phrases arrivent sans difficulté ; des souvenirs totalement oubliés se réveillent au moment où j'ai besoin d'eux, des idées que je n'avais jamais eues, que je ne soupçonnais même pas que j'avais, accourent pour se glisser docilement là où elles doivent être. À croire que je suis deux : un type qui vit comme tout le monde, qui n'offre pas un intérêt spécial, qui ne regarde rien, n'écoute rien, ne comprend rien, qui a la cervelle pleine de courants d'air ; et certains jours, à certaines heures, un type qui a vu ce qu'il fallait voir, entendu ce qu'il fallait entendre, dont la cervelle est une bande magnétique ou une chambre noire ayant enregistré ce qu'il fallait enregistrer. À chaque fois, j'en suis stupéfait. Et content, bien sûr. Content est peu dire. J'en éprouve une joie énorme. J'ai toujours pensé que le plus grand bonheur pour un individu ordinaire est d'être pris pour un autre. J'ai ce bonheur quand j'écris. Je croyais me connaître, et même me connaître à fond, à la Socrate, tout savoir de mon fort et de mon faible, et je me trouve devant un inconnu.

Donc j'ai vingt ans. Mon enfance est bien finie. Est-ce que cela me fait plaisir ou m'effraie ? Les deux. Pour la première fois de ma vie, je suis vieux. L'ai-je assez désiré, l'âge d'homme ! Maintenant qu'il est là, j'ai la frousse. D'autre part, je n'ai pas aimé être un enfant. J'avais trop le sentiment de mon impuissance. J'avais hâte de grandir, de sortir de ma dépendance, de ne plus être commandé, c'est-à-dire contraint de faire des choses dont je voyais la bêtise ou l'inutilité, ou encore acculé à jouer l'imbécile pour complaire à des gens plus forts que moi, à cause de leur âge. J'obéissais comme un manant à son seigneur, sans rechigner afin de ne pas provoquer quelque drame dont j'eusse été inévitablement la victime, mais en formulant *in petto* de farouches restrictions mentales et en rêvant de jacquerie. Il est affreux de céder quand on est sûr d'avoir raison. Voilà ma vie pendant vingt ans. Pas une seule victoire sur l'obscurantisme des adultes. Depuis mon plus jeune âge, j'ai vu le monde tel qu'il était, et ils avaient la rage de me le faire voir tel qu'il n'était pas, de m'inoculer leurs préjugés et leurs illusions. Enfance, pour moi, est synonyme de guerre. Guerre pour rester clairvoyant contre une ligue serrée dont le but était de me rendre aveugle. Être homme n'est peut-être pas tout rose, mais au moins on n'a plus à se gêner comme je me suis gêné entre cinq ans et dix-neuf ans. Premier avantage.

Ici, à ma petite table de l'hôtel Pitre, devant ma feuille à moitié remplie, je suis bien plus à l'aise pour rêver que tout à l'heure sous la pluie. Je me paie une *bosse* de rêve, comme dit Flaubert, et je m'attendris sans peine, comme H.B. sur le Janicule. Ces vingt ans que j'ai aujourd'hui, et que j'ai fêtés à ma façon, que vais-je en faire ? Je dis que je me connais comme ma poche, mais est-ce tout à fait vrai ? J'ai peut-être une idée très fausse de ce que je suis, n'ayant considéré que mes pensées, que mon esprit, mais n'ayant jamais réellement médité sur les événements de ma vie, qui me paraissaient trop contingents, sans importance, indignes de retenir l'attention d'un philosophe de ma trempe.

En écrivant, je m'aperçois que pendant toutes ces années de ma jeunesse je n'ai observé de moi que l'intérieur. Quand on entend sa voix enregistrée au magnétophone ou sur un disque, on n'en revient pas, on croit que c'est la voix d'un autre. Si je fais l'effort de me considérer objectivement, je risque d'avoir une surprise du même genre.

Il serait peut-être temps de réviser mes idées sur le père Sartre. Y aurait-il un peu de vérité dans son existentialisme ? Ce qui m'a rendu cette doctrine antipathique, c'est qu'elle ne considère que la moitié de l'homme, celle que tout le monde peut voir : ses actes. Et les pensées, alors, et les intentions, tout ce qui est invisible ? Autre raison pour quoi l'existentialisme me décourage : il est implacable. Un type fait quelque chose de mal : c'est un salaud. Pas moyen de se racheter. Salaud il est, salaud il restera jusqu'à son dernier soupir. L'étiquette est indécollable. Moi, j'ai une tout autre conception de l'existence. Je crois que c'est une perpétuelle rature, qu'on est salaud un jour, héros le lendemain, qu'on corrige sa saloperie par des regrets ou des remords, et surtout que l'on doit pardonner sans arrêt, non seulement aux autres, mais aussi à soi-même, sans quoi on ne peut plus vivre.

Je me suis souvent demandé pourquoi j'étais vaguement religieux, vaguement croyant, quoique grand lecteur de Voltaire et de Diderot : c'est parce que j'ai besoin de quelqu'un qui voie dans mon âme, qui la connaisse comme je la connais, qui sache que, tout salaud que je suis dans mes actes, je ne le suis pas au fond de moi, quelqu'un qui fasse le total de ce que je suis extérieurement et intérieurement, quelqu'un qui attende la fin, l'extrême fin, l'ultime souffle, avant de me coller une étiquette sur le front et de me ranger dans un tiroir. Dieu est la machine à calculer le visible et l'invisible et, l'ayant calculé, il truque le résultat par la miséricorde.

Lorsqu'on m'a enseigné l'existentialisme, j'ai cru voir apparaître le diable. Le diable aussi est une machine à calculer, non pas une machine fausse, comme Dieu, mais une machine terriblement exacte, un usurier qui ne vous fait pas grâce d'un centime. L'existentialisme l'arrange bien. Qui n'est pas damné, avec le système des étiquettes ? Au bout de soixante ou quatre-vingts ans, on est couvert d'étiquettes noires. Il y en a dix pour une étiquette blanche.

Quoi qu'il en soit, diable ou non, l'existentialisme m'apprend quelque chose dont je ne m'étais pas avisé jusqu'à aujourd'hui, absorbé que j'étais à ne regarder que mon âme : c'est qu'un homme a deux vérités, aussi vraies l'une que l'autre, la vérité subjective et la vérité objective. Je ne suis pas seulement ce que je sais être, je suis aussi ce que les autres voient de moi. Dure constatation, car ce qu'ils voient n'est pas flatteur.

Il me semble que, depuis ma naissance, j'ai passé pour ce que je n'étais pas : un impulsif, alors que je pesais interminablement le pour et le contre avant la plus insignifiante démarche, au point que je m'accusais d'inertie ; un menteur, cultivant frénétiquement le paradoxe, alors que je cherchais la vérité de toutes mes forces ; un énergumène, alors que je me jugeais plus sage et plus raisonnable que quiconque autour de moi ; un égoïste, alors que je me serais jeté au feu pour n'importe qui s'il était malheureux ; un petit capricieux, un petit caractériel, alors que j'étais au contraire très ferme sur les trois ou quatre maximes fondamentales que je m'étais forgées moi-même à force de réflexion ; un esprit influençable, quand c'était moi plutôt qui influençais mes camarades. Qui se trompait ? Moi ou les autres ? Pour démêler cette grave question, un écrit comme celui-ci peut être utile, à condition que je le mène à bien, ce qui n'est pas couru d'avance.

Raconter la vie d'un enfant est une chose à peu près impossible. Les enfants sont des êtres passifs. Ils sont retranchés de la grande aventure humaine, qui est de gagner son pain. Ce pain, on le leur donne gratis, en échange de leur libre arbitre. Ils mènent une existence d'animaux domestiques. La jeunesse est une période vide. Il n'y a rien à dire sur soi. Ce n'est pas l'histoire de ce qu'on est, mais de ce qu'on voit, de ce qu'on entend, de ce qu'on apprend, à la rigueur de ce qu'on devine. Comment être intéressant en décrivant le fonctionnement d'un appareil enregistreur ?

Je n'ai de biographie permettant un récit que depuis octobre dernier, lorsque j'ai décidé de quitter la maison et d'habiter à l'hôtel Pitre. Là, j'ai montré du caractère. Il n'est pas facile de plaquer sa famille, même si les liens qui vous attachent à elle sont très effilochés. La famille est assommante, mais elle est commode. À dix-neuf ans on est toujours un moutard, un fœtus. J'aurais pu rester chez mes parents jusqu'à trente ans, trente-cinq ans, prolonger l'enfance par les études comme tant de bébés attardés. Ils ne demandaient que cela. Les enfants d'aujourd'hui sont de petits Hannibals frileux englués dans les délices de Capoue. Je me suis sauvé grâce à Stendhal. Il disait à Mérimée qui étudiait encore le grec à vingt ans : « Vous êtes sur un champ de bataille ; ce n'est plus le moment de polir votre fusil ; il faut tirer. » Je ne sais pas si Mérimée a suivi ce bon conseil ; en tout cas, moi je l'ai suivi. Il m'est arrivé en pleine poitrine. Quand je l'ai lu, je me suis dit : « J'ai dix-neuf ans trois quarts. Le fusil est assez poli. Je me donne un mois pour commencer à tirer. »

D'abord, j'ai décidé de ne pas continuer Sciences-po, où j'étais entré parce que mes parents le voulaient, et que je ne savais pas ce que je voulais (je ne le sais toujours pas, mais je sais enfin ce que je ne veux pas). Je possédais le bac. Cela suffisait. Ensuite, il fallait partir. C'était l'occasion de vérifier si mon père, qui s'était tant vanté qu'il ne me contrarierait pas dans mes penchants, mes goûts, ma vocation au cas où j'en aurais une, n'avait pas menti tout au long. Tel que je le connaissais, j'aurais parié pour le mensonge, au point que j'étais prêt à fiche le camp en catimini, en laissant une lettre, comme un suicidé, pour couper à l'ennui d'une explication. Puis j'ai pensé que ce ne serait pas « courageux ». En quoi l'on peut constater que j'étais encore un gosse, car il était sans importance d'être courageux ou non. L'unique affaire était de partir ; le courage était là, non dans des adieux idiots où je risquais de capituler devant des arguments auxquels je n'aurais su que répondre. Ces adieux auront été ma dernière impulsion enfantine, c'est-à-dire chevaleresque. Les enfants ont la manie de s'inventer des dragons, et croient qu'ils seront déshonorés s'ils ne vont pas les affronter.

Pour une fois, mon père me fit une bonne surprise. D'autant meilleure qu'il me la fit à sa manière ordinaire, qui est une espèce de persiflage ironique, comme si aucune de mes paroles ou de mes actions ne méritait qu'on s'en émût, comme si j'étais un perpétuel spectacle dont il convient de sourire avec indulgence. Ce genre lui est venu lorsque j'eus une douzaine d'années et m'exaspéra pendant un an ou deux. J'aurais préféré de beaucoup un père traditionnel, ayant des passions toutes simples, récompensant, punissant, se mettant naïvement en colère, riant sans arrière-pensée, triste ou gai à cause de moi, interdisant, tonnant, offrant le restaurant ou le cinéma en grande pompe, faisant la bête, etc. Bref quelqu'un qui ordonnât autour de moi un univers bien net et bien clair, fondé sur la vieille morale, la vieille autorité. Je voulais la Statue du Commandeur. Au lieu de cela j'avais une anguille, un indifférent, pour qui rien n'était sérieux, qui se moquait de moi quand je m'attendais à être giflé, et qui se moquait encore de moi (quoique plus gentiment) lorsque j'avais mérité des compliments.

Il se croyait sûrement très fin en agissant ainsi. Il devait penser qu'il avait adopté une attitude hautement « civilisée » (mot qu'il affectionne), qu'il avait trouvé le ton idéal pour s'adresser à un fils. En fait, il ignorait tout des enfants. Ceux-ci n'ont pas tant de subtilité. Ou plutôt leur subtilité n'est pas à ces endroits-là. Tout ce que je déduisis, c'est que mon papa était un vieux farceur qui, comme toutes les grandes personnes, ne connaissait rien de la vie et du monde, lesquels sont contrastés, implacables, tragiques, qu'il ne me comprenait pas, ce qui n'avait rien de surprenant (à moins qu'il ne se réfugiât dans la plaisanterie pour échapper à ses responsabilités).

À la longue je m'habituai à ce marivaudage paternel ; je m'en arrangeai même très bien. Les enfants ont un flair d'esclave pour déceler les faiblesses des maîtres que la nature ou la société leur donne et les exploiter. En fin de compte, c'était très commode, un père comme le mien, qui n'exerçait aucune de ses prérogatives, et donc n'existait pas. Vers quatorze ans, la liberté que cela me laissait me parut aussi agréable que je l'avais trouvée pénible jusque-là ; je me mis à en jouir sans frein. Il faut que j'aie un bon fonds pour n'avoir pas tourné à la parfaite gouape. Nous l'avons, en dormant, mon père, échappé belle !

Je reviens à quatre mois en arrière. J'étais très étonné d'avoir des battements de cœur à l'idée d'informer ma famille de mon départ. J'entrevoyais qu'il y avait une différence de nature entre cette décision d'homme que j'avais prise et mes espiègleries d'adolescent. Je redoutais que l'attitude moqueuse de papa, pour une fois, ne le cédât au chagrin, car je pensais sérieusement qu'il en ressentirait, moi qui me flatte de n'avoir pas une illusion. Un garçon de dix-neuf ans et huit mois déclarant qu'il en a assez du cocon familial, qu'il veut voler de ses propres ailes, cela doit normalement flanquer un coup. On avait rêvé pour lui de l'E.N.A., d'une belle carrière d'ambassadeur, de ministre, et il vous lâche en pleine figure qu'il va gagner sa vie comme pompiste ou démarcheur d'assurances. Tableau !

J'admire les gens qui, ayant une décision à annoncer ou une faveur à demander, savent l'enrober dans une sauce de propos étrangers à l'affaire, et la glisser au bon moment, quand l'interlocuteur ne se méfie plus. Si j'ai une chose grave à dire, elle m'occupe l'esprit, elle m'étouffe, il faut que je m'en débarrasse tout de suite. Je suis incapable d'inventer une conversation préliminaire pour masquer ou minimiser mon souci, pour donner l'impression que je l'évoque par raccroc, que pour un peu j'aurais oublié d'en parler. J'y arriverai peut-être quand j'aurai vieilli mais, pour le moment, rien à faire. La vérité me sort de la bouche après deux phrases. Cela n'a pas manqué avec mon père. Je n'étais pas en face de lui depuis trente secondes que je lui balançais que j'avais retenu une chambre à l'hôtel Pitre rue de Vaugirard.

— Ah ! Vraiment ? se borna-t-il à remarquer.

Que cet homme est donc exaspérant ! C'est important, non ? un fils qui s'en va. Il y a autre chose à dire que « Ah ! Vraiment ? » d'un ton léger. J'étais d'autant plus exaspéré que je ne m'étais pas attendu à si peu de réaction. J'aurais dû, cependant, vu le personnage.

Mon père me considérait avec son sourire supérieur qui signifiait : « Amuse-toi, c'est de ton âge ; quand tu en auras assez, tu t'en apercevras bien tout seul ; ce n'est pas mon genre de mettre des bâtons dans les roues, cela n'a jamais servi à rien : plus on met de bâtons, mieux les roues tournent. » Que faire contre un sourire comme cela ? J'avais envie de m'en aller sans un mot de plus. Mais cette impassibilité m'aiguillonna. J'expliquai volubilement, en voulant tout exprimer à la fois, ce qui est mon défaut quand je suis ému, que j'avais assez briqué mes armes, qu'il était temps de tirer des coups de fusil sur le monde, que j'avais soupé des études, que j'étais déterminé à sortir de l'enfance, etc. Je me rendais compte que mon discours était incompréhensible. D'une complète maladresse, aussi. J'ai une espèce de génie pour me mettre dans mon tort, alors que j'ai cent fois raison. Je ne sais comment cela se produit. Je parle trop, je ne dis pas ce qu'il faut dire, je ne trouve que de mauvais arguments, qui me font passer pour un imbécile ou un être bas, parce que l'émotion me fait oublier les bons. J'avais dix choses raisonnables à faire valoir, posément, logiquement, grâce à quoi j'aurais donné l'image de quelqu'un de sérieux, ayant bien pesé son affaire, agissant selon des principes solides, voire une philosophie, et non sur un coup de tête. Pas une ne me vint à l'esprit. C'est là que mon père me fit la bonne surprise ci-dessus mentionnée.

— Si tu penses que la rue de Vaugirard est un meilleur emplacement que Passy pour tirer sur le monde, dit-il, vas-y. Voilà mille francs pour t'acheter les premières cartouches.

Qu'on m'entende bien : la bonne surprise n'était pas les mille francs. J'hésitai même à les prendre ; ils n'entraient pas dans mes plans. Je les trouvais même incongrus. C'était ma grand-mère que j'avais l'intention de taper, si besoin était ; je ne voulais plus rien devoir à mes parents qui avaient une personnalité incompatible avec la mienne et dont je me séparais à cause de cela. Non : la bonne surprise était que mon père me parlait comme à un homme, c'est-à-dire avec une certaine connivence, une certaine amitié. Je ne connaissais pas cet aspect de son caractère. D'ailleurs, il me traitait en homme : mille francs ne sont pas une somme que l'on offre à un enfant. J'eus un mouvement de tendresse vers ce père qui me découvrait tardivement. C'est tout moi, cela : armé jusqu'aux dents, prêt à livrer des combats titanesques, on me fait un sourire gentil et boum ! ma cuirasse fond comme du beurre, je me jette dans les bras de l'ennemi en pleurant d'attendrissement. Si l'ennemi m'avait, dans la foulée, prié de décommander l'hôtel Pitre et de rester à la maison, je l'aurais fait tout de suite. Par bonheur, ce n'était pas dans sa manière, et je me souvins opportunément du passé.

Les cris, les larmes, je les ai eus avec notre bonne espagnole, Sarita, qui me vit avec atterrement confectionner mon baluchon et qui me força à emporter une demi-douzaine de pâtisseries dures comme du fer qu'elle avait cuites elle-même, afin de me soutenir dans l'adversité.

II

Donc je vais me peindre comme les autres me voient. Cela signifie sortir de moi, m'éloigner, me considérer comme une scène de genre, une nature morte. Je réfléchis là-dessus depuis trois jours. Comment peint-on une nature morte ? On dispose quelques objets sur une table, on se met devant, avec sa toile, et on reproduit ce qu'on a sous les yeux en s'acharnant à faire ressemblant. Une nature morte, ce n'est pas les milliers d'ustensiles dont on s'est servi au cours de sa vie, les milliers de pains et de pommes qu'on a mangés. C'est une certaine pipe, une certaine cafetière, un certain chaudron, un torchon froissé d'une certaine façon. Il s'ensuit que je dois isoler une certaine époque de ma vie. De tel moment à tel moment. Mais quelle époque ? Quelle est la plus curieuse, à supposer que ma vie en ait compté de curieuses ?

J'ai pensé d'abord à choisir mon enfance. Entre cinq et huit ans, j'ai été particulièrement intelligent, perspicace, héroïque, irréductible. La société m'assaillait de tous les côtés, mais j'avais des troupes partout pour la repousser. Un vrai petit Descartes, « ne recevant jamais aucune chose pour vraie que je ne la connusse évidemment être telle ». En second lieu, au contraire des gens de mon âge (et de tous les âges), je n'ai rien oublié de ce temps, je me souviens de tout, non seulement de mon caractère singulier, mais encore de l'impression qu'il produisait. J'avais un œil de mouche qui voyait partout. Rien ne m'échappait. Après dix ans, douze ans, je me suis plus intéressé à moi qu'aux autres, j'ai été pris d'une frénésie d'introspection. Je me regardais comme un film, au cinéma.

Autre raison, excellente à mon avis, de peindre mon enfance : personne ne l'a fait. Je veux dire aucun écrivain, aucun romancier. Il n'y a pas un seul vrai enfant dans les livres, même dans Dickens. C'est toujours du poncif, toujours tarte. Moi je sais ce que c'est qu'un enfant. J'ai dans ma mémoire, complet, l'enfant que j'ai été, et que je tiens pour un archétype. Entre autres, je sais ceci : que l'enfant n'est pas un chiot, un chaton, une ébauche d'homme délicate et sans défense, dont la pureté originelle est sans cesse souillée par le monde, ainsi qu'un tas de nigauds veulent le faire croire, mais un être différent de l'adulte, très endurant, très clairvoyant, tout à fait amoral. À un certain point de vue, Rousseau n'a pas tort de dire que la société corrompt l'homme, à ceci près qu'elle ne le fait pas comme il le raconte : elle l'amollit, elle le polit, elle le pénètre de morale, elle change une barre de fer en chewing-gum.

À six ans, j'ai éprouvé toutes les passions. J'étais avide, avare, coléreux, envieux, gourmand, jaloux, même luxurieux. Tout cela sans remords. J'étais amoureux fou d'une demoiselle de quatorze ans. J'ignorais si son corps était fait autrement que le mien, mais je goûtais farouchement ses nichons de femme, son odeur de femme, sa peau de femme. Je haïssais les deux ou trois godelureaux qui tournaient autour d'elle. Je les aurais égorgés. Je souffrais le martyre d'être si petit. Elle avait de la tendresse pour moi, et un peu de perversité aussi, cette coquine, me portant par ses caresses, que les grandes personnes jugeaient très innocentes, mais dont nous savions, elle et moi, sans le dire, qu'elles ne l'étaient pas, à des paroxysmes d'incandescence. Qui a expliqué que l'amour est aussi déchirant pour les enfants que pour les vieillards, que, pour les uns autant que pour les autres, c'est le supplice de Tantale ? Je l'ai connu, et pas seulement avec la petite dont je parle, appelée Pascale (prénom à la mode dans les années 50).

Finalement, disant tout ici, y compris ce qui ne me plaît pas de moi (j'ai remarqué que c'est cela qui m'amuse le plus à écrire), j'ai renoncé à peindre mon enfance pour une très bonne raison : c'est trop difficile. Je n'y arriverais pas. Je le ferai peut-être, mais plus tard, quand j'aurai davantage de force dans l'esprit, surtout quand je connaîtrai le secret de l'écriture. Connaître n'est pas le mot. Le secret je le devine : c'est l'ordre, c'est de marcher avec lenteur et logique, de ménager ses provisions en vue de la longueur du chemin, d'aller jusqu'au bout des idées ou des scènes sans dévier. Or je suis devant le papier comme devant la vie : malade d'impatience. Je veux tout dire à la fois, tout expulser dans une espèce de rugissement énorme. Le contraire même de l'écrivain. Bah ! tant pis. Ce sera mon originalité. Qui n'est pas écrivain, aujourd'hui ? Je ne vois que cela : les binoclards de Censier, les nymphes à cheveux plats de la Sorbonne et de Nanterre, les condamnés de droit commun, les putes, les experts-comptables taquinent la muse. Ils la taquinent à la manière de maintenant, qui n'est pas celle d'autrefois, c'est-à-dire qu'ils la secouent, qu'ils l'injurient, qu'ils lui crachent toutes sortes d'ordures à la tête, mais, en fin de compte, cela aboutit au produit traditionnel de la taquinerie : à savoir un volume de trois cents pages broché, avec titre, faux titre, titres courants, « ouvrages du même auteur » (en préparation), chapitres, table des matières, justification de tirage.

Les écrivains professionnels cherchent un effet à produire. Écrivant ceci pour me mettre à jour, comme on colle des photos dans un album, mon souci devrait être l'inverse. Ou plutôt je ne devrais pas avoir de souci du tout. Il est sans importance que ma rédaction n'ait ni queue ni tête, que les raisonnements tournent court. Mais, sitôt qu'on attrape une plume, on entre dans un engrenage ou une fatalité. J'aurais voulu m'exprimer sans fioritures, en style télégraphique. Rien à faire. Je me surprends sans cesse à composer, à raffiner sur les sentiments après coup. Je prends la pose. Ne peut-on donc écrire sur soi sans faire de simagrées ? Je me tends un miroir pour me voir dans ma vérité mais, avant de me regarder, je me donne un coup de peigne.

Une de mes raisons d'écrire est honorable. Je suis épouvanté à l'idée qu'à vingt-huit ans je risque de devenir gâteux. Pourquoi vingt-huit ans ? Pourquoi cet âge-là ? Parce que j'ai observé que c'est l'âge du gâtisme, la charnière entre la jeunesse et le reste de la vie. La fin de la jeunesse n'est pas la fin des illusions. C'en est le commencement. Illusion qu'on ne peut rien contre le monde, qu'il est le plus fort, que la sagesse consiste à se coucher devant lui comme un chien, moyennant quoi il consent à vous donner la pâtée. Les gâteux s'installent à l'endroit où le destin les a déposés. Ils deviennent entrepreneurs, grainetiers, agents de publicité, cadres moyens (ou supérieurs). Ils épousent des jeunes filles ayant perdu leur pucelage à quatorze ans, ce qui n'a servi à rien, car à vingt-cinq ans elles ont les mêmes préjugés que leurs grand-mères. D'une minute à l'autre, ils ne s'intéressent plus qu'à leur petit métier, leur petite famille, leur petit bridge du samedi, leur petite maison, l'installation de leur petit sanitaire chéri pour chier dans le confort moderne. Ils ne lisent plus rien, sauf des bandes dessinées pour rester jeunes, et le journal qui rabâche la même chose tous les jours.

Vingt-huit ans est l'âge fatal où l'on est placé devant le choix déchirant des pantoufles ou des pieds nus. J'ai une extrême frousse de choisir les pantoufles, d'être amené à ce choix insidieusement parce que j'aurais rêvassé un peu trop longtemps sur le chemin à prendre, et que je ne l'aurais pas pris en songeant que les choses se feraient toutes seules puisque je me portais bien. Sans parler de la conspiration générale de la société, qui voudrait voir des pantoufles à tous les pieds. Je m'adresse le testament de mes vingt ans, à ouvrir dans huit ans d'ici. De deux choses l'une : ou je serai gâteux comme tout le monde, et cela me donnera un peu de nostalgie, un peu de regret poétique, je dirai : « Où allais-je chercher tout ça ! Fallait-il être compliqué ! Heureusement, la vie est plus simple. » Ou je ne serai pas gâteux, mais plus intelligent, plus fort qu'aujourd'hui, et j'aurai peut-être de l'estime pour le jeune homme d'autrefois.

Dans huit ans d'ici ! Ces mots me flanquent le vertige. Huit ans, c'est très loin dans le temps. Serai-je seulement encore en vie dans huit ans ? Je me trouve culotté de tabler comme cela sur l'avenir. En huit ans, je peux mourir deux mille fois. J'ai beau constater qu'une foule de gens parviennent à l'âge très vénérable et très avancé de vingt-huit ans, j'ai beau avoir la certitude physiologique que je vivrai longtemps (soixante ans, sinon plus ; d'ailleurs ma ligne de vie, qui fait presque le tour de mon pouce, est formelle), je pense toujours avec superstition que si je fais des projets trop précis ou à trop longue échéance, si je m'assigne des rendez-vous dans l'avenir, cela me portera malheur ; qu'au contraire, pour me concilier le destin, je dois me contenter du présent, ne pas regarder au-delà, imprimer à mes pensées les plus secrètes l'insouciance d'un homme qui s'attend à trépasser demain, que la longévité s'achète à ce prix.

Pour être tout à fait franc, je n'y ai pas de mérite : ce qui a trait à l'avenir m'a toujours causé un ennui démesuré. Jadis, pour me pétrifier, il suffisait qu'on me demandât (avec le sourire gourmand obligatoire) : « Et que comptes-tu faire plus tard ? » Les vieux s'imaginent avoir avec cela un mot de passe, pour entamer la conversation, pour parler aux jeunes d'un bord à l'autre du fossé des générations. Ces paroles fatidiques vidaient ma petite tête de toutes ses idées, mon petit cœur de tous ses sentiments, elles me changeaient en statue. Aujourd'hui, c'est pareil. Quand j'entends le mot avenir (et Dieu sait si je l'entends souvent, si l'on m'en rebat les oreilles), je suis accablé du même découragement que naguère en classe de maths ou de physique lorsqu'un prof parlait pendant une heure de choses auxquelles je ne comprenais rien, qui me paraissaient le comble de l'inutilité par rapport à mes curiosités ou à mes besoins. Les adultes ne savent-ils rien dire d'autre aux enfants ? Qu'est-ce que ça peut leur foutre ce qu'on sera plus tard ? Vivront-ils à notre place ?

Longtemps, j'ai cru que l'avenir était une de leurs marottes, qu'ils le considéraient comme leur propriété personnelle édifiée et aménagée par eux, et dont ils nous faisaient complaisamment les honneurs. Cette vaste baraque, qu'on ne m'avait pas consulté pour bâtir, me répugnait de toutes les façons. J'y jetais des regards haineux. Je la visitais au pas de course pour en avoir fini plus vite. L'adulte-cornac trottinant derrière moi me désignait les beautés de l'endroit avec un sourire commercial. J'acquiesçais par politesse (les enfants sont maladivement polis, c'est une chose qu'on ne sait pas assez), mais il ne m'échappait pas, si brefs que fussent mes coups d'œil, qu'on n'avait rien prévu pour moi là-dedans. Je traversais des dortoirs, des labos, des amphis, des ateliers d'électronique, des studios de cinéma, des entrepôts, des magasins, des bureaux d'ingénieurs ou de constructeurs d'avions, des salles de congrès, des salles de conférences, des music-halls, des cachots modèles avec eau courante et télévision ; il n'y avait pas un coin, pas un recoin oublié, un placard, un bout de jardin où j'aurais pu demeurer trois minutes sans avoir envie de me tirer une balle dans la tête. Je ne parle pas de l'architecture du bâtiment, nue, pauvre, sans goût, sans recherche, sans art. Ce bâtiment était habité par une population innombrable de gens abominablement compétents dans leurs diverses branches, qui portaient tous des lunettes, tenaient des propos incompréhensibles dans un langage technico-américain et, comble d'horreur, avaient l'air heureux. Vision de cauchemar !

Une des plus fortes déceptions de ma vie a été de

m'apercevoir que l'avenir n'était pas la propriété exclusive des vieux, mais que les jeunes le revendiquaient aussi, qu'ils le couvaient des yeux, qu'ils y marquaient leur place, que la laideur du paysage ne leur causait aucune gêne, ou plutôt qu'ils ne la voyaient pas. Que dis-je ! ils aspiraient à ajouter à l'immondice générale leurs enlaidissements personnels. C'est à ce moment que j'ai définitivement compris que la notion de génération n'existe pas, que ce n'est qu'une convention ou une commodité de langage. À vrai dire, j'en avais l'intuition depuis quelque temps déjà, mais le spectacle de mes parents, dont les idées, la morale, les façons étaient à l'opposé des miennes, me cachait cette évidence. Jugeant par moi et par eux, j'avais fini par penser qu'en vingt-cinq ou trente ans l'être humain se métamorphosait, que l'enfant à l'œil perçant qui voit le monde dans sa vérité toute crue devenait un adulte myope, que toutes sortes de préjugés, faux-semblants, idées à la mode s'interposaient comme des paravents entre la réalité et lui, et que cette transformation expliquait l'antagonisme traditionnel des vieux et des jeunes.

Or c'est faux. Le lycée d'abord, la faculté ensuite me l'ont enseigné. C'est même ce que j'ai le mieux retenu de leur enseignement. Dès quatorze ans j'ai compris que j'étais aussi étranger à ma propre génération qu'à la génération précédente, pour la raison très simple et très lumineuse que l'une et l'autre étaient peuplées exactement des mêmes gens. Au-delà des malentendus de surface et des criailleries réciproques, il y a une complicité profonde entre les adultes et les jeunes. Ils s'offrent les uns aux autres une image stéréotypée, donc éminemment rassurante. Les parents ont bougonné contre les cheveux longs, les mini-jupes, les motos, les pantalons délavés, les tartarinades révolutionnaires ; les enfants ont fait de grosses colères contre la société répressive, les tabous sexuels, le service militaire, la patrie, l'argent, etc., mais tout ce joli monde s'entend à merveille. Du reste, suffit de les regarder ou de les écouter : les pères s'habillent et parlent comme les fils ; les mères ne se lassent pas d'entendre les filles leur décrire leurs expériences sexuelles. Quant à la politique, qui s'est fourrée partout, personne n'y croit sérieusement. Elle n'est qu'un jouet, un dada, une espèce de poésie ennuyeuse avec laquelle les gens de maintenant tâchent en vain de rendre un peu périlleuse leur existence d'animaux domestiques. Souvent, en seconde, en terminale, à Sciences-po, j'ai eu l'impression d'être enfermé dans une salle avec cinquante vieillards. Entre le prof et eux passait un courant qui me contournait, auquel j'étais absolument réfractaire. De là mes études médiocres, alors que je suis bien certain d'être plus doué, plus intelligent et plutôt moins paresseux que la plupart de mes camarades.

Je suis trop bon, ma foi, de dire qu'on est gâteux à vingt-huit ans. On est gâteux de naissance. C'est le cas de quatre-vingt-quinze pour cent des êtres humains. Soudain ils paraissent ramollis, mais ils l'étaient déjà bien avant. Cela ne se voyait pas à cause de leur fraîcheur, de leurs cheveux, de leur tapage, de leurs coucheries. Des gâteux de quinze ans, de dix ans, j'en ai connu une flopée : c'était les types de ma classe. Sur quarante-cinq élèves, il y avait quarante gâteux, et je les tenais pour tels, ne mentons pas. Mai 68 n'est-il pas une histoire de gâteux en folie, s'amusant à tout casser dans la maison de retraite parce que la nourriture ne leur plaît pas ?

III

À seize ans, en seconde, j'ai découvert les plaisirs et la technique du mépris. Je n'avais pas mon pareil pour me moquer, faire des charges, fermer à demi les paupières, sourire dédaigneusement, etc. Puis j'en ai eu assez. Le mépris ne mène pas loin, même le mépris gai qui est pourtant d'une meilleure qualité que le mépris triste (cette remarque montre que j'avais creusé la question). Je me suis dit que si je méprisais tout à seize ans (car je méprisais tout, personne ne trouvait grâce à mes yeux, sauf moi, et encore !), que serait-ce plus tard ? Je me préparais une existence monotone, une vieillesse idiote. Je m'avisai que, passé la jeunesse, le mépris est grotesque, comme de se teindre les cheveux ou porter un corset. Mon grand-père était assez du genre méprisant. Du train où j'allais, je ne tarderais pas à lui ressembler, horreur ! Du jour au lendemain, je devins modeste comme la violette. C'était un nouveau jouet. Mais il ne me convenait pas. Je cessai vite de m'en amuser.

Mon naturel était l'incertitude, la naïveté ; tout me prenait au dépourvu. Je me sentais empoté, bêta, les joues trop rondes, les yeux trop fuyants (par timidité), les gestes faux, une voix qui n'avait pas fini de muer et dans laquelle se glissaient des aigus ridicules. J'avais lu des cargaisons de livres, surtout de la littérature française. La leçon qui se dégageait de tous était qu'il fallait avoir de l'orgueil. Rimbaud était orgueilleux, Chateaubriand était orgueilleux, et Rastignac, et Vautrin, et Athos, donc ! L'orgueil était le dénominateur commun des grands hommes, auteurs et personnages. Je devins donc orgueilleux. Mais mon orgueil n'était pas plus assuré que ma voix. De temps en temps, j'oubliais ma résolution : je me retrouvais interdit, bafouillant, honteux, à la nage. Je voulais être un héros nietzschéen et paf ! le « trop humain » me tombait dessus.

À cette époque-là, je vouais une admiration sans borne aux *Caves du Vatican* de Gide (roman très médiocre, je viens de le relire pour me remettre dans ma peau d'adolescent ; comment me suis-je laissé prendre à ces fanfreluches 1900 !). J'étais enthousiasmé par Lafcadio qui se plante un canif dans la cuisse chaque fois qu'il a manqué à son code moral. J'achetai un canif à manche de nacre (très difficile à trouver : cet article ne se fait plus depuis quarante ans) et je me le plantai une demi-douzaine de fois dans la cuisse pour me punir de choses futiles dont je tenais la comptabilité dans un carnet : avoir eu trente secondes d'inattention en écoutant le Trio à l'Archiduc ; n'avoir pas répondu : « Et ta sœur ! » à Poirson qui me demandait si j'étais puceau ; avoir résolu d'embrasser Sylvie Trubert et n'avoir pas osé.

On n'imagine pas à quel point la peau des cuisses est résistante. J'appuyais comme un bœuf sur le canif, qui entrait à peine. Pour obtenir une goutte de sang, c'était la croix et la bannière. Je m'enfermais à clef dans ma chambre pour me livrer à ce charcutage. Si quelqu'un m'avait surpris dans un travail aussi malaisé, je serais mort de chagrin. Cette idée mit fin à mon lafcadisme. Il n'était pas dans la logique de l'orgueil, pensai-je, d'accomplir des actions dont tout le monde n'eût pu être témoin. (Faux ; mais c'est ce que je croyais alors.) Je regrettai d'avoir dépensé mon argent à acheter un canif à manche de nacre et un carnet.

Second inconvénient de l'orgueil : il est incompatible avec les plaisirs de la vanité, auxquels j'étais très attaché. Quand on est orgueilleux, comment jouir des compliments qu'on vous fait, des petites victoires qu'on remporte à l'école ou dans la discussion ? Ces succès me chatouillaient, je devais me tenir à quatre pour ne pas m'en gargariser devant mes admirateurs — car on trouve toujours dans les lycées des admirateurs qui se prêtent à vos épates.

J'aurais voulu que tout me laissât froid, que mon âme fût si haute que rien ne pût l'atteindre. Il m'aurait plu de traverser l'humanité avec le flegme des détectives privés des films américains qui envoient des coups de poing aux méchants sans qu'un de leurs cheveux ne bouge ni qu'un sentiment apparaisse dans leurs yeux pâles. Moi, les rares fois que je me battais dans la cour, c'était le passage de la Bérézina. Je perdais tout contrôle sur mes mouvements et sur mes pensées, je devenais rouge comme un coq, la colère me faisait trembler, mon cœur cognait. Je sortais de là essoufflé, échevelé, avec des déchirures à mes habits. Je n'avais pas de goût pour les bagarres ; ne pas les esquiver était chaque fois une preuve de courage, mais le plaisir était gâché par mes excès de sensibilité, et par la jactance qui me venait ensuite.

J'étais bon en français. Dans mes copies, il y avait des « rapprochements ingénieux » comme disent les profs, et des bonheurs d'expression qui ne m'avaient coûté que la peine de les écrire. Quelquefois, les pédagogues avaient l'honnêteté de me féliciter. Malgré mon mépris pour ces gens-là, cela me caressait l'amour-propre. Je me souviens d'une séance de ce genre en terminale. J'avais fait des étincelles sur un sujet idiot, tel qu'on en proposait alors : « Le sentiment de l'incommunicabilité dans *L'Étranger* d'Albert Camus. » Je me fichais complètement de Camus, type de l'écrivain pour instituteurs. Mais, en faisant mon devoir, je m'étais aperçu que des idées courtes ou niaises, si on leur oppose sa propre expérience, constituent un excellent repoussoir. Cela m'avait fourni huit pages serrées, tartinées en vitesse et avec plaisir, que j'avais rendues sans illusion. Je n'avais que dix-sept ans, mais j'avais déjà compris que, quoi que j'écrivisse, M. Barragaud le détesterait, non pas à cause de ce que je disais, mais de la façon dont je le disais. Mon style le hérissait. Il aimait le pathos, les mots savants, le charabia à la mode, les raisonnements qui avancent à la vitesse de la tortue. Il lui fallait à toutes les lignes de la praxis, de la distorsion, de la créativité, des critères, de la pulsion, du parcellaire. Moi, je n'arrivais pas à me servir de ces mots-là ; je ne savais jamais ce qu'ils signifiaient au juste. Il m'était impossible d'aller jusqu'au bout d'une dissertation si je ne m'amusais pas. Or, ce qui m'amusait, c'était l'ébullition de l'esprit, la vivacité, les choses inattendues qui arrivent sous la plume en écrivant ; non pas ce qu'on sait ou qu'on est censé savoir, mais ce qu'on invente. Enfin, j'avais énormément lu Voltaire. Écrire comme Voltaire me paraissait le parangon du chic en littérature, l'équivalent de Mozart pour la musique. Je faisais du Voltaire à tour de bras. Barragaud en était révulsé comme s'il avait vu le diable. Il trouvait cela vulgaire. Il inscrivait dans les marges de mes copies : *vulg. vulg. vulg.* Je lisais avec fureur ces annotations six fois par page. Je ne voyais rien de vulgaire, moi, dans mes tournures voltairiennes. Au contraire, je les trouvais très distinguées, très élégantes, pleines d'un humour français qui a disparu depuis cent ans. En fait, Barragaud en usait avec ma prose comme avec ma figure. Ni l'une ni l'autre ne lui revenaient. À dix-sept ans, on n'admet pas que l'on puisse déplaire à quelqu'un sans avoir rien fait pour cela, que l'amour et la haine dépendent seulement d'un coup d'œil ; on se révolte contre une chose aussi illogique. Un grand nombre des folies que l'on fait vient de cette incompréhension. Je crois que je sais pourquoi et je vais tâcher de l'expliquer.

Quand on est enfant, les parents, les éducateurs vous remettent en grande pompe une clef pour ouvrir le monde. Cette clef s'appelle la morale. Malheureusement elle n'entre à peu près dans aucune serrure. La morale dit des choses rudimentaires : sois gentil et on sera gentil avec toi ; travaille bien à l'école et tu seras récompensé ; ne fais pas à autrui..., etc. Bref, on inculque aux enfants une énorme erreur : à savoir que la vie est de l'arithmétique et que, si l'on applique les règles, on résoudra tous les problèmes. D'où leur désarroi lorsqu'ils s'aperçoivent que l'arithmétique ne fonctionne qu'une fois sur trois et rarement dans les circonstances sérieuses. Alors ils se retournent vers les grandes personnes, lesquelles laissent tomber dédaigneusement le mot d'expérience qui est leur *ultima ratio*.

Me l'a-t-on assez servie, cette expérience ! Servie sans jamais me dire de quoi il s'agissait. L'expérience, c'est l'inexplicable, l'intransmissible, la formule magique, l'exorcisme fallacieux que l'on prononce devant un pauvre esprit désorienté parce qu'il ne voit qu'injustice et incohérence dans un monde dont on lui avait garanti qu'il était au contraire gouverné par l'équité et la raison. L'univers des enfants est empoisonné par l'expérience des adultes qui dresse des murs qu'on croit qu'on ne franchira jamais — ou dans un avenir si éloigné que cela n'en vaudra plus la peine.

Il m'a fallu plusieurs semaines pour deviner que Barragaud était d'une autre nature que moi, fait d'une autre argile, qu'il avait une autre peau que la mienne, et que le contact de ma peau lui donnait des démangeaisons. Ce n'est que trois ans après, trois ans bien comptés, que j'ai accompli le pas suivant, à savoir m'aviser que les hommes ne se ressemblent pas entre eux, et que leurs inimitiés viennent de là. Est-ce cela, l'expérience ? Est-ce que cela consiste, par hasard, au petit bonheur, à approcher de quelques secrets ? Les gens d'expérience sont des aveugles : ils touchent le secret, mais sans le voir, ils sont incapables de le décrire. On dirait que l'expérience est entrée en eux comme un second instinct, aussi mystérieux que l'autre.

Lors de l'affaire du devoir sur Camus, je ne pus m'empêcher de ressentir une joie violente en entendant les compliments aigres-doux de Barragaud. À cause de mon parti pris d'orgueil, je m'en repentis aussitôt. Une telle joie, pensais-je, était indigne de moi, je devais me foutre complètement de l'opinion bonne ou mauvaise que pouvait avoir de moi un tel minable, j'étais seul juge de ce que je faisais. Je me tins le raisonnement suivant : Barragaud est aussi différent de moi qu'un chien ou un chameau ; dois-je me soucier de l'approbation d'un chien ou d'un chameau ? Raisonnement qui m'enleva toute espèce de plaisir, et même supprima la satisfaction d'avoir écrit huit pages dont j'étais content. Par un de ces raffinements intellectuels comme en ont les adolescents, je regrettai de ne pas avoir rendu une copie médiocre ou nulle. Cela, à l'égard d'un individu comme Barragaud, eût été un acte de véritable mépris.

Quel tintouin d'être orgueilleux quand on n'y a pas le caractère disposé ! Dire que j'ai tenu près d'un an ! Mon enfance et mon adolescence sont pleines de ces épreuves idiotes que je m'imposais, dont l'objet consistait à me prouver que j'étais un autre que celui que j'étais réellement. Je croyais que je n'étais rien, qu'il fallait être quelque chose, que la vie est un grand vestiaire, où les hommes essaient des costumes, jusqu'au moment où ils tombent sur celui qui a été taillé pour eux. Ainsi allais-je avec zèle à la recherche de moi-même.

Zèle qui s'est beaucoup ralenti. Je ne sais toujours pas très bien qui je suis, et encore moins qui je serai, mais je m'aperçois de plus en plus vite que les directions que, périodiquement, je décide de prendre ne mènent nulle part. La loi de l'évolution intérieure se formule comme ceci : on n'est jamais ce que l'on veut être. Ou plutôt ce n'est pas par la volonté que l'on parvient à découvrir sa vérité. Je connaissais cette loi dans mon enfance. En ce temps-là, je me voyais tel que j'étais : ténébreux comme la nature, bourré de mystères, de choses cachées, de surprises. Je m'aventurais en moi comme dans une forêt, sans prévoir ce qui allait surgir, mais prêt à l'accueillir.

C'est en grandissant qu'est venue l'illusion cartésienne. Bien avant de connaître Descartes, la funeste idée que mon esprit était une table rase s'est emparée de moi. Je dis table rase parce que c'est l'expression consacrée ; le mot de terrain vague serait plus juste. La forêt de mon enfance n'existait plus. Mon âme devint plate comme la main. Rien n'accrochait le regard. Il était urgent de bâtir quelque chose. De là mes singeries et comédies en tous genres. La forêt n'a pas encore repoussé. À vingt ans, je suis toujours un terrain vague, mais je n'ai plus le cœur de construire des édifices, soupçonnant, dès que je m'attaque à la besogne, qu'ils seront inhabitables.

À chaque page de ce cahier, j'ai la tentation de faire le portrait de celui que je rêve d'être plutôt que de celui que je suis. Cela irait plus vite. J'ai plus souvent pensé à ce personnage imaginaire qu'à moi. Sans compter qu'il est moins compliqué. Encore aujourd'hui, devant tel événement, telle tuile qui m'est tombée dessus, telle crasse qu'on m'a faite, telle misère dont je suis témoin, je me surprends à réagir comme si je n'étais pas moi mais un autre, et pas n'importe lequel : j'ai des colères à la Napoléon, des reparties à la Talleyrand, des violences dignes du bouillant Achille, des prodigalités comme Boni de Castellane, des machiavélismes à déconcerter Mazarin, etc. Tout cela, bien sûr, en secret, pour me faire plaisir, car comment être fastueux comme Boni quand on n'a pas le rond ? Comment s'offrir des colères à la Napoléon quand on n'est pas empereur ? Dans les intermittences de l'imagination, je constate avec dépit que la vie est plus forte que mes nobles aspirations. Elle m'enferme dans un cercle minuscule où je ne peux pas faire de mouvements trop brusques ou trop larges. Et pas seulement la vie : mon moi vrai pèse une tonne sur mon faux moi. Je ne dirai pas qu'il l'écrase, mais il lui rend tout malaisé, ambigu, contradictoire et en définitive assez mortifiant.

Dans cette singerie d'orgueil qui a occupé plusieurs mois de ma jeunesse, j'avais un ennemi : mon intelligence. Mon esprit se glissait partout avec une infaillibilité qui me désespérait. Les gens, autour de moi, disaient n'importe quoi, faisaient n'importe quoi, leur force intérieure les jetait dans les passions, les inconséquences, les drames, bref leur âme jaillissait sans arrêt d'eux-mêmes. Pas la mienne. Elle restait tapie très loin, hors d'atteinte, derrière des fortifications imprenables. Lorsqu'elle s'aventurait avec précaution dehors, une partie de moi regardait l'autre vivre et l'analysait avec une implacable méthode critique. Dieu, que cette intelligence était encombrante ! Je la traînais comme un boulet. Elle me rivait à la terre, elle m'empêcherait toujours de déployer mes ailes de géant.

Je me fabriquais des tests saugrenus. Je me demandais si, comme Bonaparte, j'aurais la témérité de traverser un pont balayé par la mitraille en brandissant le drapeau de la République, pour entraîner la troupe, et je concluais que non, sans doute, point par absence de courage, mais par absence de folie. Le vers d'Alfred de Musset : « Ah ! frappe-toi le cœur, c'est là qu'est le génie ! » me causait un perpétuel chagrin. Je me frappais le cœur vingt fois par jour ; il n'en sortait pas le moindre son. Je n'avais pas de cœur. Rien qu'une tête, qui ne se reposait jamais, à qui rien n'échappait, qui me gâchait l'existence en me la racontant à l'avance, qui m'empêchait de goûter les joies de l'imprudence, de l'insolence, de la bonté, de l'orgueil, surtout de l'orgueil, parce qu'elle m'avait au préalable soufflé mes rôles et que je n'avais jamais la surprise de les improviser sur le moment. J'aurais donné je ne sais quoi pour n'être pas affligé de cette assommante agilité intellectuelle. À cause d'elle, rien en moi n'était spontané, rien n'était pur, rien ne venait d'une nature intrinsèquement noble ou généreuse, tout était calcul. Je cherchais à la loupe un coin de ténèbres, une trace d'irrationalité qui m'aurait donné quelque consistance. J'étais transparent comme du verre.

J'essayais de me consoler avec l'honneur intime, je me guindais dans des poses intransigeantes, je raffinais sur les sentiments, je m'échinais à éprouver des délicatesses et des susceptibilités stendhaliennes mais mon esprit ne s'y laissait pas prendre : il me montrait sans pitié toutes les attitudes que je pouvais adopter dans telle ou telle situation, des plus respectables aux plus infâmes, en insistant sur les dernières, en les faisant miroiter avec complaisance. Je faisais le bien alors que ma pensée grouillait de bassesses et de turpitudes avec lesquelles je m'amusais comme un collectionneur avec ses bibelots. Extérieurement, je me conduisais comme mes copains Poirson, Levert, Guillemot, Bernardin ; il n'y avait rien dans ma vie dont j'eusse sujet de rougir, aucune tache vraiment sale. Des gaffes, oui, des maladresses, des plaisanteries détestables, mais pas de lâchetés, pas de capitulations indignes pour préserver ma tranquillité, pas de peur devant la force, pas de reniement public de mes opinions ou de mes goûts. La différence entre eux et moi est qu'ils pratiquaient la vertu naturellement, alors que je n'y parvenais qu'après des tourbillons intellectuels. Le résultat était le même, mais je me disais que le bonheur que je retirais à être hardi après m'être exhorté à l'être était infiniment moindre que celui qu'en retirait Poirson qui l'était sans réfléchir, par un mouvement violent de son être.

Ayant vieilli, et appris que les gens sont moins nets qu'on ne croit, je pense que mes camarades ne devaient pas être aussi monolithiques qu'ils me paraissaient, qu'eux aussi avaient leurs difficultés. À preuve : l'admiration qu'ils me portaient. Nous nous donnions la comédie les uns aux autres, mais c'était moi, de loin, le plus comédien. Leur comédie n'était qu'un coup de pouce ajouté à leur caractère ; ils ne faisaient qu'exagérer ce qu'ils étaient, par goût du pittoresque, tandis que moi, j'étais tout un bal masqué. S'il existe un mot historique qui ne m'a jamais épaté, c'est bien le « Tremble, carcasse ! » de Turenne. Je sais trop ce que cela recouvre. Entre douze et vingt ans, j'ai été Turenne à chaque heure de ma vie. C'est le Grand Condé que j'envie, avec son nez en coupe-vent, sa superbe de prince, sa démesure, ses trahisons. D'ailleurs, c'est lui qu'on appelait *le héros*, et non l'autre. Les héros ne pensent à rien ; moi, je pense à tout. Heureusement encore, ma foi, que j'ai cette tête vigilante ! Si je me laissais aller à mon instinct, dans quelles saletés ou quelles ignominies ne tomberais-je pas !

IV

Exemple de mon turennisme : la curiosité que j'éprouvai pour Brigitte Clerc. Dès qu'elle apparut dans notre classe, l'idée d'être amoureux d'elle s'empara de moi, non pas parce qu'elle me plaisait, mais parce qu'elle ne me plaisait pas. À dix-sept ans, je croyais qu'il en était des êtres humains comme de la musique ou de la peinture, c'est-à-dire que la vraie beauté était cachée et que ce qui vous enchantait au premier coup d'œil était forcément de la camelote. Il y avait un tas de jolies filles au lycée, mais je les dédaignais, comme je dédaignais les charmants flonflons de *La Chauve-souris* et de *Véronique*. Brigitte Clerc était aussi peu mon genre que *Pelléas* ou *Moïse et Aaron,* achetés avec mon argent de poche en disques de trente-trois tours et que j'ai écoutés plus de dix fois sur l'électrophone au cours de l'année 1971, bâillant, l'esprit ailleurs, certain que c'était « bon pour moi » comme de manger des vitamines. Masochisme ? Non : plutôt humilité. J'avais si peu confiance dans mon goût, dans mon instinct que j'en prenais sans cesse le contre-pied. Manie qui ne m'est pas tout à fait passée : aujourd'hui encore, mon premier mouvement, si j'ai à choisir entre deux personnes ou deux objets, est d'élire ce qui m'attire le moins, voire ce qui m'est antipathique, tant je suis persuadé que sous la déplaisante écorce je trouverai plus tard quelque chose qui m'est mystérieusement destiné.

Je suis incapable de dire, en ce moment où j'écris, si Brigitte Clerc était jolie. Oui, je pense qu'elle l'était, mais j'étais le seul à le voir, parce qu'elle n'était pas jolie à la façon de maintenant. Elle avait une beauté ancienne, qui me toucha dans la mesure où cela tranchait sur ce qui m'entourait. Elle ne se maquillait pas, s'habillait maladroitement, ne mettait rien d'elle en valeur. Les autres types de la classe ne la regardèrent pas. Je me jugeai extrêmement perspicace d'avoir deviné qu'elle était un papillon déguisé en chrysalide.

Au moral, c'était plus ou moins la même chose. Les formules désuètes qu'elle employait, les idées vieilles de trente ans auxquelles elle tenait comme à des souvenirs de famille n'étaient, j'en aurais juré, qu'un rideau puéril derrière lequel elle dissimulait ses vivacités. Bref, elle était tout juste le genre de conquête que je cherchais. Quand elle apparut, j'eus le battement de cœur d'un expert dénichant un chef-d'œuvre dans le bric-à-brac d'un brocanteur. Il y avait également quelque chose de sportif dans l'entreprise. Brigitte Clerc ressemblait d'une manière si parfaite à la « jeune fille » des romans du XIXe siècle qu'on eût dit une imitation, un pastiche de jeune fille. J'avais alors la manie des sobriquets. Je lui donnai *in petto* celui de *Jungfrau*. Elle était escarpée comme une montagne, et moi, par rapport à elle, j'étais un alpiniste qui veut réussir un exploit.

Où est l'amour dans tout cela ? L'amour se nourrit de n'importe quoi, y compris de ce qui lui est le plus étranger. J'ai été amoureux de Brigitte Clerc pour des raisons apparemment futiles, parce que je m'étais fait une certaine idée d'elle, parce que je la trouvais, dans son genre, aussi originale que moi, aussi dissonante, etc., mais au bout du compte, qu'est-ce que cela prouve ? Dans l'amour, un moment vient — et assez tôt — où l'on oublie ses motifs, où l'on perd de vue les débuts. Il ne reste plus que l'emprise de quelqu'un sur quelqu'un. J'irai plus loin : lorsque je me représente ce que furent mes relations avec Brigitte Clerc, je vois clairement que j'ai joué la comédie (comme je la jouais pour les copains), que je me suis monté le coup chaque jour, mais cette comédie, ce coup monté devenaient ensuite de la vérité. Les sentiments que Brigitte m'inspirait : espoir, joie de la retrouver les matins de classe, crainte de lui avoir déplu, etc., étaient complètement artificiels parce que je savais que je m'y prêtais comme à un jeu et qu'en déplaçant ma volonté d'un millimètre je n'aurais rien éprouvé du tout, mais ils étaient en même temps très réels. Ils provoquaient en moi des émotions, des creux dans la poitrine, des bonheurs, des abattements. Faisant le bilan de tout cela, je conclus qu'objectivement j'ai aimé Brigitte Clerc et souffert à cause d'elle. Je me souviens même que j'étais étonné qu'une personne qui, au fond, me tenait si peu à cœur eût tant de pouvoir sur moi. Étais-je prisonnier d'une attitude ou d'un parti pris, comme cela arrive si souvent dans la jeunesse ? Non : plutôt de mon esprit de contradiction, lequel m'a enchaîné à une jeune fille qui ne me ressemblait que dans la mesure où elle ne ressemblait pas aux autres.

Je noterai encore ceci, que je soupçonne de n'être pas entièrement à ma gloire : l'espèce de pruderie démodée de Brigitte me rassurait. Avec ce dragon de vertu, je restais dans l'univers confortable des enfants où rien ne tire à conséquence. On m'objectera que les coucheries avec les filles du lycée étaient aussi des enfantillages et n'engageaient pas plus les partenaires qu'une partie de chat perché. Mais cela n'était pas vrai pour moi. Coucher avec quelqu'un ne m'a jamais paru une chose qui va de soi, un besoin inhérent à la jeunesse, comme de taper dans un ballon ou de manger de la viande rouge. Je me suis longtemps abusé là-dessus, vu qu'il est difficile, quand on est adolescent, de préférer ses propres idées à la philosophie en vogue. La philosophie de 1971 était à l'émancipation sexuelle, et pendant quelque temps je n'ai pas manqué de la claironner comme les autres, et de m'inventer des prouesses dans ce domaine pour en mettre plein la vue aux copains. Conduite dont la vanité et surtout l'antiquité m'apparurent : je parlais comme un jeune homme de 1935, vivant dans un milieu gouverné par les principes sévères du XIXe siècle. C'est en 1935 qu'il y avait du mérite à être coureur de jupons, à cause des obstacles qu'y opposaient la société et l'éducation ; c'est en 1935 qu'il était admirable de bousculer les cousines, les dactylos, les demoiselles du XVIe arrondissement et les amies de maman. Nullement aujourd'hui.

Je m'aperçus aussi, ce qui est bien dans ma nature, que s'il est amusant d'être un menteur parmi d'autres menteurs, d'inventer des mensonges plus gros que les leurs, il n'est pas du tout amusant, en revanche, d'être le seul menteur au milieu de gens qui disent la vérité. Lorsque mes copains se vantaient d'avoir obtenu les faveurs de tel pruneau de seconde ou de telle perche de philo, c'était exact. On pouvait vérifier auprès de l'intéressée, qui n'aurait pas démenti, bien au contraire. J'en étais réduit à me fabriquer des aventures fumeuses, incontrôlables et romanesques, ce qui finit par m'humilier.

Au fond, j'avais du mépris pour les filles et je m'ennuyais dans leur société. Je préférais celle des garçons, qui est grossière, mais où je trouvais ce qui me plaisait : de la gaieté, de la naïveté, des dévouements, des sentiments simples, un certain sérieux aussi, en dépit des blagues que nous faisions. Avec les garçons, j'étais naturel, je ne cherchais pas à séduire. L'esprit me venait sans tortillements ; j'en dépensais des trésors ; je les répandais d'autant plus volontiers que la compagnie était plus obtuse. Avec les filles, c'était une autre paire de manches. N'est-il pas étrange, à notre époque de camaraderie universelle, que je ne sois jamais parvenu à les considérer comme des égales ? Tantôt je voyais en elles des objets très précieux, dont la possession justifiait des travaux surhumains, tantôt des bestioles stupides, incapables de comprendre autre chose que des fadaises ou des lieux communs. Lorsque je m'adressais à l'une ou l'autre, ce qu'il y avait de pire en moi montait à la surface : je devenais alambiqué, fleuri, trop gracieux ou brutal ; je disais ce qu'il ne fallait pas, avec le désir éperdu qu'on me prît pour un individu supérieur. Mon cœur battait ; après deux minutes d'entretien, j'étais dans l'état d'un coq paradant devant une poule. Cela était tout à fait grotesque ; je m'en rendais compte, mais pas moyen de me modérer. En définitive, avec mes ronds de jambe à contretemps, mes saillies trop grosses ou trop subtiles dont j'étais le seul à rire, mes préciosités, etc., j'effrayais les petites. Moi qui voulais toujours être pris pour un autre, je n'étais que trop bien servi ! Elles me prenaient pour un raseur, un poseur, un clown, un piqué. De là ma répulsion pour ces idiotes, renforcée par leur conduite, de laquelle je n'ignorais rien. Mes copains me racontaient toutes sortes de saletés dont, paraît-il, les morveuses de seconde C ou de troisième D prenaient l'initiative et dont ils étaient les joyeux bénéficiaires dans certains lieux propices. On était sûr, si l'on se postait à telle heure à tel endroit, de contempler un tableau fort distrayant. Poirson m'y traîna maintes fois, m'expliquant avec sa volubilité et ses ricanements qu'on allait se marrer. Mais il est à présumer que ces tableaux n'étaient pas pour moi, ou alors je jouai de malchance. Les lieux en question, par le seul fait que je m'y trouvais, restaient déserts. Ma présence éloignait la luxure.

Le spectacle des filles entre elles, dans la cour du lycée, riant bêtement, parlant trop fort afin d'attirer l'attention, vous regardant passer près de leurs groupes d'un œil goguenard à la manière des putains, tâchant de vous raccrocher avec leurs airs renseignés et leurs maigres appas d'adolescentes vicieuses, me donnait l'impression d'être jugé, jaugé, choisi, et par des personnes qui en connaissaient bien plus long que moi sur les questions sexuelles. Cela m'était insupportable. Je dirai même que cela me glaçait. Je m'en voulais à mort, car il y avait là un vivier de petites amies aussi complaisantes qu'on pouvait le désirer, quelques-unes assez jolies, et qui n'auraient pas fait plus de façons avec moi qu'avec un autre. J'étais bien bête de les dédaigner, c'est-à-dire de ne pas me prêter à leur dévergondage. Souvent, le soir, avant de m'endormir, à l'heure des examens de conscience, je me reprochais, moitié dépité, moitié content, d'avoir manqué par ma faute de très agréables aubaines. Mais c'était plus fort que moi. J'étais en bois. Je ne sais quoi dans mon caractère refusait ces rapports de fille à garçon, cette facilité, et surtout ce renversement des rôles. J'avais l'idée très profondément ancrée, atavique, pas moderne pour un sou, que l'homme est un chasseur et la femme une proie. Cela ne m'allait pas du tout d'être le gibier des jeunes chasseresses du cycle secondaire. J'avais beau me répéter que j'étais un imbécile, qu'il fallait prendre sans vergogne ce qu'on m'offrait, que la licence des mœurs est un des rares avantages de ce monde actuel, si rebutant par tant de côtés, rien n'y faisait. Je me promenais au milieu des stupres lycéens vêtu d'une innocence qui me collait à la peau comme la tunique de Nessus. Pour me dégeler, il m'aurait fallu des résistances, quelque chose à conquérir, des obstacles à abattre et surtout du sentiment. De là mes ronds de jambe et autres grimaces : je tâchais ainsi de plier la réalité du monde à mon vœu secret. J'étais comme ces rigolos de province qui dansent avec une chaise.

Parler sentiment, de nos jours, est ridicule. Cependant c'est bien de cela qu'il s'agit. Ces demoiselles n'avaient que des passions, qui duraient huit ou quinze jours, le temps d'obtenir ce qu'elles désiraient, et dont résonnaient tous les échos du lycée. Rien là de mystérieux. Rien d'amusant non plus. C'était du matérialisme pur. Il est curieux qu'un garçon comme moi, non dénué de tempérament (j'en avais la preuve presque chaque nuit), ait été paralysé de la sorte. À dix-sept ans, on a la tête farcie de phantasmes érotiques.

Je n'y échappais pas, mais cela restait de la rêverie : si la réalité ne m'offrait rien d'autre que des satisfactions physiques, je n'en voulais plus. Elles me paraissaient sans valeur, indignes d'être recherchées. Féru de Baudelaire, je me récitais tendrement le fameux poème où il est question du vert paradis des amours enfantines, des courses, des chansons, des baisers, des bouquets, des violons vibrant derrière les collines. Ces quelques vers entraient plus loin dans ma chair que les œillades provocantes des fillettes fardées. Ils allaient mieux chercher au fond de moi les désirs qui me griffaient. Ai-je entrevu le « vert paradis » lorsque Brigitte Clerc apparut au milieu de nous ? Je ne sais pas. On ne fait jamais sur le moment les rapprochements qui s'imposent. Elle était si différente de ses congénères, si peu leur contemporaine, que j'ai cru que le destin m'envoyait enfin quelqu'un de *poétique*, une jeune fille baudelairienne, avec qui j'allais pouvoir occuper mon âme, laquelle n'avait guère, depuis mon enfance, trouvé que les livres pour meubler son vide et son ennui, ou se consoler de ses déceptions.

Je voyais une foule de vérités de détail dans mon caractère, à cause de quoi je pensais que j'étais un monstre de lucidité, mais je fermais les yeux sur l'essentiel. Soit dit en passant, je remarque que les locutions courantes ne s'appliquent jamais à mon cas. Par exemple, j'étais le contraire d'un homme à qui « un arbre cache la forêt ». C'était plutôt la forêt de mes habitudes, de mes goûts, de mes manies qui me cachait l'arbre que j'étais (et qui me le cache encore). J'étais persuadé que mon à-propos dans la conversation, mon esprit tourné à l'insolence, mes jugements littéraires très tranchants, mes fanfaronnades d'intolérance, ma morale que je proclamais avec la morgue de Schopenhauer, l'idée de moi que je voulais donner, mes poses, mes exagérations en paroles ou en attitudes, mon application à écouter de la musique qui m'embêtait, etc. formaient ce qu'il y avait de plus solide, de plus permanent en moi, alors qu'il ne s'agissait que de choses superficielles, de lubies de jeune homme, d'exubérance due à la bonne santé. La preuve en est que j'ai changé sur la plupart des points, tout en demeurant identique dans le for intérieur. Autant j'étais vif et bavard il y a trois ans, autant je le suis peu à présent. Je maniais la repartie comme Paganini son violon ; quoi qu'on me dît, j'avais instantanément quelque chose à répliquer, qui était cocasse ou loufoque, et qui faisait rire la galerie. Aujourd'hui, plus un mot. Mon esprit dort ; il faut des coups de canon pour le tirer de sa léthargie. Neuf fois sur dix, je ne trouve rien, je suis muet, je suis impuissant, je suis stupide, je me fais l'effet d'une brute ; et pourtant je sais que mon moi n'a pas bougé, que je suis pareil à ce que j'étais. Ma tête est vide, mais mon âme ne l'est pas, elle possède même quelques petites choses nouvelles. Je n'écoute plus de musique embêtante : uniquement celle qui me fait plaisir, sans souci de m'épater moi-même. Les maximes morales ont la vie plus dure, cependant j'en ai déjà révisé quelques-unes. Bref, je tâche de démolir le système dans lequel je m'étais emprisonné, douillet comme tous les systèmes, mais qui me flanquait quand même des crampes. Je refusais mordicus d'admettre que j'étais sensible, naïf, plus porté au respect qu'au blasphème, plein de bonne volonté et non de scepticisme, assez ennemi de la violence. En ce moment même, il me faut du courage pour écrire cela. Il n'est pas facile de dépouiller le vieil homme, surtout quand on a soi-même fabriqué ce vieil homme-là, avec soin, avec amour, et que le vieil homme vous semblait un modèle idéal. Par comparaison, le nouvel homme, qui n'est que moi, me paraît bien fade. Réintégrer sa vraie peau après qu'on a vécu dans une fausse peau cause autant de regret que de rendre un beau costume qu'on avait emprunté et de réendosser ses vieilles frusques, ou encore, après avoir vécu au-dessus de ses moyens, de payer ses dettes, de quitter son bel appartement et d'installer ses pénates dans une chambre de bonne au sixième, nue et froide, à laquelle on grimpe par l'escalier de service.

Au physique, j'aurais voulu être Bonaparte ou Paul Newman. Le ciel m'avait fourni une tête et un corps qui me consternaient lorsque je les apercevais dans la glace. De toutes les têtes, de tous les corps humains, c'était les seuls qui me répugnaient absolument. Cela ne ressemblait à rien : cet assemblage qui était moi avait une originalité désastreuse. Je regardais mes yeux, mon nez, mes mains avec écœurement. Il allait donc falloir traîner cela jusqu'au dernier soupir ? Quelle perspective ! J'aurais donné la moitié de ma vie pour être velu comme Poirson, court et râblé comme Levert, pour avoir de grosses cuisses comme Bernardin, des joues creuses comme Guillemot. J'enviais jusqu'au petit Pujol de qui la bouche était couturée à cause d'un bec-de-lièvre dont on l'avait opéré autrefois. Eux, au moins, appartenaient à des types masculins connus, catalogués, venant du fond des siècles ; ils sortaient des moules humains traditionnels ; on voyait quels hommes ils seraient. Pas moi. J'étais unique dans mon genre, hélas ! J'avais la peau blanche, les membres maigres, le corps longiligne, une bonne balle à laquelle j'essayais de communiquer de la malice en pinçant la bouche et en plissant les paupières, mais qui, si je cessais un instant de me surveiller, prenait un air confiant, gentil, attentif. Pouah !

Mon âme était en rapport avec cette apparence. Comme on ne la voyait pas, je croyais qu'on pouvait la modeler. Si ma figure était arrêtée une fois pour toutes, mes os et mes muscles intransformables, elle du moins était quelque chose de mou, de provisoire, un morceau de glaise auquel je finirais bien par donner la forme que je désirais. De là tant de bêtises, d'outrances, de provocations, tant de démarches concertées (et maladroites) dont je rougis quand je me les rappelle, tant d'épreuves inutiles que je me suis imposées avec un entêtement de chevalier du Moyen Âge.

Ce travail m'occupait si fort que je ne m'apercevais pas que mon âme se défendait bien. Je la mettais en laisse pour la tirer dans des chemins où elle n'avait que faire, mais elle se débarrassait sournoisement de son collier et filait dans sa niche comme un chien rétif. L'attrait que Brigitte Clerc exerça sur moi illustre bien cette résistance de ma vérité à ma volonté. Sa discrétion, une manière qu'elle avait de se tenir sur ses gardes comme si elle traversait un endroit dangereux me plurent énormément. J'aurais juré pourtant qu'elle n'était pas boudeuse, comme tant de minettes qui s'imaginent que le comble du romantisme consiste à faire la tête. Je me disais qu'elle forçait sur la pruderie pour décourager les farceurs. Je voyais dans une telle conduite tous les signes extérieurs de la pureté. Cette pureté m'enchantait, me donnait du bonheur ; j'y reconnaissais quelque chose qui m'était très familier, encore qu'entièrement secret : elle ressemblait à ces choses de moi que je ne montrais à personne et que je niais moi-même, par parti pris ou par pudeur.

Je ne dirai certes pas que j'étais au lycée dans la situation de Robinson sur son île. J'avais une demi-douzaine de bons copains, en particulier Poirson, avec lesquels j'entretenais une amitié rude et rigolarde de frères d'armes. Mais à aucun d'entre eux je n'aurais eu l'idée saugrenue de parler de mes lectures, d'avouer ma philosophie, de montrer mes raffinements intimes. Ils n'y auraient rien compris ou auraient été gênés par l'intrusion de ces délicatesses dans notre univers si réussi de mousquetaires modernes. Je jouais le rôle qu'ils attendaient de moi comme ils jouaient celui que j'attendais d'eux. Nous nous donnions des airs fendants, nous affections de considérer l'existence comme une grande bouffonnerie agencée uniquement pour notre amusement, où tout était matière à charge, à canular, à facétie pour la confusion des imbéciles et des canailles dont le monde, hormis nous, était peuplé.

Quand Brigitte Clerc vint, j'eus le pressentiment qu'avec elle je pourrais avoir un jour d'autres conversations qu'avec mes camarades ou, sinon des conversations, des complicités. Ce qui me fit penser qu'il existait dans cette fille des similitudes avec moi, c'est qu'en dépit de notre réputation de bravaches, notre groupe lui fut sympathique. Je lui sus un gré immense d'avoir deviné que nous étions de bons garçons et non des voyous. Cela crevait les yeux mais le commun des mortels se laissait prendre à nos exagérations et nous tenait effectivement pour des brutes. Nous épouvantions une quantité de souriceaux et de souricettes, lesquels forment la majorité de la population lycéenne, quoi qu'en pensent les adultes qui ont tout dit lorsqu'ils ont dit : « la jeunesse », et qui s'imaginent, parce que nous sommes nés trente ans après eux, que nous sommes des êtres menaçants, incompréhensibles, un État dans l'État, une armée de barbares ayant des mœurs atroces et usant d'un langage hermétique. Brigitte Clerc, avec un bon sens, une manière placide un peu moqueuse (et peut-être aussi un peu terre à terre) de refuser ce qui sortait de l'ordinaire, comme si la vie ne comportait jamais de sommets ni de précipices, ne fut nullement effrayée par nos airs de spadassins. Les femmes qu'on aime ont une façon de ne pas vous prendre au sérieux qui est adorable.

On s'étonnera de lire le mot de pureté sous la plume d'un garçon de mon âge, et dans le sens où je l'utilise. Ce genre de pureté nous paraît — enfin cela paraît aux gens de ma génération — un concept aussi absurde et périmé que ceux d'aristocratie ou de patriotisme. Pourtant j'étais content que Brigitte Clerc ne fût pas une traînée comme ses congénères, content que sa vie ne comportât aucun de ces tableaux décrits complaisamment (et sans doute exagérés) par les lurons de la classe. Je n'aurais pas même imaginé que quelqu'un, en dehors de ses parents, l'eût seulement embrassée.

Ma raison me dit que la pureté d'une femme est une sottise, que son honneur se trouve dans sa tête et non pas sous ses jupes, que le désordre des sens n'implique pas le désordre de l'esprit, etc. Cependant, je ne sais quoi me rend joyeux si je sais qu'une personne pour qui j'ai du goût n'est pas facile. Cela vient des zones les plus profondes de moi, d'endroits situés très loin, où je ne mets jamais les pieds, où la pensée n'envoie aucun pinceau lumineux. Suis-je le seul à être en proie à des contradictions de ce genre ? Je n'observe rien de tel autour de moi, où tout le monde a l'air de vivre en paix avec ses théories et où je vois si souvent, non sans surprise, des types de vingt-cinq ans épouser des roulures ayant eu trente amants, sans parler d'une ou deux chtouilles. Je les admire pour leur largeur d'esprit, mais je ne crois pas que je les imiterais. Je leur trouve une sorte de sainteté, ma foi, dans le style du prince Muichkine, dont je ne serais pas capable. Si je consacrais ma vie à une femme, il me la faudrait neuve ; je voudrais qu'elle n'ait pas connu d'autre amour que le mien, qu'avant moi elle n'ait eu aucune curiosité. Pour reprendre un mot qui achèvera de me couler dans l'esprit d'un éventuel lecteur, je désirerais qu'elle se soit, jusqu'à moi, *respectée.* Longtemps ces idées m'ont ennuyé, puis je me suis dit que, pour que moi qui n'ai aucun préjugé, qui regarde jusqu'au fond les pires noirceurs et n'en suis pas choqué, moi qui admets n'importe quoi intellectuellement, je les aie, c'est qu'elles sont enracinées dans l'homme depuis le commencement du monde, qu'elles font partie de la nature au même titre que les arbres et les oiseaux. On ne nie pas un oiseau. Il est là. Il chante. Il meurt s'il a le malheur de picorer de l'insecticide. Il y a des opinions dans notre époque qui sont aussi meurtrières que l'insecticide.

À dix-sept ans, on est à l'affût des analogies. J'en dénichais dans tous les coins, ce qui me confirmait que j'étais un homme fort intelligent. Le fondement de mon système était que tout est correspondance, que le monde n'est qu'un énorme jeu de miroirs, idée qui me venait évidemment de mon cher Baudelaire ; mais je me l'étais si bien appropriée qu'on m'aurait scandalisé si l'on m'avait fait observer qu'elle se trouvait déjà dans un sonnet célèbre. J'étais persuadé que la pureté de Brigitte Clerc était la transposition exacte dans le domaine des mœurs d'une espèce de sagesse que j'ai, qui n'est pas à proprement parler du sens moral, mais qui me retient sur la pente des bêtises trop grosses, des actions tout à fait déshonorantes, des excès en tout genre. Certaines gens avalent le mal sans sourciller, ne sentent même pas son goût quand il passe, ou le trouvent agréable. Moi, je ne peux pas. Quelque chose le bloque dans ma gorge. Mon organisme le refuse.

Contrairement à ce qu'on pourrait penser, cela ne m'enchante pas du tout. Je songe souvent qu'à faire ainsi le délicat je suis condamné à ignorer la moitié noire du monde et peut-être aussi la moitié blanche, que je resterai toujours un peu en deçà de la réalité, dans les limbes, comme les bébés, car comment connaître le bien quand on n'a pas fait à fond l'expérience du mal ? Il est des moments où je donnerais cher pour avoir le courage, tel Rimbaud, de décréter le dérèglement systématique de tous les sens. Hélas ! devant l'exemple de Rimbaud, je suis comme un lâche qui regarde un brave aller au feu, qui l'admire de faire si peu de cas de sa vie, mais que le misérable instinct de conservation paralyse dans son trou. Je voudrais toucher le fond de la condition humaine et ensuite grimper dans les hauteurs du sublime, me rouler dans la boue la plus puante, perpétrer des crimes comme un héros de Dostoïevski, éprouver des douleurs et des remords insoutenables, aller jusqu'aux extrémités de mon âme, être un démon pour pouvoir être un ange. Tandis que je ne suis qu'un garçon raisonnable, un petit Français trop à l'aise dans un esprit trop bien rangé. Ce n'est pas à moi qu'il écherra la divine aventure d'assassiner une vieille usurière à coups de hache et d'avoir le cœur purifié par le sacrifice d'une prostituée. La sagesse pèse en moi comme les boules de plomb qu'on place dans certaines poupées de bois, grâce à quoi elles se retrouvent toujours debout.

Autrefois, lisant le mot *destin* dans les livres, je ne comprenais pas cette notion-là. Je croyais qu'on était maître de son destin, qu'on le courbait à volonté dans un sens ou dans l'autre, que rien n'était joué d'avance. En observant chez moi cette impuissance à sortir de mes limites, j'ai fini par convenir que moi aussi j'avais un destin et que, bon gré mal gré, il faudrait bien que je m'en accommodasse, que ce destin avait ses avantages et ses inconvénients, qu'il m'était donné comme mon corps, capable de courir le cent mètres en douze secondes mais incapable de soulever un haltère de cent vingt kilos, mon nez, mes yeux, ma bonne santé, ma propension à attraper des angines, etc.

J'étais sûr que Brigitte Clerc obéissait à des contraintes du même genre que les miennes. Elle aussi avait un destin et en était prisonnière. Quel démon la poussait à défendre sa virginité comme elle faisait, sinon une disposition intérieure dont elle n'était pas plus responsable que moi des boules de plomb qui m'empêchaient de tomber ? La virginité d'une fille non seulement n'a aucune valeur aujourd'hui, mais encore est un objet de moquerie. Cependant Brigitte Clerc circulait parmi nous revêtue de la sienne comme Jeanne d'Arc de sa cuirasse et personne n'en riait. Cela allait avec son caractère, avec sa physionomie, avec ce qu'on savait d'elle. Aucune niaiserie, aucune pruderie au demeurant, et une jolie figure ronde animée par des yeux bleus qui n'étaient pas très grands mais qui me plaisaient beaucoup parce qu'ils pétillaient, qu'ils vous regardaient avec la plus vive attention et exprimaient diverses nuances de malice. Toute pucelle qu'elle était, Brigitte Clerc me paraissait plus dégourdie que les donzelles si averties du lycée. Cette hermine qui ne connaissait pas la moindre bribe d'éducation sexuelle en savait autrement long sur la vie, pensais-je, et, le cas échéant, sur l'amour.

Une preuve supplémentaire de sa pureté, pour moi, était qu'elle se fût agrégée à notre bande. Elle avait deviné que notre amitié de garçons ne la mettrait point dans des situations embarrassantes, que nous étions sans danger, que notre amitié était même plus convenable pour elle que celle des autres filles dont les conversations étaient exclusivement nourries de leurs expériences réelles, espérées ou supposées et plus bourrées de détails dégoûtants que les propos des carabins. En notre compagnie, Brigitte entendait une foule d'horreurs, mais, à y regarder de près, rien de vraiment choquant, attendu que nous restions en toute occasion dans le grandiose, le plus grand que nature, ou tout simplement dans l'abstrait. Son instinct de petite femelle lui soufflait qu'en dépit de nos carrures épiques nous avions la double timidité de l'homme et de l'enfant. Elle nous aimait comme une cantinière aime les troupiers à qui elle vend sa gnôle. Elle aimait notre camaraderie de la même façon, avec les mêmes sous-entendus et les mêmes subtilités que nous l'aimions nous-mêmes. Il n'y avait pas de manège de sa part, ainsi que plusieurs pécores ne manquèrent pas de l'insinuer.

Voilà un joli portrait de jeune fille. Dirait-on pas en le lisant que c'est plutôt moi qui suis une jeune fille, ou du moins qui étais une jeune fille il y a trois ans ? Cette faculté de me projeter dans une personne que j'aimais, de me regarder en elle comme Narcisse dans sa fontaine, me paraît aujourd'hui excessivement puérile et romanesque. Je suppose que jusqu'à un certain âge on ne peut être amoureux que de soi-même. Je l'ai observé sur moi, ayant été amoureux à peu près sans interruption depuis mon enfance. Cela se déroule toujours de la même façon : l'objet sur lequel j'ai jeté mon dévolu me fascine d'abord parce qu'il est différent de moi, incompréhensible, d'une nature mystérieusement supérieure à la mienne. Puis je m'acharne à découvrir des points communs, des idées ou des habitudes semblables. Chaque découverte est une adorable surprise, jusqu'au moment où l'amour s'en va. Je me déprends aussi vite que je m'étais enflammé ; je me mets à croire que personne ne ressemble à personne, que l'on est tout seul de son espèce, moi surtout, étant pour mon malheur intelligent, et voyant immanquablement au bout de trois semaines chez mes petites partenaires de larges zones de sottise qui me les rendent aussitôt insupportables.

De là la certitude que j'ai eue longtemps que l'amour avec un grand A était un domaine fermé pour moi, que je ne pourrais jamais y faire que de courtes et illusoires promenades. J'en étais d'autant plus dépité que, dès mon enfance, je m'étais forgé dans mon imagination une compagne idéale, qui avait grandi en même temps que moi, et qui répondait trait pour trait à la description donnée par Verlaine : elle m'aimait, je l'aimais, elle n'était jamais ni tout à fait la même ni tout à fait une autre et surtout *elle me comprenait.* J'espérais vaguement, à la façon des enfants, que cette sylphide, cette fée au chapeau de clarté qui régnait dans ma tête, me ferait un jour la surprise de surgir devant moi, avec de la chair, des cheveux, des yeux et un joli sourire plein de tendresse, venant de quelque quartier lointain de Paris, tant ma rêverie l'appelait impérieusement.

Raison supplémentaire de maudire ce foutu XXe siècle dans lequel, par déveine, j'étais tombé. Les fées, les sylphides ont pullulé jusqu'en 1914 : on pouvait toujours espérer en rencontrer une. Maintenant il faut les chercher à la loupe. En reste-t-il seulement une ? L'éducation sexuelle, la pilule, la politique, les mini-jupes ont achevé le génocide.

V

Dans notre classe de terminale, chacun avait des idées sur le gouvernement, la révolution, la répression policière, le marxisme et autres foutaises ; on faisait circuler des tracts et des journaux qui me causaient un dégoût extraordinaire parce qu'ils étaient rédigés en clichés. Le minus Barragaud considérait ce trafic de littérature bourbeuse avec des regards attendris. Il y allait quelquefois de son couplet en feignant d'élever le débat, de rester dans le domaine des idées sans entrer dans les détails de l'action ; il nous expliquait le socialisme, ce qui était aussi ennuyeux qu'un cours de chimie, mais moins honnête. En effet, je voyais sur la figure de ce crétin un sourire à la fois satisfait et quémandeur qui me mettait hors de moi. Le sourire type du démagogue, racontant n'importe quoi pour se faire bien voir de son auditoire. Je donnerais ma tête à couper que Barragaud se fichait du socialisme dans les grandes largeurs, mais qu'il le propageait parce que c'était chic, parce qu'il voulait avoir l'air d'un prof à la page, vachement moderne, « ouvert » (mot qu'il employait à tout bout de champ et qui est devenu pour moi synonyme d'idiot absolu), et parce qu'il lui fallait à tout prix « rester en contact avec les jeunes intelligences ». Ce n'est pas moi qui ai inventé l'expression. Je l'ai lue quinze fois dans des papelards universitaires. Barragaud en avait plein la bouche. Inutile de dire qu'elle m'a toujours fait bien rire. Je les connais, moi, les « jeunes intelligences » ! Je vis en permanence avec elles. C'est un ramassis de flemmards, d'andouilles et d'analphabètes. Sur cinquante types, dans une classe, quarante-cinq au moins sont complètement abrutis, incapables de dire quelque chose d'intéressant, partageant leur temps entre les hebdos pornos et les spéculations sur la façon dont ils exploiteront la société après avoir passé leur bac. Ces têtes-là, je le garantis, sont tout à fait vides. En cherchant pendant dix ans, on n'y trouverait pas une idée.

Quand j'étais enfant, j'étais émerveillé par la facilité avec laquelle on pouvait duper les grandes personnes. Les mensonges les plus épais, je dirai les plus négligents, passaient comme des lettres à la poste. Et les petits chantages donc ! Le zèle intéressé, la pleurnicherie judicieuse, les faux repentirs, la noble tristesse, la bouderie feinte, les remerciements excessifs avec baisers répétés pour montrer son bon cœur, etc. ! Je pourrais établir une liste comprenant plus de cent attitudes de ce genre, aussi élémentaires qu'efficaces. Je jouais sur mes parents comme sur un piano, et c'était bien rare s'ils ne rendaient pas le son que je voulais. Même topo avec les profs, tout aussi bêtes que les parents. À huit ans, à dix ans, j'avais des mouvements d'orgueil — vrai, celui-là — en contemplant ma puissance. J'étais plus intelligent que tout le monde. Je circulais au milieu des grandes personnes comme un homme, doué de raison, au milieu d'un troupeau d'éléphants dans la jungle.

Dès quatorze ans, j'en ai sérieusement rabattu. Mes camarades arrivaient aux mêmes résultats que moi sans se donner la moindre peine. Par exemple, j'allais passer deux heures chez Levert, ou Grandidier, ou Pierrotin, ou n'importe quel autre, un jour de congé. De quelque garçon qu'il s'agît, c'était toujours les mêmes parents que je voyais : intimidés, craintifs, admirant leur rejeton, n'osant pas lui faire d'observation ni lui donner d'ordre, encaissant avec un sourire obséquieux des grossièretés dont j'étais choqué pour eux, moi gamin. Ces parents-là étaient d'une délicatesse, d'une discrétion admirables. Des domestiques. Ils ne se montraient que si on les sonnait.

Quand je suis passé du petit lycée au grand, j'ai été surpris par l'atmosphère qui régnait dans les classes. Jusque-là j'avais été habitué à une certaine discipline, à des exigences de la part des profs, j'avais vécu dans une société organisée, ce qui était plutôt plaisant. On me donnait des tâches, je les remplissais bien ou mal, j'en étais récompensé ou puni. Tout cela était simple, et me convenait parce que je n'avais pas de responsabilité exagérée à l'égard de moi-même. On avait beau me répéter que ce n'était pas pour mes parents ou pour le prof que je travaillais, mais pour moi, pour m'enrichir l'esprit, pour mon avenir, je n'en croyais pas un mot. Je rapportais les bonnes notes à la maison comme un cadeau. Une mauvaise note, au contraire, c'était un mauvais coup que je portais à mon papa.

Ce bonheur scolaire a pris fin à mon entrée en troisième, quand j'ai été plongé dans l'anarchie. Je ne nierai pas que cela m'ait amusé au début. Le chahut, un prof qui vous tutoie et à qui l'on rend son tutoiement, l'absence de sanctions, des cours passés à parler de n'importe quoi, des filles au petit derrière rond bien moulé par le pantalon et qui rigolaient de nos blagues, oui tout cela m'a plu. Inopinément je cessais d'être un moutard, je devenais un homme. Les profs nous marquaient de la considération, discutaient avec nous, flattaient nos lubies, nous racontaient le journal, disaient tout le temps des choses calculées pour nous faire plaisir. Les jeunes intelligences s'en payaient une tranche. Le nombre d'absurdités que j'ai pu entendre de la troisième à la terminale est inimaginable. Je me rends cette justice qu'au bout de trois mois j'en ai eu plein le dos. Quarante-cinq imbéciles qui « s'expriment » du matin au soir, c'est d'une indécence dont on n'a pas idée.

Ce qui est encore plus indécent, c'est la révérence (je ne trouve pas d'autre mot) des adultes pour ces clowneries. Je me demande ce qui peut bien les fasciner dans les divagations des jeunes, au point d'en perdre tout jugement, tout esprit critique. Moi qui ai vu cela de l'intérieur, puisque j'étais dans le clan des jeunes, je n'en revenais pas. Je savais ce qu'il y avait derrière les fanfaronnades, les airs méchants, les intransigeances, les brutalités de langage de mes copains : beaucoup d'incertitude et de mollesse. Ces garçons et ces filles de quatorze ou quinze ans se conduisaient comme des enfants qui, découvrant que tout est permis, vont aussi loin qu'ils peuvent. Je situe ma période de mépris à ce moment-là. Comment ne pas mépriser des hommes de quarante ans et plus qui tolèrent qu'on les tourne en bourrique du matin au soir, et qui font la bête par un mélange de frousse, de snobisme et de démagogie ?

Comment ne pas mépriser les veaux en délire qui m'entouraient de toute part ? Ce qui me dégoûtait le plus, c'était leur prodigieuse uniformité. À part trois ou quatre types, ils étaient tous pareils, ils faisaient tous les mêmes bêtises, avec la conviction d'être vachement évolués, vachement affranchis.

Peut-être suis-je orgueilleux, après tout. Au milieu du deuxième trimestre, un esprit de contradiction généralisé s'empara de moi. J'en avais par-dessus la tête d'entendre les adultes me répéter « vous autres, les jeunes... », d'un air complice ou admiratif. L'idée qu'on me rangeait dans la catégorie des *jeunes* comme une assiette dans un placard avec le reste du service, qu'automatiquement, parce que j'étais un adolescent, on supposait que j'avais les mêmes caractères que tous les débiles mentaux nés entre 1950 et 1955, m'était odieuse. Je ne vois pas pourquoi je serais solidaire d'un âne, pour l'unique raison qu'il a le même âge que moi. Je ne suis solidaire que des gens qui me plaisent. Solidaire de Spinoza, de Montesquieu, de Dostoïevski, de Mozart, à la bonne heure ! Tant qu'on voudra. Je suis même prêt à faire le coup de poing. Mais pas de Patrick Duchnoque ou de Thierry Lenglumé qui se croient follement inédits parce qu'ils sautent des gamines sentant le poireau, organisent des manifestations avec pancartes, disent « extra » ou « génial » à propos de tout. Non, avec ces zigotos-là, je n'ai rien de commun. Quand je cause avec eux, j'ai des envies de meurtre au bout de vingt secondes. Je connais par cœur leur charabia et leur philosophie, si toutefois on peut décorer de ce beau nom les deux douzaines de slogans qu'ils répètent à longueur de semaine.

Me sentant étranger à ma génération, je m'appliquai à en prendre le contre-pied. Ainsi, comme les garçons de mon âge, j'adore la chienlit. J'aime la saleté, les vieux tricots à col roulé, les cheveux longs, les godasses éculées, la vie en forme de porcherie. Style très élégant à condition d'être le seul à le pratiquer. Si c'est celui de tout le monde, cela devient de la vulgarité. Au milieu des généraux dorés sur tranche, à côté de Murat chamarré et emplumé, Napoléon en redingote grise et petite tenue de colonel de chasseurs représente l'élégance suprême. Si tout le monde porte une redingote grise, Napoléon est obligé de s'habiller en carnaval pour se différencier. Napoléon est d'une autre essence que Murat, Masséna, Davout, Suchet et consorts. Il faut qu'il le montre. À quatorze ans, j'ai senti cela très fort. J'ai senti que je devais absolument, *d'une façon visible,* me distinguer d'une catégorie de gens qui n'étaient pas de même nature que moi et auxquels on m'assimilait parce que je portais leur uniforme.

Du jour au lendemain, par décret de ma volonté (ce qui me causa un bonheur prodigieux : j'étais capable de prendre tout seul un parti et de le suivre), je me suis transformé. Il ne s'agit pas d'une de ces transformations intérieures que personne ne peut contrôler et qui sont aussi dérisoires que les « bonnes résolutions » périodiques des petits espiègles. Ce fut une transformation sérieuse, donc matérielle. Je commençai par en faire le plan par écrit sur un papier. Puis, en bon singe que j'étais, j'eus l'idée, que je trouvai sublime, de glisser le papier dans la doublure de mon veston, à l'imitation de Pascal.

Je me souviens du tintouin que nécessita l'opération : emprunter subrepticement les ciseaux de ma mère dans sa boîte à ouvrage pour ouvrir la doublure, voler une aiguille et du fil pour la refermer, remettre l'aiguille et les ciseaux en place. J'avais rédigé le document en dix minutes ; je passai bien deux heures à mes travaux de couture, clignant de l'œil pour enfiler mon aiguille, tirant la langue, me piquant copieusement les doigts. Je m'y acharnai comme un moutard à assembler un avion. J'y pris d'ailleurs beaucoup de plaisir. Et par la suite, en entendant le papier crisser dans ma veste quand je faisais un mouvement, j'imaginai la joie que devait éprouver Pascal quand il entendait, lui aussi, le papier de son fameux *Mémorial* crisser dans la doublure de son pourpoint. C'était sa vision, c'était Dieu qui se rappelait à lui par ce petit bruit qu'il était le seul à percevoir. C'était mon acte de volonté qui se rappelait à moi et qui m'empêchait de le renier. Lorsque mon veston devint trop court et fut usé, j'hésitai à récupérer le papier, mi par paresse, mi par l'idée que, puisque le vêtement me quittait, une période de ma vie s'en allait avec lui et que j'avais suffisamment fait la preuve de mon caractère. Au bout du compte je le retirai quand même, pour garder un témoignage tangible de ce que j'avais accompli.

Par superstition, je l'ai conservé, comme un vieux talisman dont le pouvoir s'est évaporé mais dont on pense qu'il continuera d'émettre une influence bénéfique. En fait, c'est plutôt le papier qui s'est attaché à moi. Souvent, j'ai cru l'avoir égaré, mais de temps à autre j'ai eu la surprise, en tripotant des polycopiés ou en cherchant un bouquin, de tomber sur lui. Les objets disparaissent et réapparaissent comme des lutins, et presque toujours ce jeu de cache-cache a un sens. Ainsi, hier, j'ai ouvert une valise pour y prendre un chandail. Que vois-je au fond de la valise ? Ce papier de ma quatorzième année, couvert de mon écriture de l'époque qui n'était pas celle de maintenant, portant encore ses anciennes froissures, sale, jauni, historique ma foi ! Cela m'a fait presque battre le cœur. Quelle coïncidence de le retrouver au moment précis où j'en avais besoin pour ma narration ! Il m'a plongé plus profondément dans mon passé que tout ce que j'ai entrepris d'écrire ici. Soudain j'ai songé à une foule d'autres papiers semblables, déchirés ou perdus. J'avais oublié une des habitudes les plus caractéristiques de ma jeunesse, à savoir, dans les grandes occasions, quand j'avais une décision importante à prendre ou que je voulais changer de vie (ce qui m'arrivait fréquemment), d'établir un mémorandum. Je ne connaissais pas d'autre moyen d'aller à la recherche de moi-même ou de me tracer des voies. Mon adolescence est jalonnée de petits papiers, comme la route du Petit Poucet de cailloux blancs. Il est étrange que j'aie perdu de vue cette manie, car je me surprends encore à griffonner des *plans de vie* que j'observe pendant quarante-huit heures ou dix minutes.

Le topo dont je parle n'est pas comme les autres. Celui-là, je l'observai. Mes parents eurent la surprise de voir leur fils aîné métamorphosé en bon jeune homme, orné d'une cravate, changeant de chemise tous les jours, cirant lui-même ses chaussures (sans oublier de cracher dessus pour que ça brille), se lavant au savon de Marseille. Je tenais spécialement au savon de Marseille, inscrit en toutes lettres dans le document, que j'allai acheter moi-même, en barre, chez le marchand de couleurs, et qui est d'une incommodité dont on n'a pas idée. J'avais aussi l'intention de me faire couper les cheveux en brosse, mais j'y renonçai. Ce fut ma seule concession à l'opinion publique. La provocation eût été trop appuyée. Pendant un an, j'ai fait mon lit chaque matin avant de partir pour l'école.

Je lis sur le papier treize autres articles qui m'émerveillent, tels que : « Pas de gestes avec les mains », « Savoir se mettre en colère », « Ne rien accepter pour argent comptant », « Ne jamais être pris au dépourvu ». Quand je dis que j'observai mes prescriptions, ce n'est pas tout à fait vrai. Par exemple, il n'était pas en mon pouvoir de n'être pas « pris au dépourvu ». Je l'étais souvent, au contraire. De même je laissais passer de superbes occasions de me mettre en colère, ce dont je souffrais pendant deux jours.

Le plus agréable, dans cette affaire, est que j'ai résisté (et cela m'a coûté) à exposer les motifs de la transformation à mes parents, lesquels, d'ailleurs, ne m'en ont su aucun gré et n'ont rien trouvé de mieux que de se moquer de mon nouveau genre. Les parents n'ont pas leur pareil pour tomber à côté. Il suffit que l'on décide de faire quelque chose de difficile, d'héroïque, pour qu'aussitôt chez eux fleurissent le scepticisme et le sarcasme. Il n'existe pas d'endroit où l'on soit plus méconnu que chez soi. On vous prend au sérieux lorsque vous ne l'êtes pas, on vous brocarde quand vous l'êtes. Cela ne rate jamais. Qu'on s'étonne, après cela, que les enfants fassent des bêtises ! C'est décourageant, à la fin, d'être sans cesse victime d'erreurs judiciaires. Il faut avoir un sens moral à toute épreuve pour se conformer à sa droiture intime, pour avancer dans le sentier du bien au milieu des sourires indulgents, des haussements d'épaules, des plaisanteries, quand ce n'est pas des brimades. Heureusement pour les enfants qu'ils sont obstinés, et que leur obstination s'applique autant au bien qu'au mal. Heureusement aussi qu'ils attrapent, avec l'âge de raison, une méfiance globale pour tout ce que peuvent leur raconter les parents. Parenthèse : Pourquoi dis-je « les enfants », alors qu'il ne s'agit que de moi, que de mon expérience ? Je n'ai pas observé de réactions aussi radicales que les miennes chez mes camarades ou condisciples. Souvent même je suis étonné de voir comme ils adoptent les points de vue, les idées, les préjugés de leurs parents et les resservent comme de leur cru.

Au lycée, personne ne s'est trompé sur ma nouvelle apparence, à commencer par le prof, à qui j'étais indifférent auparavant et qui, me voyant propre, cravaté, vêtu convenablement, m'a jeté un œil noir et m'a instantanément pris en grippe. Le reste de l'année scolaire, j'ai eu droit, de la part de ce pédagogue de la seconde moitié du XXe siècle, appelé Farasson (et surnommé Foirasson), à diverses vexations qui me mettaient en fureur en même temps qu'elles me gonflaient de fierté : apostrophes ironiques, remarques dédaigneuses, hostilité, mauvaises notes non méritées, lectures bouffonnes de certains passages de mes devoirs de français pour faire marrer les cancres du fond.

Quand même j'ai eu ma revanche au troisième trimestre. Foirasson, malgré sa bonne volonté, ne parvint pas à m'empêcher d'être premier en français. Il était si contrarié en rendant les copies qu'il me reprocha (n'est-ce pas admirable ?) d'avoir fait « un travail trop scolaire » où l'on voyait trop mon « esprit conformiste ». Me dire ça, à moi, qui étais unique dans mon genre et dans mon apparence, dans cette classe où tous les garçons avaient l'air d'être des décalcomanies !

VI

En achetant ce cahier, j'avais comme d'habitude des idées de grandeur. Elles ont vite passé. D'abord, impossible de trouver le cahier de mes rêves. J'en voulais un qui eût l'air ancien, sévère, aux pages toutes blanches, ni rayées ni quadrillées, recouvert de moleskine, du même genre que ceux dans lesquels Lamartine et Vigny inscrivaient leurs sublimes pensées à l'encre noire, avec force ratures. Je t'en fiche ! La papeterie ne tient plus cela. Après dix boutiques, résigné, j'ai pris un cahier hideux d'étudiant en droit, à feuilles quadrillées et reliure spirale, qui a au moins l'avantage que je ne me gêne pas avec lui. Je griffonne n'importe comment, dans tous les coins, avec des renvois, des béquets, des dessins idiots. Je refais des pages entières, je gaspille la place, sans me soucier que cela fasse joli.

Deuxième idée de grandeur dont il a fallu faire mon deuil : le sujet gigantesque que j'ai l'intention de traiter, qui n'a été traité encore par personne, même pas par Joyce, qui révolutionnera la littérature, qui rendra insignifiant tout ce qu'on a écrit jusqu'à maintenant, à savoir saisir sur le vif, sans rien omettre, le flot de pensées et de sensations d'un bonhomme. Prendre une journée quelconque d'un individu quelconque, suivre seconde par seconde ce qui se passe dans sa tête. Être précis comme un électro-encéphalogramme. Vingt-quatre mille pages (deux cent quarante cahiers à reliure spirale !), chaque heure occupant mille pages. Tout sur l'homme. Ce travail d'Hercule m'a fait peur. Me lancer là-dedans était comme d'entrer dans un monastère. Avant de devenir le grand saint de la littérature française, j'avais envie de faire un peu la fête. À vingt ans, on n'est pas mûr pour l'ascétisme.

Faire la fête, c'est vite dit. Mais comment ? Au début de *Brulard,* Stendhal rêve aux femmes qu'il a aimées ; il en est tout attendri, et hop ! ça lui donne un bouquin ! Puisque je confesse tout, pourquoi ne pas confesser que j'ai voulu vérifier si la recette marchait aussi avec moi ? D'où ma balade à Montmartre. J'aurais préféré le Janicule. Rêver à des femmes sur une colline suppose deux conditions. Primo qu'il fasse beau. J'aurais peut-être dû attendre l'été, au moins le printemps. Mais cela n'aurait pas été plus réussi : j'aurais été piétiné par un tas de touristes et de moutards et photographié par des Japonais. Deuxième condition : il faut avoir aimé des femmes, avoir quelques fantômes charmants dans le cœur. Or, moi, qui ai-je aimé ? Je veux dire avec les sens et le cœur ensemble, comme H.B. Qui m'a laissé de ces blessures avec lesquelles on fait les livres ? Me considérant en ce moment dans ma chambre de l'hôtel Pitre, je ne distingue aucune cicatrice sur laquelle passer un doigt nostalgique. J'ai des sens comme n'importe qui, mais un cœur ? Une machine à souffrir ? Tout coule sur ma peau. Dès que j'ai une égratignure, ma fichue intelligence la badigeonne au mercurochrome ; deux jours après, je ne sens plus rien. Faut-il être bête pour être écrivain ? Pourtant Stendhal n'était pas bête.

Il m'arrive une curieuse aventure avec Brigitte Clerc. Quand j'ai décidé, faute de mieux, de me raconter dans ce cahier, je pensais qu'il serait plein d'elle, qu'on la verrait à toutes les pages. J'étais sûr que je n'avais rien regardé d'autre. Le matin, en m'éveillant, si c'était un jour de semaine, j'avais un moment d'impatience absolument exquis. Je courais au lycée comme à un lieu de délices. Cet endroit où j'avais traîné tant de journées assommantes était devenu, parce qu'elle y était, le seul où j'avais envie d'être. Chaque soir, je voyais venir avec désespoir l'interminable nuit qui allait me séparer de sa présence. Or, en écrivant, c'est-à-dire en tâchant de recenser ce que je sentais, désirais ou entreprenais à l'époque de mes dix-sept ans, je constate que ma vie était envahie d'une foule de choses étrangères à Brigitte, et qui me tenaient autant à cœur, sinon davantage. Trois ans ayant passé, Brigitte s'est mise en place dans un grand tableau dont je ne suis même pas sûr qu'elle occupe le premier plan.

Je ne comprends pas qu'on représente la vérité sous les traits d'une femme nue sortant d'un puits. D'après moi, c'est plutôt un chat sauvage perché dans un arbre, qui vous saute à la figure. Mon premier mouvement est de me protéger les yeux, de me battre contre cette sale bête. Rien qu'à cette hostilité, je devrais la reconnaître à tout coup. Découvrir que mon amour pour Brigitte Clerc ne fut qu'une de ces petites choses humaines qui éclosent, durent un moment, et meurent, m'a attristé et rempli de mauvaise humeur pendant deux jours. Quelle déception ! Je gardais ce souvenir en moi comme un trésor ; je l'embellissais de menus regrets rétrospectifs. C'était ma jeunesse ; c'était tendre, vaporeux, entouré d'un nimbe doré ; de loin, cela avait la poésie du *Printemps* et de la *Naissance de Vénus*. Du reste, Brigitte avait un air de famille avec les figures de femmes de Botticelli. Cette ressemblance est entrée pour beaucoup dans mes sentiments.

Elle était grande, blanche, blonde. Elle avait des cheveux lourds qu'on imaginait très bien disposés en coiffures artistiques, ornées de perles. Son corps aussi était un corps d'autrefois. Exactement ce qu'il me fallait, à moi qui voulais toujours connaître le dessous des cartes. Toutes les filles de terminale étaient claires comme de l'eau de roche, sauf une. Je fus entraîné vers celle-là par la même curiosité qui me poussait à lire des livres inconnus des autres, où j'espérais que je surprendrais des secrets essentiels. (Je crois que je me répète.)

Avec Brigitte, j'étais convaincu jusqu'à hier d'avoir vécu un roman. Roman sans péripéties, sans conclusion, où il ne fallait lire qu'entre les lignes, mais roman à coup sûr, et même plus intéressant dans son genre qu'*Adolphe* ou que *Manon Lescaut.* Quel veinard, ce Stendhal, de pouvoir prolonger sa rêverie par l'écriture ! Moi, rien à faire ! Dès que je pose un mot sur le papier, la rêverie fiche le camp, les choses m'apparaissent comme elles ont été. Mon pauvre Botticelli n'est qu'un détail minuscule dans un coin de cette grande ébauche mal dessinée et confuse qu'est ma vie.

Qu'est-ce qui attire les garçons de mon âge ? Les bonnes filles qui ne font pas d'embarras et chez qui l'on sent, plutôt que le désir de plaire, celui de s'émanciper, de n'être pas en retard sur les mâles pour ce qui est des curiosités et des expériences. Ces filles-là nous plaisent dans la mesure justement où elles veulent ressembler aux garçons, où elles nous copient dans notre manière et notre langage, parce que, si fort qu'elles s'évertuent, nous gardons toujours une demi-longueur d'avance. Nous sommes à la fois leurs modèles et les objets de leur convoitise, ce qui nous met dans une position de supériorité. Leur calcul (s'il y a calcul) est très mauvais : nous prenons sans nous gêner ce qu'elles offrent si facilement et n'y attachons aucune valeur. Par une démarche sentimentale très ancienne et très profonde chez les mâles, nous les méprisons ensuite ; nous nous racontons leurs complaisances avec cynisme, nous échangeons les noms des plus dociles, nous nous les repassons, nous les traitons comme des putains.

Tout cela est injuste. Ces pauvres filles ont été privées de garde-fou ; on les a jetées dans un univers masculin qui les épate ; étant nos « camarades », elles s'imaginent qu'elles sont aussi nos égales. Mais il n'y a pas d'égalité entre l'homme et la femme ; c'est une des grandes blagues de notre temps. Qu'on demande son avis là-dessus à un garçon de seize ou dix-huit ans, c'est-à-dire à quelqu'un ignorant les théories en vogue et n'obéissant qu'à son instinct ! D'ailleurs il n'y a d'égalité nulle part. Certains êtres, de l'un ou l'autre sexe, sont supérieurs à d'autres parce qu'ils ont une âme plus forte, voilà tout.

Je hais le genre plaintif, si répandu à présent, qui consiste à déclarer qu'on n'est responsable de rien, que c'est les autres qui ont tout fait, qu'on est victime de leur méchanceté. Apparemment, c'est la philosophie officielle de la France depuis 1920. En tout cas, cela ressort de mon cours d'histoire moderne : nous n'avons pas empêché Hitler de réoccuper la rive gauche du Rhin en 1935 par la faute de l'Angleterre ; nous avons perdu la guerre en 1940 parce que Hitler a envahi la Belgique et parce que Mussolini nous a poignardés dans le dos ; nous avons échoué dans l'expédition de Suez en 1956 par la faute de l'Amérique et de la Russie, etc. À lire le manuel, on finit par avoir une idée extraordinairement grotesque de la France. Tout le temps la guigne, tout le temps la pleurnicherie. Avec cet enseignement-là, il n'est pas surprenant que nous ne soyons guère patriotes. Impossible d'éprouver la moindre tendresse pour un pays qui ne cesse de faire ce que les enfants méprisent le plus : cafarder. Chaque fois qu'une tuile lui tombe sur la tête, la France s'écrie : « C'est pas moi, m'sieur ! J'y suis pour rien. C'est mon voisin ! »

Cette philosophie officielle est passée dans la vie courante. Chez nous, personne n'est jamais responsable de rien, ce qui est, d'après moi, la pire des perversions intellectuelles. Mon expérience, qui est celle de tous les enfants sans exception, m'a appris que le vrai responsable des maladresses ou des catastrophes est celui qui en pâtit, et que son premier soin doit être de les éviter. J'ai compris cela à l'âge de huit ans après avoir été puni deux ou trois fois pour des espiègleries que je n'avais pas commises. À cette époque, j'étais une petite bête qui croyait à la justice. Indigné d'attraper deux heures de colle pour une farce faite par Biclet ou Galibert, je m'écriais stupidement : « M'sieu, c'est pas moi » et je dénonçais le coupable, ce qui me valait, outre le mépris de la classe, deux heures supplémentaires pour sanctionner ma vilaine nature.

Les adultes, qui passent leur temps à calomnier les enfants, prétendent qu'ils sont obstinés et qu'ils s'enracinent dans leurs fautes par fierté mal placée ou par entêtement. Ce n'est pas vrai, ou du moins ce n'est vrai que par rapport à eux, pour résister à leur arbitraire. En face de lui-même, l'enfant est la créature la plus docile qui soit, la plus dépourvue de préjugés et de fierté, la plus attentive à l'événement, la plus réaliste. Je l'ai observé des centaines de fois, sur moi et sur mes camarades. Encore aujourd'hui, à vingt ans, sans doute parce qu'il demeure en moi beaucoup de l'incorruptibilité et de la rectitude intellectuelle de l'enfance, je suis prêt à abandonner en une seconde des opinions que je professe depuis des années pour peu que l'expérience me prouve qu'elles sont erronées, je suis prêt à jeter sans hésitation par-dessus bord des goûts qui me paraissent très bons si j'en rencontre de meilleurs.

À huit ans, il ne me fallut pas plus d'un mois pour découvrir que la loi du monde n'est pas celle de la raison. Plutôt que de geindre, je fis en sorte de ne plus payer pour les autres ou, si cela se produisait, de le prendre avec fatalisme, comme un inconvénient inévitable de la condition humainc. Disposition hcurcusc, qui adoucissait bcaucoup mes punitions quand j'étais attrapé pour des sottises dont j'étais authentiquement l'auteur : j'avais la consolation de me dire que je m'étais au moins amusé en les commettant. À mesure que j'ai grandi, cette notion de responsabilité, si satisfaisante pour l'esprit, grâce à laquelle on a le sentiment de gouverner son existence d'une façon quasi mathématique, s'est enfoncée davantage en moi ; elle a fini par être la charpente de tout mon système.

Pardon de m'être étendu là-dessus. Je voulais en venir à ceci : que les adultes, dans leur numéro de lamentation sur les vices de la jeunesse actuelle, air martyr, yeux au ciel, interrogation pathétique sur le démon qui nous habite, ou quand ils reprennent à leur propre compte et amplifient les absurdités que nous leur débitons par provocation, ne se rappellent pas qu'ils sont les premiers responsables de nos excès. Ils nous les ont facilités de toutes les manières. En particulier, c'est eux et non pas nous qui ont déchaîné le dévergondage des demoiselles de l'enseignement secondaire.

À la suite de quelle aberration, de quel zèle que nul n'attendait d'eux ont-ils institué les écoles mixtes ? Que croyaient-ils qu'il sortirait d'une telle mesure, sinon une grande valse des pucelages et la transformation méthodique des lycées en bordels ? Les adultes ont-ils complètement oublié ce qu'ils étaient dans leur jeunesse ? C'est à se demander, ma parole, si nous ne sommes pas l'objet d'un complot dont ils sont les hypocrites organisateurs, lequel aurait pour double but de supprimer le personnage mystérieux, intouchable et charmant appelé autrefois « jeune fille » (peut-être parce que la jeune fille n'a plus de raison d'être dans le hangar Avenir) et d'empêcher systématiquement les garçons de passer leurs examens en disposant un harem à leur portée.

Je mets au défi tout garçon de bonne foi de soutenir qu'il est possible à la fois de travailler et de faire l'amour. C'est l'un ou l'autre. J'ai eu tout le loisir de m'en convaincre. Les quatre ou cinq forts en thème de la classe étaient chastes, tant par timidité que par raison. J'ajoute qu'ils n'y avaient pas grand mal, avec leurs fronts couverts d'acné et de furoncles, leurs gros yeux derrière les lunettes, leur odeur fade, leurs costumes pisseux et leurs habitudes tatillonnes. Entre une préparation latine qui vous assomme et une jeune femelle qui se farde, cambre la poitrine et les fesses, se tortille, pouffe, lance des œillades, vous promet par son manège les plaisirs dont on a justement l'esprit occupé, il faut être un monstre de volonté pour choisir la préparation latine.

Je ne commençai à avoir un peu de familiarité avec Brigitte Clerc qu'au bout d'une quinzaine de jours. Familiarité est un grand mot. Ayant l'œil perçant des femmes, elle s'aperçut aussitôt de ma préférence pour elle, ce qui la poussa à me traiter beaucoup plus mal qu'un indifférent. Elle était toute simple, toute naturelle, tout aimable avec les autres types de la classe à qui elle voyait qu'elle ne plaisait pas ; avec moi, hautaine, guindée, moqueuse, susceptible. Ce comportement m'irritait et m'attendrissait. Tantôt j'étais furieux, je me reprochais de m'être enchaîné à une pimbêche, alors que je n'aurais eu qu'à claquer des doigts pour obtenir les faveurs de la petite Chantal, de la grosse Marie-France, de la grande Valérie, même de la belle Sophie, qui n'en étaient pas à leur coup d'essai, celles-là. Tantôt je recherchais les duretés de mon charmant dragon, je les supportais avec stoïcisme, je me donnais des indigestions d'amour courtois. Brigitte, espérais-je, apprendrait peu à peu à me connaître et découvrirait avec remords quel homme l'avait distinguée. Je n'étais pas mécontent qu'elle commençât par me prendre pour un pingouin de modèle courant, ni plus intelligent ni plus bête que les autres, et qu'elle m'opposât les résistances traditionnelles des demoiselles aux coqs de village. La surprise, plus tard, n'en serait que plus jolie, les défenses tomberaient d'un coup, elle m'admirerait, elle m'aimerait. Entreprise de longue haleine, certes, mais pleine d'honneur et sûrement de plaisirs. Je me gardais bien d'imaginer au-delà, d'envisager si peu que ce fût à quoi pourrait mener cet amour.

Tout cela, avec le recul, me paraît extraordinairement puéril et alambiqué ! Il est étonnant que mûr d'un côté, et même de plusieurs côtés, je l'aie été si peu en amour. Enfin, c'est comme ça. Je suis un individu romanesque. Dans un monde où tout est permis, les gens romanesques sont malheureux. Ne trouvant pas d'obstacles devant eux, ils en inventent, pour le plaisir de les vaincre ou d'être vaincus par eux.

Dieu merci, il n'y avait aucun danger que Brigitte me cédât. Après deux mois de cour, nous n'en étions qu'à un flirt dont les péripéties les plus émouvantes étaient des pressements de mains. Je ne l'avais embrassée qu'une fois, et par surprise, ce qui m'avait valu de sa part, non une bouderie caractérisée, mais un air sérieux et pensif, assez comique relativement à la licence qui régnait autour de nous. J'étais charmé qu'il existât encore, en 1971, une jeune fille ressemblant à celles des romans de Balzac, vertueuse par nature. On ne se contraignait pas devant elle : elle en entendait, comme toutes les autres, de vertes et de pas mûres, mais on n'eût pas osé la provoquer par des grossièretés directes. Sa dignité tenait les vulgarités à distance. En même temps, gaie, fantasque, l'esprit caustique, supérieure en quelque sorte. La supériorité en impose. J'en bénéficiai, car tout au long de l'année scolaire personne ne se moqua, quoiqu'il y eût matière, de l'assiduité que je déployais auprès de ma princesse, et qui n'échappait pas aux yeux rusés de mes congénères. La plupart pensaient sans doute qu'il y avait autre chose entre elle et moi que des pressements de mains dans les salles de cinéma. Je ne les détrompais pas, imposture qui me tourmentait (qu'est-ce que cela pouvait me faire d'être ridicule aux yeux de gens pour qui je n'avais pas d'estime ? Avais-je le droit d'endommager ainsi, par mon silence, la réputation d'une jeune fille soigneuse de son honneur ? Ne me conduisais-je pas comme un salaud au sens sartrien du terme ? etc.), mais dont je prenais mon parti avec une légèreté et même une satisfaction qui me paraissent assez moches aujourd'hui. On n'a pas de morale à dix-sept ans. La morale est un produit de haute civilisation, qui vient peu à peu, qui s'établit sur les décombres de l'égoïsme enfantin. Je ne suis pas *beaucoup plus* moral à vingt ans qu'à dix-sept, mais je le suis *un peu plus*. Compromettre, dans le misérable but de se donner du lustre, quelqu'un qui veut conserver jalousement sa pureté, voilà par exemple une chose que je ne ferais plus. À dix-sept ans, je n'étais encore qu'un galopin égoïste, sautant avidement sur les moindres occasions d'embellir son image. Arrangez cela avec mon orgueil, mon genre Lafcadio, mes poses variées, ma fureur d'être différent des autres ! Je note au passage que je m'accommodais très bien de cette contradiction. Je ne l'apercevais même pas.

VII

J'en suis à la centième page de mon histoire et j'ai l'impression de n'avoir toujours rien dit. J'ai même oublié le principal, par quoi tous les livres de Mémoires commencent : mon nom. Je ne m'en avise que maintenant, et parce que j'ai eu envie de me relire. Je m'appelle Henri Chédeville. Nom sans intérêt, sans relief, ni beau ni ridicule, nom passe-partout, nom étiquette, comme la plupart. Encore heureux que mes parents m'aient prénommé Henri. Tels que je les connais, ils étaient capables de m'affubler de prénoms à la mode, du genre Éric, Thierry, Jérôme, Fabrice ou, comble d'horreur, Patrick. Ils ont bien appelé mon frère Lionel, le pauvre, et ma sœur, tenez-vous bien : Ségolaine. Ségolaine Chédeville, est-ce assez trouvé, cela, assez celtique ? Je suis passé à travers les gouttes. J'ai quand même écopé de deux autres prénoms assez effrayants : Hugues et, j'ose à peine le murmurer, Gwen-Aël. Ce prénom en forme de bahut breton est un des chagrins de ma vie. J'en suis honteux comme d'une mauvaise action, je l'endure comme le péché originel, je le dissimule, je le tiens dans l'ombre la plus épaisse, mais il ressort périodiquement, à l'occasion des innombrables questionnaires où j'ai la honte de l'inscrire. Quelle toquade saugrenue de la Bretagne et des bretonneries mes parents avaient-ils en tête lorsque ma pauvre sœur et moi nous sommes nés ? On n'a pas le droit d'appeler Gwen-Aël un enfant innocent, un bébé qui n'a pas demandé à venir au monde. C'est comme de lui jeter une malédiction. J'ai souvent pensé que ce prénom-là était un présent de la fée Carabosse qui, penchée sur mon berceau, chuchotait ses maléfices dans l'oreille de mon gentil papa et de ma petite maman chérie. Hugues, déjà, était assez fort de café, dans le style mâchicoulis, cotte de mailles, Deuxième Croisade, mais enfin, à la rigueur, je me serais accommodé de cette touche gothique. La Bretagne ajoutée au Moyen Âge, c'est beaucoup pour un jeune garçon né à Paris (XVIe arrondissement), dans l'odeur des pots d'échappement, dans les bruits des bagnoles et des télés, lorsque le XXe siècle avait cinquante-quatre ans. Plus d'une fois j'ai reproché amèrement à mes parents ce malencontreux Hugues et ce calamiteux Gwen-Aël. Ils ne font qu'en rire. Ils trouvent cela très joli, eux, très chouette, et ils se moquent de mes subtilités.

Tout le monde s'en moque d'ailleurs ; je suis le seul à en être offusqué. Ni mon frère ni ma sœur ne souffrent d'avoir des noms à coucher dehors. Si je m'appelais Lionel, je porterais ce nom-là comme un panaris, tremblant sans cesse d'être heurté par quelque chose. Lui, pas du tout. Il est Lionel avec un naturel total, comme les mouches marchent au plafond ou les chiens remuent la queue. Ma sœur est Ségolaine avec une égale simplicité. Toutefois, comme « Ségolaine » va avec les choses d'aujourd'hui à peu près de la même façon qu'un buffet Henri II dans un bloc opératoire, on l'appelle « Seg ». C'était bien la peine de mobiliser la Bretagne, de travailler dans le poétique et l'insolite pour en arriver à Seg ! Janine ou Simone aurait fait l'affaire.

Les trois quarts des garçons et des filles de maintenant sont logés à la même enseigne que ma sœur et mon frère. Leurs parents comme les miens ont eu la cervelle tournée par la muse du calendrier. Nous sommes une génération ridicule où le Damien, le Richard, le Thibault, le Laurent, l'Ingrid, le Geoffroy, le Wenceslas (avec un W), la Débora (sans h), la Mahaut pullulent. Sans parler de l'inévitable Patrick. Est-ce bête : ce prénom de Patrick, qui est devenu aussi commun que Jean ou Jacques, m'exaspère ! Mon premier mouvement est de penser que celui qui le porte est une andouille, un godiche, un échalas, avec de grosses mains rouges pendant au bout de grands bras maigres, une tête d'épingle, un teint blanchâtre, un toupet de cheveux rouquins. J'ai une sensibilité curieuse : au lieu de m'apparaître simplement pour ce qu'ils sont, c'est-à-dire une bizarrerie prétentieuse que l'on trouvera plus tard pittoresque, les prénoms des gens de mon âge me font l'effet d'être des malformations, des verrues, des loupes poussées follement sur ces infortunés. J'ai l'impression d'appartenir à une génération de bossus. D'ailleurs, les Patrick Michon, Wenceslas Bouillot, Ingrid Têtard, Radegonde Cohen se conduisent comme des bossus : chacun fait soigneusement semblant de ne pas voir la bosse de l'autre.

Tant pis si j'ai l'air de m'appesantir sur des futilités. Parmi les choses dont je souffre, la moindre n'est pas celle de vivre au siècle du prénom. Tout le monde s'appelle par son prénom. On appelle par leur prénom des gens que l'on connaît depuis un quart d'heure. D'après ce que j'ai compris, cette mode nous vient des pays anglo-saxons comme un tas d'autres saletés contraires à notre génie. Je concède que cela donne un air gentil et familier aux relations, enfin superficiellement, car je suppose qu'il faut autre chose que cela pour atténuer les passions, et ce n'est pas parce qu'on appelle un bonhomme Edmond ou Philippe qu'on cesse miraculeusement de le haïr ou de travailler à prendre sa place. Je n'ai jamais pu m'y faire. Cela m'écorche la langue. De mes années d'enfance à l'école communale avant la cassure de mai 1968, alors que la société était plus ou moins la même que jadis, j'ai gardé l'habitude de donner à mes camarades leurs noms de famille et de dire « m'sieu » quand je m'adresse à un prof.

En terminale, le grotesque Barragaud tenait essentiellement à ce qu'on le désignât sous le vocable de Jean-Loup. Jean-Loup ! Je vous demande un peu ! Si encore cela avait été Albert ou Raymond, je m'y serais peut-être plié. Mais Jean-Loup, non vraiment ! Comment dire Jean-Loup en s'adressant à son professeur ? Je trouve cela monstrueux, contre nature. « Jean-Loup » lui allait, il faut le dire, comme un gant, avec sa tête de mongolien qui aurait du poil dans les oreilles, son sourire satisfait, ses souliers ronds, son pantalon en tire-bouchon, son cache-nez lui pendant par-derrière jusqu'aux omoplates et par-devant jusqu'au nombril. Qu'espérait-il, cet imbécile, en tâchant par ce moyen de nous mettre de plain-pied avec lui ? Que soudain, entre lui et nous, tout deviendrait facile, que les barrières tomberaient, qu'une « communication » extraordinaire s'établirait, que nous comprendrions qu'au fond il était de notre bord, il était des nôtres, un grand frère en quelque sorte, et non un éducateur muni de pouvoirs pour se faire entendre et obéir ?

Je n'en reviens pas d'une telle naïveté, encore que le joyeux Jean-Loup ne soit pas le seul à avoir ces idées-là. C'est celles de la moitié au moins des adultes, profs et parents, qui se contorsionnent à qui mieux mieux pour nous persuader qu'ils sont pareils à nous, qu'ils ont exactement les mêmes opinions, que nous ne devons surtout pas nous mettre dans la tête qu'ils sont le moins du monde supérieurs par l'expérience, la clairvoyance, la prudence, la sagesse, le goût, etc., que nous devons les considérer comme des camarades. Naïveté, dis-je, car assez peu d'entre nous coupent dans ces galéjades. Nous ne voyons là qu'hypocrisie ou faiblesse, et nous les méprisons car ce n'est pas de l'hypocrisie ou de la faiblesse que nous attendons d'eux, mais au contraire de la franchise et de l'autorité.

Je n'écris pas cela à la légère : depuis quatre ou cinq ans j'ai bien réfléchi là-dessus. Entre autres j'ai remarqué une chose révélatrice : que ce ne sont pas les types ayant du tempérament ou du caractère qui entrent dans le jeu des adultes et feignent de le jouer mais les éternels lèche-cul, les bons sujets, qui prennent le vent pour décider de la conduite à tenir. Ceux-ci n'ont eu aucune peine à se mettre au diapason. Ils ont tout de suite pigé que la mode était à la camaraderie avec les vieux et qu'il était urgent de se recycler dans ce nouveau système. En terminale, il n'y avait pas à s'y tromper : les élèves qui appelaient Barragaud « Jean-Loup » avec le plus de conviction, d'une voix zélée et cordiale, étaient ceux que nous, les quelques garçons un peu dégourdis de la classe, trouvions, selon notre mot de l'époque, insupportablement tartes. Et c'était eux, naturellement, que Barragaud aimait, qu'il chouchoutait, vers qui il se tournait de préférence pour faire son cours, à qui il enseignait avec gourmandise la philosophie marxiste ou offrait comme une gâterie inouïe la lecture d'une page pleine de fautes de français extraite d'un roman à la mode de 1960.

Maintenant que j'ai vingt ans, et que j'ai roulé ma bosse, je vois clairement ce dont je n'avais que le soupçon à l'époque : l'immonde connivence entre le salaud d'âge mûr et les salauds d'âge tendre. Ensemble, tacitement, ils avaient remplacé la discipline par la pagaille, la distance par la familiarité, mais, au fond, c'était la même chose. La vieille différence entre les hommes libres et les larbins subsistait toujours. La vieille convention de la société qui consiste à dresser la masse moutonnière contre la poignée des gens qui ne badinent pas avec l'honneur intime renaissait sous une autre forme. La vieille tyrannie que les médiocres font peser sur les gens qui refusent de se plier au conformisme était tout aussi implacable. J'entends encore la petite Béryl Chapus (Béryl, parfaitement, je n'invente rien : encore un prénom qui a dû donner des migraines à ceux qui l'ont trouvé), je l'entends encore, dis-je, déclarer d'un ton sérieux, affairé, gentiment inquisiteur, après s'être assise à son pupitre et avoir disposé ses affaires avec élégance : « Alors, Jean-Loup, de quoi allez-vous nous parler aujourd'hui ? » Je vois encore le susdit Jean-Loup, à cette apostrophe engageante de son ouaille, montrer ses dents gâtées dans un sourire de maître d'hôtel s'apprêtant à commenter le menu, tirer un paquet de gauloises de sa poche, en mettre une dans sa bouche, ne pas l'allumer, se gratter dubitativement la braguette (pourquoi les profs se grattent-ils si volontiers la braguette ? C'est une remarque que j'ai faite tout au long de ma vie scolaire, sans d'ailleurs trouver une explication satisfaisante) et proposer divers sujets appétissants au choix, tels que la notion de lutte des classes dans l'œuvre de Sartre, l'athéisme comme fondement d'une morale socialiste, les variations de Marx et Engels dans l'analyse de la Commune de 1871, la condition des prolétaires en Amérique latine depuis dix ans. Miam miam ! Les gugusses, émoustillés, discutaient cinq minutes (cela aussi faisait partie du jeu, Jean-Loup n'aurait pas admis qu'on sautât cet épisode) pour savoir si on s'enverrait le fondement de la morale ou les prolétaires sud-américains. Un imbécile à lunettes qui avait mauvaise haleine, Éric Combignon, manifestait une préférence pour la lutte des classes, il la voulait tout de suite, comme une sucette. Il estimait que c'était d'une actualité brûlante, il se sentait « concerné ». Une fille à pantalons, dépourvue de poitrine, mais dont l'œil charbonneux ne se baissait devant aucun regard masculin, Mlle Marie-Zoé Maillat, exigeait qu'on évoquât la sublime figure du *Che,* dont elle était amoureuse.

Moi et quelques copains, parmi lesquels Poirson, nous refusions obstinément de participer à ce guignol. Nous restions muets comme des carpes, nous fichant aussi complètement de Sartre que de Marx ou de l'athéisme. D'où une certaine tiédeur dans nos rapports avec Jean-Loup. Ce n'était pas la guerre, car Jean-Loup n'était point du genre belliqueux (cela n'allait pas avec son « éthique », et son tempérament plutôt froussard l'éloignait de toute forme de violence, fût-elle sentimentale), mais une hostilité larvée et craintive. Lorsque Barragaud sentait bien compact autour de lui l'amour des minables de la classe, il rassemblait son courage et nous décochait des ironies. Sa trouvaille était de nous appeler « les bourgeois » ou « le clan des bourgeois ». Mots magiques. Dès qu'il les prononçait, la classe partait d'un rire gras, pour faire plaisir à Jean-Loup, lequel savourait son succès. S'adressant à Poirson, à Levert, à Guillemot, à moi, il disait « monsieur Poirson » ou « monsieur Chédeville », en appuyant sur le « monsieur », d'où de nouveaux ricanements, dont la lâcheté et la complaisance me soulevaient le cœur. Nous étions assez fiers de cet ostracisme, dont nous n'apercevions pas qu'il eût pu être dangereux, car l'étiquette de « bourgeois » tout à fait gratuite et arbitraire que Jean-Loup nous collait perfidement dans le dos était la chose la plus propre à nous attirer des ennuis dans le lycée, où il fallait, sous peine d'injures et de brimades, avoir l'air d'un révolutionnaire à trois poils. Heureusement que nous n'étions pas chétifs. Heureusement aussi que nous avions affaire, dans l'ensemble, à des petits Français, très forts sur la parlote, mais moins ardents quand il s'agissait de passer à l'action.

L'avantage de n'être pas tout seul à résister à l'oppression, d'appartenir à une minorité, à un petit groupe organisé, c'est que, quoiqu'on n'ait aucun espoir de triompher, on ne capitule jamais. Je ne sais ce que j'aurais fait si j'avais été seul en face de Jean-Loup. Peut-être qu'à la longue j'aurais montré patte blanche, pour avoir la paix. J'aurais collaboré à ses pitreries quotidiennes, non sans restriction mentale, certes, mais enfin, je me serais plus ou moins déshonoré. Tandis que grâce à Poirson, Levert,

Guillemot, Pouquet, Bernardin et deux ou trois autres, grâce également à Brigitte qui, dans un style moins tapageur, était aussi irréductible, je n'ai rien à me reprocher.

Dès le premier jour, nous nous serrâmes les uns contre les autres, soit que nous nous connussions déjà, comme c'était le cas pour Poirson, Levert et moi, soit que quelque chose dans notre allure nous signifiât que nous étions du même bord. Nous prîmes naturellement possession du fond de la classe, où nous formions un bloc à la fois redoutable et décrié. Les bons sujets des premiers rangs se retournaient vers nous avec curiosité et dédain, comme des riches, des privilégiés, des heureux contemplant une banlieue pauvre. Par un phénomène somme toute assez normal, nous adoptâmes des manières brutales de spadassins ou de soudards. Nous interrompions les envolées humanitaires de Barragaud par des questions insolentes ou des rires parodiques. Nous faisions des charges, nous nous racontions à haute voix, sans gêne, des anecdotes répugnantes, nous avions des fous rires pour des riens. Tout cela entretenait au fond de la salle une agitation qui irritait le camarade Jean-Loup, lequel supportait les pires désordres d'un cœur égal, à condition qu'ils eussent une origine politique, mais ne souffrait pas qu'on chahutât innocemment.

Quand je dis que nous ne pouvions espérer aucune victoire, je me trompe : nous en remportâmes une. Jean-Loup avait l'habitude particulièrement exaspérante, lorsqu'il nous faisait faire un examen blanc, c'est-à-dire donnait quelque sujet à traiter en deux heures par écrit, d'aller s'asseoir au fond de la classe afin d'y lire *Le Nouvel Obs*. Il trimbalait sa chaise, s'installait commodément, à demi renversé, les jambes croisées, le cache-nez superlativement artiste, et avançait le museau dans son canard comme un chien reniflant avec délices la crotte d'un confrère. Il en tournait les pages avec le geste du médius des cuistres feuilletant le Gaffiot, ce qui avait le don de me mettre en fureur. Ces façons me paraissaient le comble de la bêtise. Le comble de la pose aussi, car il sautait aux yeux que Jean-Loup, dans ces circonstances, était tout à fait conscient d'offrir à ses élèves le spectacle auguste d'un homme supérieur se pénétrant des raisonnements puissants de la gazette des élites. Poirson, qui était un peu fou, voulait craquer une allumette et enflammer subrepticement le journal ; mais nous reculâmes devant cette mesure extrême. Nous nous bornâmes à nous lever fréquemment et à bousculer Barragaud, à lui marcher sur les pieds, à lui flanquer des gnons, ce qui nous procurait le plaisir supplémentaire de lui présenter des excuses bouffonnes. Bernardin s'arrangea pour trébucher, lui tomber dessus et déchirer la bannière de la Pensée hebdomadaire, perte irréparable qui rendit Jean-Loup tout triste pour le reste de la journée.

En deux mois, nous vînmes à bout de notre ennemi. Il n'osa plus se risquer dans les zones périlleuses du fond de la classe. Cela n'améliora aucunement nos rapports avec lui ; du moins nous n'eûmes plus le désagrément de sa présence à proximité de nous. Il nous en garda une rancune profonde, qu'il assouvit, à sa manière indirecte et hypocrite, par des mauvaises notes, des railleries redoublées sur notre « apolitisme », notre atavisme petit-bourgeois, notre caractère « irrécupérable ». Il nous ignorait avec ostentation. Il insinua même une fois que nous avions des tendances néo-nazies, mais l'accusation était si grosse, si grave, qu'il eut peur qu'on le taxât de diffamation et ne la renouvela pas. Imaginerait-on que la méchante bête, qui nous assassinait de boniments édifiants sur la fraternité entre l'enseignant et les enseignés, la solidarité des travailleurs, la confiance réciproque, etc, fît un rapport secret, dont la conclusion était que nous étions des éléments dangereux « au niveau politique » (style Barragaud), que nous provoquions des désordres par notre attitude et nos doctrines. Des doctrines, nous ! J'ai su cela par Bernardin, dont le père fut convoqué par le proviseur à ce sujet. Cela n'eut pas de suite, sinon que le proviseur demanda instamment à M. Bernardin père d'agir auprès de son fils pour que celui-ci mît une sourdine à des convictions « fort honorables au demeurant » et modérât ses camarades, faute de quoi l'on devrait envisager des sanctions.

Cet épisode de ma vie en terminale est essentiel. Pour la première fois, je m'approchai d'un des secrets spécifiques du monde actuel, le plus difficile à comprendre pour un esprit comme le mien. Jusqu'à Barragaud, j'avais eu affaire à des profs traditionnels, y compris Foirasson. Les rapports entre eux et moi étaient plus ou moins fondés sur la justice, même si nous n'éprouvions pas de sympathie l'un pour l'autre. Dans le cas de Foirasson, cela allait jusqu'à l'antipathie déclarée. Ayant quarante ou cinquante ans et l'autorité attachée à sa fonction, il profitait de la situation sans vergogne, me mettait en boîte, m'ordonnait de me taire quand je voulais répondre, ne me passait rien, me notait plus sévèrement que les autres, etc., tous procédés qui m'indignaient mais ne me choquaient pas, car cela restait dans les limites des persécutions ordinaires que depuis le commencement des siècles les profs font subir aux enfants qu'ils n'aiment pas. On en prend son parti en se disant que ce n'est qu'une mauvaise année à passer, qu'on ne saurait plaire à tout le monde et que peut-être, en y mettant du sien, les choses s'arrangeront un peu. Bref ces profs-là, tout teigneux qu'ils soient, ne vous donnent pas mauvaise opinion de la nature humaine. Au fond de soi, on sait même qu'il y a de la ressource avec eux, que si l'on daignait flatter leurs marottes, faire des soumissions judicieuses, montrer de temps en temps une trace d'intérêt pour les matières qu'ils enseignent, ils reviendraient sur leurs préventions. Enfin, jusqu'alors, le lycée m'avait confirmé dans ma conception d'un monde fondé sur la morale. Si l'on travaillait bien, si l'on était sage, si l'on manifestait de la bonne volonté, autrement dit si l'on choisissait le bien qui était austère, au lieu du mal qui était marrant, on était certain de n'avoir pas d'ennuis. Avec l'affaire du rapport Barragaud, je découvris avec incrédulité qu'il existait un autre système de valeurs.

VIII

Lorsque Bernardin nous mit au courant de ce rapport, je fus saisi de désespoir. Le mot n'est pas exagéré. Ce n'était pas le désespoir d'un homme en butte à l'injustice, mais celui qu'on ressent quand on s'aperçoit qu'il existe des êtres fonctionnant selon des catégories mentales différentes de celles auxquelles on est accoutumé. Tâchant d'analyser ce désespoir aujourd'hui, je me rends compte qu'il était impossible d'en communiquer l'idée même à mes copains qui, eux, se bornèrent à rire de la noirceur de Barragaud et à mimer la nausée à l'énoncé de son nom. Je n'aurais pas su expliquer que j'étais incurablement blessé qu'on eût prêté à mes actions des mobiles inexacts. M'affubler, dans un document officiel, d'une étiquette politique, moi qui n'en avais aucune, qui ne voulais en avoir à aucun prix, moi qui étais aussi éloigné de cela que la terre de la lune, c'était comme de me marquer au fer rouge, comme de me condamner pour un crime que je n'avais pas commis. Pis encore : c'était m'assimiler au genre d'imbéciles dont j'avais le plus horreur. Je me demandais à la suite de quelle équivoque Barragaud avait été amené à penser une telle chose. Je brûlais de me justifier, d'avoir une explication avec lui, de courir chez le proviseur, de clamer ma pureté à la face de l'univers. Je voulais que tout le monde connût ce que j'étais réellement. Mes copains, beaucoup plus placides, étaient étonnés par cette réaction. Poirson, qui pourtant n'aimait rien autant que les esclandres et accueillait avec empressement toute occasion d'en susciter, me prodigua des consolations philosophiques. Il m'expliqua prolixement, en répétant vingt fois la même chose, autant pour que cela m'entrât bien dans le crâne que parce que ce rabâchage véhément lui faisait plaisir, que Barragaud n'avait qu'un but : nous couler par tous les moyens, vu qu'il nous avait dans le nez ; qu'il avait écrit « n'importe quoi » dans son factum ; qu'on ne devait s'attendre à rien d'autre de la part d'un pareil fumier ; que la seule riposte convenable, lui Poirson m'en fichait son billet, c'était, un soir, de s'embusquer au coin d'une rue, d'y guetter Jean-Loup et de « lui faire sa fête ».

Or, j'aimais bien Poirson (je l'aime toujours) mais je n'avais pas une confiance absolue dans ses jugements, d'ordinaire exagérément simplistes et expéditifs. En l'occurrence, c'est lui qui avait raison, en partie tout au moins, mais je ne l'écoutai pas. J'aurais dû cependant m'étonner qu'une si mince aventure me secouât autant. Après tout, la calomnie, la fausse accusation, le coup de poignard sournois sont des choses courantes. Je le savais parfaitement à dix-sept ans. J'avais lu des milliers de romans racontant des scélératesses d'une autre conséquence que la petite perfidie de Jean-Loup. Mon esprit concevait le mal, le regardait sans baisser les yeux et même s'en amusait. Mais d'en être victime me rendait aveugle. Je ne parvenais pas à me convaincre, comme Poirson et les autres, que Barragaud nous avait calomniés froidement. Je croyais qu'il s'était trompé de bonne foi, que par je ne sais quelle maladresse nous lui avions donné l'impression que nous étions réellement des fascistes et que nous jouions, en somme, un jeu aussi bête que le sien. Cela m'était, à la lettre, insupportable. Je pense à présent, trois ans ayant passé là-dessus, que je devinais obscurément (très obscurément, dans des zones de moi où ma raison ne pénétrait pas, où seul tâtonnait l'instinct) que la démarche de Barragaud recouvrait une espèce d'imposture diabolique. Mais, à l'âge que j'avais, on se méfie de l'instinct, on ferme l'oreille à ses avertissements bizarres, on confond cette réaction profonde de l'âme avec la superstition.

Pendant vingt-quatre heures, je cédai aux objurgations de Poirson, Levert, Guillemot, etc., mais j'étais dans l'état affreux d'un homme enfermé dans une prison et qui n'a qu'une volonté : s'en évader, fût-ce au prix de sa vie. J'étais dévoré d'impatience, incapable de penser à autre chose qu'à l'injustice dont je souffrais ; j'avais le sentiment d'être tombé dans la boue et d'être souillé des pieds à la tête. Mon esprit était plongé dans des ténèbres complètes. Il me semblait que nulle créature au monde ne pouvait être aussi malheureuse que moi. En rentrant à la maison après la classe, je tremblais. Je passai une soirée pénible, perdu non pas dans mes pensées car je ne pensais à rien, mais dans une rêverie confuse et violente, désirant me livrer à dix actions impossibles en même temps, incapable de répondre aux picoteries de mon père, aux bavardages de ma mère, aux questions de Seg et de Lionel. J'aurais donné la moitié de ma vie pour être plus vieux de douze heures et me retrouver au lycée afin de *faire quelque chose*. Quoi ? Je ne sais pas, mais quelque chose. M'évader de moi d'une manière ou d'une autre. Je parle de prison. C'est peu dire. J'étais enfermé dans la Demoiselle de Nuremberg, célèbre instrument de supplice consistant en une statue creuse dont l'intérieur était hérissé de couteaux, et que l'on refermait sur le condamné. J'agonisais interminablement, j'étais transpercé de toutes parts.

Tout cela paraîtra très exagéré, je suppose, très mélo, mais je jure que je ne donne aucun coup de pouce. J'ai quelquefois le sentiment que la vie se referme sur moi comme la Demoiselle de Nuremberg, que des couteaux s'enfoncent dans mes yeux, dans ma tête, dans mes bras, dans mon ventre, dans mes genoux, dans mes mollets, dans mes chevilles. Je ne suis plus qu'une chose souffrante et exaspérée, prête à toutes les folies pour échapper à la douleur. Est-ce là une des malédictions de la jeunesse, ou seulement une aberration qui m'est propre ? Je le saurai quand je ne serai plus jeune. Mon Dieu, quelle soirée que celle-là, quand j'y repense ! Moi qui dors comme une pioche, je me réveillai je ne sais combien de fois au cours de la nuit, chaque fois transpercé par l'affaire du rapport, écumant de fureur et dévoré de tristesse, prenant un livre, lisant trois fois la même page sans en saisir un mot.

La jeunesse est impatiente, c'est vrai, mais pas comme les vieux le disent. Notre impatience n'a pas trait aux biens de ce monde, aux plaisirs, aux ambitions. Au contraire, nous sommes remarquablement endurants et raisonnables dans ces domaines. L'impatience de la jeunesse est d'une autre essence. C'est une espèce de vice, de vampire, de démon, qui ne se manifeste que dans les moments où la vie paraît nous écraser, où tout devient subitement incompréhensible et hostile. Alors nous sommes saisis de frénésie. Nous nous lançons tête baissée contre l'obstacle, nous voudrions être partout à la fois et tout de suite. Il y a là-dedans, j'en suis sûr, de la panique métaphysique. Quand l'univers nous attaque de tous les côtés, nous ne parvenons pas à comprendre qu'on ne peut défendre qu'un seul front. Voilà pourquoi la jeunesse est si mystérieuse aux yeux des gens qui ont plus de trente ans. Ils ont oublié ce que c'est d'être *dépassé* par le monde, renversé par lui, suffoquant, succombant, cloué à terre par la faiblesse si humiliante de l'enfance.

Je n'ai pas osé relire *Le Vicomte de Bragelonne* depuis l'âge de dix ou onze ans, parce qu'on y trouve justement une allégorie de cet état affreux : la mort de Porthos. Cette mort d'un personnage de roman est restée dans ma mémoire comme un événement auquel j'aurais réellement assisté : avec le temps, le tableau s'est transformé, magnifié, drapé de clair-obscur ; les détails vrais ont disparu, remplacés par des détails faux, tout comme un souvenir authentique, qui vit en vous, qui circule dans votre sang ainsi qu'une nourriture, qui fait partie de votre mythologie secrète. Dans mon cinéma intérieur, je vois Porthos debout dans la mer au soleil couchant, retenant des rochers énormes, pliant sous ce poids surhumain, s'enfonçant peu à peu, de titan qu'il était devenant frêle et tragique comme un petit garçon. Pendant des années, cette image m'a été insupportable. Quand elle se présentait, je me dépêchais de la chasser. La mort de mon père ne m'eût pas épouvanté davantage. C'était ma propre mort que je contemplais. Après avoir lu, le soir, dans mon lit, une grande tranche du

Vicomte de Bragelonne, je m'endormais et j'étais pris dans les rêves pénibles que l'on fait à onze ans, où l'on découvre avec horreur que vos jambes ne vous portent plus, qu'elles plient comme du caoutchouc, qu'on ne pourra plus jamais avancer d'un pas, que vos bras sont mous, que vos mains se tordent comme de la gélatine, que vous n'avez plus la force de traîner votre corps. Vous avez la cervelle toute brumeuse ; la souffrance même a quelque chose de cotonneux, qui la rend encore plus effrayante. Vous respirez à peine ; il n'y a presque plus de vie en vous. La mort est assise sur vos épaules et pèse comme Dieu sur le dos de saint Christophe. Ces épreuves se passent en général dans des rues nocturnes, éclairées çà et là par de glauques lampadaires. Autour de vous, le monde remue égoïstement ; personne ne semble s'apercevoir de votre liquéfaction. Je crois qu'on appelle cela des rêves de croissance. J'en ai eu jusqu'à quinze ou seize ans. Le souvenir de ces petites agonies dure longtemps. Encore aujourd'hui je me les rappelle avec angoisse. L'idée que les adultes se font de la jeunesse est tout à fait fantaisiste. Ils la voient forte, vivace, ne tenant pas en place, infatigable. Erreur : la jeunesse vit interminablement la mort de Porthos. Interminablement elle tâche de bouger et de respirer à travers un amoncellement de pierres.

Je me levai à six heures du matin, ce qui ne m'apporta aucun soulagement, mais je ne pouvais plus rester dans mon lit. Debout, tâchant de tuer le temps avant qu'il fût l'heure d'aller au lycée, errant dans l'appartement noir, entrechoquant des porcelaines à la cuisine, laissant des livres ouverts sur des meubles, je constatai une fois de plus que ce qui rend l'impatience si insupportable, c'est qu'elle a pour compagne l'impuissance : impossible de faire que le lycée ouvrît ses portes avant huit heures un quart, impossible de m'habiller en plus de quelques minutes, etc. À sept heures, je descendis dans la rue en pensant que le froid me distrairait. Pour me contrarier, le temps était tiède, la rue ténébreuse, éclairée de place en place par des réverbères jaunâtres. Je me retrouvais dans le décor accablant des rêves de croissance. Je résolus d'aller chercher Poirson, mais je ne pouvais guère débarquer chez lui avant huit heures moins le quart. Encore quarante-cinq minutes à tuer ! Elles durèrent un siècle. Je passai trente fois devant la maison de mon camarade. À huit heures moins vingt, n'y tenant plus, j'entrai. Il habitait au troisième. Je grimpai les étages quatre à quatre parce que j'avais des fourmis dans les mollets. Poirson lui-même m'ouvrit. L'agrément d'avoir dix-sept ans est qu'on ne s'étonne de rien. Poirson me reçut sans sourciller comme si j'avais l'habitude de sonner à sa porte chaque matin. « Eh ben, t'en fais une trombine ! » se borna-t-il à me dire, apostrophe qui, incontestablement, me fit beaucoup de bien. Je lui confiai la résolution que je n'avais pas encore prise, et qui, en lui parlant, devint inéluctable.

Autre agrément, propre à Poirson celui-là : il ne vous dissuade jamais de vous livrer à une extravagance s'il voit qu'on en a envie ou que votre tempérament vous y pousse. Étant lui-même assez tête brûlée, il n'aperçoit dans les projets insensés que ce qu'il y a d'amusant. Le mot qui revient le plus souvent dans sa conversation, c'est « rigoler ». Si je ne l'ai pas entendu mille fois prononcer « Tu vas voir, on va rigoler ! », je ne l'ai pas entendu une seule. Rigolade fort décevante en général, car ce qui plaît à

Poirson c'est de créer des situations embarrassantes, dont il se tire en ricanant d'une façon énigmatique. Tout au long du trajet de chez lui à la boîte, il me tapa dans le dos et m'exhorta à ne pas mollir, ce qui était en contradiction formelle avec son attitude de la veille, mais il ne se souciait pas des contradictions. Il me répéta une dizaine de fois « qu'on allait se marrer » et que j'étais un type fumant. Cette balade et cette compagnie étaient ce dont j'avais besoin. J'eus encore un plaisir en arrivant en classe. Je suppose que j'étais un peu pâle à cause de ma nuit blanche et de mon agitation. Brigitte Clerc, pour la première fois depuis que nous nous connaissions, me dit bonjour avec de la tendresse et de l'inquiétude. Du moins c'est ce que je crus voir dans l'empressement qu'elle mit à venir me serrer la main, dans un élan qui la poussa vers moi, ayant sur le visage cet air qu'ont les femmes quand elles veulent protéger, que j'ai souvent observé chez ma grand-mère et (moins souvent) chez ma mère.

Les classes ont une sensibilité collective. Pendant la matinée, à cause de moi qui ne disais rien pourtant, il régna dans la nôtre un malaise, une excitation sourde qui finit par gagner Jean-Loup, lequel, me sembla-t-il, regarda plus souvent que de coutume vers le fond où se tenait notre groupe. Fait rarissime, le chauffage marchant assez fort, il avait retiré son cache-nez, en sorte que nous pûmes constater qu'il ne portait pas de cravate, et admirer à loisir son cou de poulet. En ce temps-là, il ne laissait pas encore pousser sa barbe ; celle-ci n'apparut qu'au début du printemps (coïncidence qui ne nous échappa point et inspira à Guillemot, homme spirituel, un joli numéro sur la montée de la sève chez les enseignants du secondaire dans la région parisienne) ; ses poils néanmoins étaient abondants, en particulier sur la nuque, où sa toison se recourbait gracieusement, et sur ses joues qui étaient ornées jusqu'au milieu de pattes de lapin frisottées. Le haut de son crâne était moins favorisé, Jean-Loup ayant le grand front des penseurs et la demi-calvitie des intellectuels. Je ne voudrais pas avoir l'air de parti pris, mais la vérité m'oblige à déclarer que je n'ai pas souvent rencontré un homme aussi laid. De pareilles gens, les auteurs d'autrefois disaient qu'ils avaient « la mine basse ».

La personne de Jean-Loup me repoussait de toutes les façons. Entre cette catégorie d'êtres et moi, je soupçonnais quelque chose d'incompatible, qui tenait justement à l'apparence physique. Ce front, ce nez, ces yeux, ce corps fluet dans des habits trop larges, cette peau de grenouille, froide et moite, tout cela m'était extraordinairement antipathique. Je voyais partout la marque de la bêtise et de la méchanceté, mais je n'osais pas en convenir avec moi-même, impressionné que j'étais par le proverbe idiot selon quoi il ne faut pas se fier aux apparences. Outre cela, je n'avais pas encore perdu tout respect pour les profs. Malgré nos moqueries et nos singeries derrière leur dos ou nos francs chahuts, auxquels je ne manquais pas de m'associer, j'étais plus ou moins convaincu qu'un pédagogue avait davantage de morale, d'équité, de dévouement, de rectitude de pensée qu'un autre, que cela tenait à son état, qu'on l'avait élevé à son poste pour ces vertus et que, quel que fût son caractère, faible ou sévère, il méritait, dans tous les cas, de l'estime. Il me restait pas mal à apprendre sur la nature humaine.

Je n'en sais peut-être pas beaucoup plus à présent, mais

j'ai au moins compris une chose difficile à admettre pour les jeunes gens parce qu'elle est irrationnelle : qu'une certaine laideur du corps déteint sur l'âme. Pas n'importe quelle laideur, bien sûr : Beethoven était laid, il ne plaisait pas aux femmes (quelles idiotes !), mais il avait une laideur puissante, magnifique, plus belle que la beauté. L'âme de Beethoven était sublime, et je suis sûr qu'elle illuminait son visage. Non, je parle de la laideur « basse ». Celle-là est l'expression visible d'un paquet de petits vices secrets : envie, susceptibilité, rancune, avarice, humiliations mal digérées, désirs aigris, haine des personnes plus favorisées, etc. Je lisais ces sentiments dans les yeux de Barragaud, ses gestes, ses sourires sirupeux, dans son laisser-aller, jusque dans ses mimiques d'indulgence universelle, mais c'était comme une langue étrangère. Je ne comprenais pas ou je ne voulais pas comprendre.

À la fin de la classe, après avoir contracté les poings deux cents fois, toussé, remué avec fureur les pieds par terre, laissé tomber mes affaires, fou d'impatience et devenu, à force de me monter la tête, incapable du moindre raisonnement, je sautai sur le paletot de Jean-Loup, qui prit un air ennuyé, apeuré, même, à ce qu'il me parut. Je me demande s'il ne craignit pas brusquement que je ne me livrasse sur lui à des voies de fait. Poirson, Levert, Bernardin, moi-même, nous avions une réputation de grosses brutes (due surtout à nos plaisanteries) qui n'était pas rassurante, et le Jean-Loup n'avait pas une carrure d'armoire à glace. Cependant, rien n'était plus loin de moi qu'une pareille idée. À cause de lui, tout en moi était plongé dans l'obscurité ; je m'étais persuadé que la seule façon de ramener la lumière dans ces régions où je me promenais si facilement d'habitude était de le détromper.

Je ne devrais pas provoquer de discussion ou d'explication quand je suis ainsi sens dessus dessous. Cela ne tourne jamais à mon avantage. En me plantant devant Jean-Loup, je sentis que je devenais tout rouge. L'indignation me faisait battre le cœur. Tout à trac, d'une voix étranglée, je lui demandai s'il était vrai qu'il eût écrit un rapport dans lequel nous étions traités, moi et mes amis, de *fascistes*. Question que je me reprochai aussitôt, mais mon esprit était incapable d'inventer autre chose. La colère qui l'habitait depuis vingt-quatre heures l'avait rendu désertique. J'étais dans l'état d'un candidat hanté par un concours qui, lorsqu'il est devant l'examinateur, ne trouve plus rien dans sa mémoire. Jean-Loup, brusquement, me fit peur. Oui, j'eus peur, non pas de lui ou de ce qu'il représentait, mais, comme diraient les philosophes, de son essence. Ma comparaison avec l'examinateur n'est pas exacte. J'eus peur de Barragaud comme on a peur d'un buisson d'orties, dont on n'approche pas, pour éviter d'être piqué. J'eus la certitude que, contre un individu de ce genre, il m'était impossible d'avoir le dessus, que j'allais être vaincu par des armes que je ne connaissais pas, des raisonnements spécieux, une mauvaise foi à laquelle j'étais bien incapable de parer, des douceurs perfides, des falsifications qui me laisseraient sans voix, et que tout cela non seulement ne me calmerait pas, mais me brûlerait comme une flétrissure supplémentaire. Je m'avisai, un peu tard, qu'il est inutile, sinon funeste, de rechercher une explication avec un homme dont on sait d'avance qu'il vous mentira, car (soyons sincère) je le savais, que c'était une idée de gosse que j'avais eue et que décidément je ne perdais pas une occasion de me couvrir de ridicule. Je mettrais ma main au feu qu'il devina ces mouvements. Je le vis changer de figure et de l'appréhension passer à la ruse. Il prit un air grave pour m'expliquer qu'il y avait eu un rapport effectivement mais que personne, ah non ! personne, n'avait parlé de fascisme. De ce côté-là je pouvais être tranquille. Ce rapport, il avait jugé de son devoir de le faire. Allons plus loin, il aurait été coupable, lui, Jean-Loup, s'il ne l'avait pas écrit. Là-dessus, vaste laïus dont l'idée générale était que tout était politique dans « le monde où nous vivions ». Était-il possible que je ne prisse pas conscience de cette évidence ?

— Mais non, m'sieu, m'écriai-je. Je ne suis pas d'accord. C'est vous qui faites de la politique, pas Bernardin, pas Pouquet, pas moi. Si la politique est partout, c'est votre faute, parce que vous l'y mettez.

— Allons, Henri, soyons sérieux, dit Jean-Loup de son ton le plus jésuite. Vous savez comme moi que votre attitude prétendument neutre est un vieux déguisement qui ne trompe plus personne. Déclarer qu'on ne fait pas de politique est une démarche classique de la réaction, qui permet à bon compte de discréditer ceux qui en font, c'est-à-dire les hommes de progrès qui veulent changer la vie, détruire la société capitaliste et répressive, bâtir sur ses décombres un monde plus juste. Vous avez une conscience de classe qui fait de vous, que vous l'acceptiez ou non, un séide des privilèges bourgeois ; vous vous opposez de toutes vos forces à la révolution. Vous vous refusez à admettre que le tiers de la population du globe meurt de faim, que le président des États-Unis déverse sur l'héroïque petit peuple vietnamien cent fois plus de bombes qu'on n'en a jetées sur l'Allemagne pendant la dernière guerre. Vous vous désintéressez du génocide qui est en train de se perpétrer au Biafra, vous voulez ignorer que les travailleurs étrangers ne gagnent pas mille francs par mois et croupissent dans des bidonvilles. Lors de la dernière grève chez Renault, j'ai fait circuler une motion de soutien établie par le conseil des enseignants de ce lycée. Elle a été signée par toute la classe sauf par vous, Bernardin, Pouquet, Levert et Mlle Clerc. Votre ami Poirson a même jugé spirituel d'inscrire une obscénité sur la feuille, ce qui, soit dit en passant, nous a obligés à confectionner un nouveau document. Si cela n'est pas de la politique, qu'est-ce que c'est ? Expliquez-le-moi. Je ne demande qu'à être convaincu. Encore un détail, minuscule, certes, mais significatif : presque tout le monde ici m'appelle par mon prénom. Mais vous, vous vous y refusez obstinément. Vous m'appelez « monsieur » avec ostentation, je l'ai bien remarqué, allez. Ne croyez pas que cet attachement à un formalisme révolu me vexe le moins du monde ; non : il me peine. Il me peine pour vous. Il me montre que vos airs d'indépendance ne sont qu'une façade, que vous en êtes resté au stade de la sacralisation de l'enseignant, que les interdits bourgeois pèsent lourdement, et peut-être irrémédiablement, sur vous. Voulez-vous que je vous dise, Henri, ce que vous êtes, au fond ? Un petit humaniste. C'est là votre drame. De l'humanisme au fascisme, il n'y a qu'un pas. Alors je vous crie casse-cou. Ressaisissez-vous. Voyez-vous, je ne suis pas fâché d'avoir fait un rapport sur vous. Il nous a permis, enfin, d'entamer un dialogue, de vous confronter à un aîné qui, quoi que vous puissiez penser, se sent concerné essentiellement par vous au niveau du comportement et au niveau du psychisme.

Je n'ai pas eu beaucoup de peine à reconstituer ce discours, car on me l'a servi plus d'une fois, par morceaux, depuis, et j'ai appris à y faire face. En revanche, je ne parviens pas à me rappeler ce que je répondis il y a trois ans. Rien de sérieux ou de solide, en tout cas. Je me souviens surtout d'une grande honte intérieure, d'étouffement, de suffocation. Les paroles de Jean-Loup m'enveloppaient comme une nappe de gaz asphyxiant. Je les respirais sans masque. Je voyais un par un, dans une clarté aveuglante, tous ses sophismes, mais j'étais incapable de les réfuter. C'était trop difficile. Je manquais de dialectique à un point à peine concevable. Comme toujours, j'aurais voulu tout dire à la fois, en sorte que je ne dis à peu près rien. J'étais partagé entre le découragement devant l'énormité de l'imposture et l'obligation de parler, de me défendre d'une façon quelconque, coûte que coûte, de faire un baroud d'honneur, de ne pas capituler sans condition. La tête satisfaite de Jean-Loup qui voyait bien qu'il avait gagné la partie, qu'il m'avait écrabouillé sans la moindre difficulté, qui pensait peut-être m'avoir ébranlé, m'avoir inoculé un peu de sa malhonnêteté intellectuelle, était ce qui me chagrinait le plus. J'avais envie de l'injurier, j'éprouvais une telle colère et une telle tristesse que j'étais à deux doigts de le faire, et ma foi je me demande ce qui me retint. Probablement ce respect global pour la fonction de prof que j'ai mentionné plus haut. Tout infect que fût Barragaud, c'était une grande personne et moi je n'étais encore qu'un enfant. D'ailleurs il venait de me le prouver. Ce guignol, ce gugusse, pour lequel mes copains et moi nous n'avions que mépris, m'avait bel et bien mis dans sa poche. Ni mon bon droit, ni ma bonne foi, ni mon innocence, ni mon ingénuité n'avaient prévalu sur lui. J'avais été dupe comme les autres de ses manières familières et égalitaires ; j'avais cru qu'il n'avait plus le pouvoir parce qu'il en avait dépouillé les insignes, mais le pouvoir était toujours là, intact. Je m'étais heurté contre l'éternelle autorité. J'avais eu affaire à quelqu'un de plus fort que moi, qui m'avait imposé son point de vue et sa volonté. Quelle humiliation ! Comble de dérision, après que j'eus grommelé je ne sais quoi, Jean-Loup me dit avec un hideux sourire prometteur et une abominable voix de curé :

— Nous reparlerons de tout cela, Henri.

Je fus là encore au-dessous de tout. Au lieu de répliquer par une grossièreté ou une insolence, ainsi que l'honneur me le commandait, de dire quelque chose comme : « Plutôt crever », je balbutiai piteusement :

— Oui, m'sieu.

IX

Un écrit tel que celui-ci n'a de valeur que si j'ai le courage de tout dire, froidement, scientifiquement, sans rien dissimuler. Le plus dur me reste à confesser. Jean-Loup et moi nous étions demeurés seuls dans la classe. Lorsque je sortis, Poirson et les autres m'attendaient afin de s'esbaudir de la manière horrifique dont j'avais pulvérisé notre adversaire. Brigitte Clerc était là aussi, avec un visage anxieux qui m'aurait rempli de douceur en toute autre circonstance, mais j'étais trop mécontent de moi pour n'avoir pas le cœur fermé en cet instant. Ma défaite me donnait la mine distraite des gens absorbés en eux-mêmes et accablés par le spectacle qu'ils contemplent. J'avais les joues enflammées, les sourcils froncés, la bouche serrée, bref une allure si étrange que Poirson me demanda avec inquiétude :

— Tu ne lui as pas foutu une tarte, au moins ?

Vraiment, il faut du courage pour écrire ce qui va suivre. L'idée de décevoir mes fidèles, de passer pour un minable à leurs yeux me fut intolérable. Je me lançai dans un mensonge prolixe et grandiose, dont il ressortait que je n'avais fait qu'une bouchée de Jean-Loup, que je lui avais mis le nez dans son ordure, que je l'avais écrasé de mon dédain, que c'était tout juste s'il ne m'avait pas présenté ses excuses, etc. On est très convaincant lorsqu'on raconte des blagues. En outre, ce que je disais était exactement ce que mes amis avaient envie d'entendre. Ils riaient, gloussaient, s'amusaient, m'admiraient. Et moi, mon Dieu, ces bourdes me consolèrent beaucoup, elles me remontèrent le moral. C'est aujourd'hui qu'elles me font rougir, lorsque je me les remémore. Ah ! le vilain souvenir ! Et j'avais des prétentions à la grandeur d'âme, je jugeais, je méprisais, j'étais plein de suffisance, je me prenais pour un dandy à la Baudelaire, à la Byron ! J'accuse allégrement Barragaud d'imposture, mais il me semble que ma propre imposture valait bien la sienne. Pis encore : j'en tirais du plaisir, j'en étais presque la dupe. Deux minutes après m'être conduit comme un lâche, je jouais au bravache sans remords, comme par un mouvement naturel. Malgré mes dix-sept ans, mes lectures, mes subtilités, j'étais encore un enfant. L'enfant est cruel, menteur, fourbe, égoïste, implacable avec les faibles, servile avec les maîtres, etc. Il s'améliore en grandissant parce que la société met des bornes à sa malfaisance naturelle ; peu à peu, il apprend ce que sont le bien et le mal, et à préférer les autres à soi-même. Sous ce rapport, je vois bien que j'ai évolué entre dix-sept et vingt ans. Je crois qu'à présent je suis un homme. Par exemple, je n'oserais plus me livrer à une imposture comme celle que je viens de raconter : encore plus qu'indigne, cela me paraîtrait ridicule.

J'aurais dû être sérieusement refroidi par le succès de ma première démarche et avoir la sagesse de m'en tenir là. Mais un démon me tenait. En finissant le récit de mon grand combat avec Jean-Loup, je brûlai mes vaisseaux. J'informai l'auditoire saisi de respect que, l'après-midi, j'irais m'expliquer avec le proviseur. Les imposteurs s'acculent parfois à l'héroïsme pour soutenir leur imposture. J'espérais aussi que cette seconde scène ne tournerait pas autant à ma confusion que l'autre, et que j'aurais là une occasion de me racheter à mes propres yeux. Je connaissais un peu le proviseur, qui s'appelait M. Pélissier, personnage courtois et amène. Quoiqu'il ne m'eût guère adressé la parole jusqu'alors, il m'inspirait de la sympathie. Je flairais le brave homme, compréhensif, large d'esprit, etc. Enfin, malgré la chaleur de mes camarades, l'injustice continuait à ronger mon cœur comme de l'acide, et l'impatience à tournoyer dans ma tête comme une chauve-souris.

J'étais en bons termes avec Mlle Pintoin, la secrétaire du proviseur, personne boulotte et brune d'une quarantaine d'années, peut-être un peu moins, assez moche, mais non dépourvue d'attrait. Parmi les grands, plus d'un n'aurait pas été fâché d'obtenir ses faveurs. Moi-même, l'année précédente, n'étant encore qu'un morveux, je lui roulais des yeux de merlan frit et, si je la rencontrais dans la cour, je prenais des poses élégantes. Elle était maligne ; ces grimaces ne lui échappaient pas. Elle m'adressait des sourires moqueurs dont j'étais mortifié. En quoi j'avais tort, car mes hommages muets la flattaient. Il fallait tout l'aveuglement de la jeunesse pour ne pas le remarquer. Quand j'avais un papier à prendre ou à remplir au secrétariat du proviseur, j'étais chaque fois étonné par la bonne grâce, la patience, l'espèce de complicité de Mlle Pintoin. Je m'attendais à des mines prudes : je trouvais des attentions, des gentillesses. Peut-être bien, ma foi, que, si j'avais posé ma main sur celle de Mlle Pintoin, elle ne l'aurait pas retirée. Peut-être que, si je lui avais avoué ma flamme, elle l'aurait couronnée. C'était une bonne fille, pas très heureuse sans doute, et qui avait bon cœur ; ces choses-là se lisaient dans son sourire, où moi je ne lisais rien du tout, sauf ce qui n'y était pas : le dédain. Pour le faire court, un an de regards langoureux et de postures ridicules avait fait de Mlle Pintoin une amie pour moi. De cela, j'avais quand même le vague sentiment.

Les classes de l'après-midi terminées, je courus à son bureau afin qu'elle m'introduisît chez Pélissier. Elle commença par me regarder de côté, à sa manière ironique, et me demanda si je venais au sujet du rapport de M. Barragaud. Cela n'était pas difficile à deviner, mais j'en fus irrité.

— Écoutez, dit-elle, laissez tomber. L'affaire est classée. Il est tout à fait superflu d'y revenir. Vous n'avez que des ennuis à récolter. M. Barragaud a jugé utile de faire un rapport sur vous. Bon. M. le Proviseur en a pris connaissance. Il n'y a pas eu de sanctions. Cela devrait vous suffire. Alors, un bon conseil, Chédeville, rentrez gentiment chez vous et faites vos devoirs pour demain. Croyez-moi, cela vaudra mieux que de faire perdre son temps à M. le Proviseur qui a d'autres chats à fouetter.

Avec une personne comme Mlle Pintoin, à qui je donnais du mademoiselle long comme le bras, et qui m'appelait Chédeville à la manière de jadis, je me sentais beaucoup plus de plain-pied qu'avec Jean-Loup. Notre connivence sentimentale m'autorisait en outre à une certaine familiarité. Enfin, oserai-je le dire ? à cause de son état de secrétaire, elle ne m'en imposait pas. D'elle à moi, je voyais que le rapport des forces était en ma faveur. Je savais que j'avais le pouvoir de la circonvenir avec quelques plaisanteries et des sourires tendres. Je jouai cette comédie, qui fut efficace, car Mlle Pintoin céda peu à peu du terrain. Je lui expliquai avec chaleur que je n'étais pas un fasciste, qu'il fallait que le proviseur l'apprît de ma bouche, que j'en faisais une question d'honneur, etc. Le mot d'honneur alluma dans son œil une étincelle d'ironie, ce qui m'enchanta, car l'ironie dans l'œil d'une grande personne est un acquiescement déguisé. Cela n'empêcha pas Mlle Pintoin de soupirer :

— Ce que vous pouvez être fatigants avec votre politique, tous tant que vous êtes ! dit-elle. Je trouve qu'on fait bien trop de politique partout. C'est lamentable. Et voilà que vous vous y mettez à votre tour ! Moi qui vous prenais pour un garçon intelligent ! Laissez donc la politique tranquille ! Il y a tant d'autres choses dans la vie, Chédeville : la musique, les concerts, la poésie, les expositions de peinture, les voyages... À votre âge, vous n'êtes pas fou de vous lancer dans des histoires pareilles ? Vous avez bien le temps, mon petit. Profitez de votre jeunesse. Cultivez-vous. La politique, ce n'est pas pour vous. Vous valez mieux. Vous avez l'esprit trop artiste pour que cela vous intéresse vraiment.

À dix-sept ans, j'adorais les malentendus ; rien ne me semblait plus comique. J'éclatai de rire. Pouvait-on se mettre plus magistralement le doigt dans l'œil que cette bonne Pintoin ? Je lui exposai que j'avais les mêmes idées qu'elle, que je donnais les œuvres complètes de Marx contre deux pommes de Cézanne et tout Althusser contre la sonate de Vinteuil, avec Foucault et Barthes en prime, que c'était pour cela justement que je voulais voir M. Pélissier, afin d'en finir une bonne fois, afin qu'on ne m'ennuyât plus jamais avec cette cochonnerie de politique qui me bouchait l'horizon. Je désirais déclarer officiellement, d'une façon éclatante et solennelle, que je n'étais ni fasciste, ni royaliste, ni communiste, ni trotskiste, ni P.S.U., ni rien, que je me moquais des étiquettes, du fossé des générations, du président de la République, de l'avenir du socialisme, que la Révolution et la Réaction pouvaient bien se taper dessus jusqu'à la fin des temps, ce n'est pas moi qui irais leur donner un coup de main, que j'en avais *ras le bol.* Je me souviens parfaitement que j'employai cette expression à la mode de 1971.

À ma grande surprise, Mlle Pintoin, au lieu de pousser des cris de joie et de m'ouvrir à deux battants les portes du cabinet du proviseur, prit une physionomie ennuyée. Elle me dit que, dans ces conditions, il valait autant en rester là, que mon topo ne serait qu'un tracas de plus pour M. le Proviseur qui en avait déjà largement sa ration et qui avait des choses plus sérieuses à faire que de s'occuper des états d'âme d'un jeune dilettante. Je la sentais pleine d'arrière-pensées. Cette réticence et ce mystère m'irritèrent.

Je ne concevais pas ce qui pouvait choquer Pélissier dans mon attitude. D'autant plus qu'il avait la réputation d'un type courageux. Les révolutionnaires du lycée inscrivaient sur les murs : « Pélissier aux chiottes », « Pélissier au poteau », « Mort à Pélissier » et diverses gracieusetés du même style qui ne trompent pas sur la valeur d'un homme et qui, mon esprit de contradiction aidant, me l'avaient, de loin, fait prendre en amitié. Son impopularité remontait à mai 68. Contrairement à la plupart de ses confrères, il s'était conduit en gentleman, ne capitulant pas devant les menaces, maintenant autant de discipline que possible, ayant ses profs bien en main, haranguant les excités de la boîte, tenant tête aux comités d'action et aux associations de parents d'élèves, menaçant de renvoi ceux qui parlaient de faire grève. À l'écrire, cela semble tout simple, mais il faut se rappeler qu'à cette époque les recteurs des universités étaient emprisonnés des journées entières dans des placards à balais ou promenés sur les campus avec des poubelles sur la tête, qu'ils approuvaient n'importe quoi, promettaient la semaine des quatre jeudis, chantaient des hymnes au « pouvoir étudiant » comme on disait et s'extasiaient sur le romantisme de la jeunesse avec des épluchures de carottes sur leurs vestons d'alpaga. Sur le moment, on avait admiré Pélissier pour sa fermeté, mais j'ai l'impression qu'il la payait cher depuis. Pour commencer, le gouvernement ne lui en sut aucun gré, et il fut même question de le déplacer. Mai 68 passé et tout étant calmé plus ou moins, c'est-à-dire les violences de la paix ayant remplacé celles de la guerre, il avait subi le sort réservé aux braves : on lui reprit sa victoire en détail par des moqueries, des tracasseries, des malédictions quotidiennes, une étiquette bien accrochée de suppôt de la répression, d'adjudant, de nervi de Marcellin, et dix autres clichés que je n'ai pas le goût de reproduire. Les trois quarts des profs, élèves et parents d'élèves étaient montés contre lui ; ils le harcelaient sans arrêt de protestations, de pétitions, de revendications, d'empiètements sur ses prérogatives, de plaintes auprès du ministère de l'Éducation nationale. Et c'est cet homme-là que Mlle Pintoin m'empêchait d'approcher, alors que j'étais peut-être, avec une poignée de profs à l'ancienne mode, la seule personne du lycée à l'estimer, à comprendre ses exigences, à approuver son irréductibilité ; le seul élève en tout cas à ne pas lui être hostile ou indifférent ! Quoiqu'il ne fût pas de mon bord puisque, de par sa fonction, il appartenait à la tribu des chats et moi, de par mon état, à celle des rats, j'éprouvais à son égard une bizarre solidarité, comme il en existait au Moyen Âge ou au XVIIe siècle entre ennemis chevaleresques.

J'expliquai tout cela avec volubilité mais Mlle Pintoin se renfrognait davantage. Je sentais qu'elle voulait me protéger contre quelque chose. Elle était mon alliée, cela ne faisait pas de doute, mais elle se cuirassait pour me résister. Son visage embarrassé, un peu cafard à y regarder de près, ses cachotteries m'enragèrent car je reconnaissais là l'attitude traditionnelle des adultes lorsqu'ils se mettent en tête de préserver les illusions d'un enfant. Des illusions je n'en avais pas, je n'en avais jamais eu. J'étais horriblement vexé que quelqu'un osât prendre des gants avec moi, me ménager comme une de ces poules mouillées dont le cœur se brise quand par hasard on les réveille d'un de leurs rêves de quatre sous. Moi, au contraire, je n'aimais que la vérité, je la cherchais avec passion et elle ne me plaisait jamais autant que lorsqu'elle offrait un aspect cruel ou sardonique. Quelle déception m'attendait chez Pélissier ? S'il m'engueulait, s'il se déclarait solidaire de Jean-Loup, s'il me flanquait à la porte du lycée pour huit jours, j'étais capable de le supporter, quand même. Ces choses-là étaient difficiles à exprimer ; je m'arrangeai néanmoins pour ne pas les dire d'une façon trop désordonnée ni trop sommaire.

— Mon Dieu, dit-elle à la fin, comme on peut être bête à

votre âge ! Êtes-vous donc bouché à l'émeri ? J'essaie de vous faire comprendre depuis un quart d'heure qu'une entrevue avec M. le Proviseur ne vous servira à rien, qu'il n'en sortira rien, que c'est un pas de clerc, et vous ne voulez rien entendre. Tout à l'heure, je vous ai donné un excellent conseil : rentrer chez vous et apprendre vos leçons. Suivez-le. Agissez intelligemment pour une fois dans votre vie. Je vous aime bien, vous le savez. Je vous parle dans votre intérêt. Tenez, je vous propose ceci : laissez passer la nuit là-dessus et reparlons-en. Demain, si vous tenez encore à voir M. Pélissier, je vous promets que je vous obtiendrai une audience. Si vous ne voulez pas faire cela pour vous, faites-le pour moi. Je vous en prie !

Quand je dis que le démon me tenait, c'est à peine une figure. Il dressait réellement un mur entre moi et le monde extérieur. Il y avait presque du pathétique dans l'adjuration de Mlle Pintoin. Je n'y vis que de l'enflure. Je ne me donnai pas la moindre peine pour pénétrer le sens de ses paroles qui était pourtant très explicite. Je n'y vis que des niaiseries de femme ou des ruses d'employée pour préserver la tranquillité de son patron. Pas question de rentrer chez moi sans avoir causé, ne fût-ce que deux minutes, avec le proviseur. Je m'étais buté là-dessus. Cela n'avait pas le sens commun mais, par une aberration que je n'arrive pas à concevoir aujourd'hui, cela me paraissait indispensable. Je n'avais pas exagéré, tout à l'heure, en parlant d'honneur. La guérison de mon honneur et le repos de mon âme étaient attachés à cette entrevue. Il me la fallait à tout prix. J'insistai auprès de Mlle Pintoin avec une indiscrétion et une énergie qui durent me faire passer à ses yeux pour le garçon le plus mal élevé de la boîte, ce qui n'est pas peu dire. Il ne fallut pas moins d'un autre quart d'heure pour qu'elle capitulât. Je vois encore, comme si c'était hier, son hochement de tête et son haussement d'épaules ; j'entends son soupir de résignation.

— Puisque vous voulez absolument faire l'imbécile, dit-elle, eh bien, faites-le ! Attendez-moi. Je vais voir si M. le Proviseur peut vous recevoir un instant.

X

Il pouvait. J'entrai dans son cabinet, qui était une vaste pièce claire meublée de fauteuils à pieds chromés, d'un tapis beige en grosse laine orné d'une spirale verte, d'une tapisserie représentant un oiseau de Braque et d'une foule de livres ennuyeux sur des rayonnages. Pourquoi dis-je que ces livres étaient ennuyeux, alors que je ne lus aucun de leurs titres ? Parce qu'ils avaient des dos qui ne trompaient pas, même à cinq mètres de distance. De là où j'étais, je voyais qu'il s'agissait de ces sinistres publications universitaires d'à présent : bouquins de sociologie, d'ethnographie, d'anthropologie, de statistiques, d'histoire non événementielle, écrits tous, j'en aurais mis ma main au feu, dans le charabia des profs, et remplis de choses n'offrant pas le moindre intérêt. M. le Proviseur était encastré dans un fauteuil à bascule en plastique noir derrière un bureau en plexiglass. Je devrais sans doute faire une description en pied de ce personnage, mais cela m'ennuie. Je noterai seulement que son habillement tranchait sur celui du personnel enseignant. Il était assez élégant dans le genre traditionnel et portait une cravate. Il avait plutôt l'air d'un industriel que d'un universitaire, pas du tout empâté, l'allure jeune, malgré ses cheveux gris aux tempes.

Lorsque j'apparus, il s'extirpa de son faux cuir et se leva, ce qui me déconcerta. Je ne m'attendais pas à de tels égards. Je m'étais préparé à affronter un colonel du genre « pas commode », voilà que je tombais sur un homme du monde ! Il me désigna un de ses fauteuils en tubes. Le plus curieux est qu'il éprouvait le besoin de parler d'abondance, de débiter des choses insignifiantes, de me souhaiter la bienvenue, entrecoupant ses paroles de sourires ou plutôt d'esquisses de sourires qui ressemblaient à des crispations de la bouche. Ses yeux, dont le regard énergique me frappait lorsque je le rencontrais dans la cour ou dans les couloirs, ne se posaient nulle part et particulièrement pas sur moi. Je ne suis guère accessible à la timidité en général, mais le spectacle de cet homme gêné, qui *en faisait trop,* qui me traitait avec une considération incongrue, qui semblait pris en faute, me rendit tout gauche. Je songeai assez sottement que je devais faire quelque chose pour « mettre à l'aise » M. Pélissier. De moi potache à lui proviseur, c'était assez comique, mais enfin cela me vint à l'esprit et même me parut nécessaire, autant pour moi que pour lui, ne fût-ce que pour sortir de ma gaucherie. Lorsqu'il regagna son fauteuil à bascule, je lui tournai une jolie phrase qui ne disait rien mais à laquelle il s'empressa de répondre.

Ma vanité était telle que cet empressement me parut tout naturel. Je pensai seulement que j'étais un jeune homme fort délicat. Comble de bêtise : de lui avoir ainsi tendu une perche, j'eus une bouffée d'amour pour le proviseur. Le soupçon ne m'effleura pas qu'il n'avait aucune envie de discuter de mon affaire et qu'en voltigeant de la sorte, en m'entretenant de bagatelles, il espérait bien couper à une corvée. Notre bavardage dura cinq bonnes minutes. J'étais flatté qu'un monsieur aussi important ne jugeât pas au-dessous de lui de me faire la conversation. J'en attribuai le mérite à mon intéressante personnalité. Peu s'en fallut qu'il ne m'abusât tout à fait. J'en venais doucement à penser qu'il serait de mauvais ton d'ennuyer ce galant homme avec mes « états d'âme », comme disait Mlle Pintoin, quand, tout à coup, ma rancœur et ma colère refluèrent. Pélissier, estimant que l'entretien avait assez duré, amorçait des manœuvres pour me congédier ; l'idée que je m'étais donné tant de peine, que j'avais déployé tant d'astuce pour forcer la porte de son bureau et que je n'en aurais pas profité me fut insupportable ; abruptement, maladroitement, sans égard pour nos gracieusetés réciproques, je lui déballai ce qui me pesait sur le cœur. L'atmosphère futile et cordiale qui régnait dans la pièce en fut balayée sur-le-champ. Pélissier prit un air grave, ennuyé, pensif, joignit les mains et attendit pour me répondre quelques secondes pendant lesquelles je m'aperçus avec étonnement que mon cœur battait.

D'un ton qui me surprit parce qu'il avait quelque chose d'hésitant et de coupable, il commença par me confier qu'il avait été « plus contrarié que moi par cette affaire ». Du reste, j'avais pu remarquer qu'il l'avait « minimisée au maximum » (je me souviens de cette expression qui, dans la bouche d'un universitaire, me sembla hardie) : il s'était borné à inviter le père d'un de mes camarades à venir causer avec lui, pour l'avertir, pour lui donner des conseils plutôt que pour exprimer de la réprobation. Ce que lui Pélissier voulait avant tout, c'était nous mettre en garde contre les attitudes que nous avions prises et qui risquaient de nous être préjudiciables, vu l'échauffement des esprits dans le lycée. Rien de plus. Là-dessus, transition. Deuxième point de l'exposé : « Essayez de me comprendre, Chédeville. » Je ne demandais pas mieux ; cependant, je ne sais quoi d'implorant, de geignard dans sa voix me fit une mauvaise impression ; je la chassai d'abord, car, comme on sait, je n'avais pas la moindre confiance dans mon instinct, mais elle finit par s'imposer malgré moi.

Que devais-je comprendre ? Qu'il était, lui, Pélissier, « au sein de cet établissement », dans une position difficile. Les quatre cinquièmes des professeurs et la moitié des élèves avaient à son égard une attitude hostile due, « comme je l'avais très bien vu, à des options politiques ». Parenthèse sur la politique : il la détestait autant que moi, il déplorait que l'école « fût devenue un forum », les études en pâtissaient, etc. Je savais tout cela par cœur, mais j'éprouvai un certain plaisir à l'entendre dans la bouche d'une autorité. Cela me changeait.

Plaisir qui dura peu. On obliqua à angle droit sur M. Barragaud et ce fut moins drôle. M. le Proviseur se mit à marcher sur des œufs. M. Barragaud était « un enseignant de haute qualité », un homme remarquable, une valeur. Il n'en pensait pas un mot, bien entendu, et je fus très irrité par cette hypocrisie. Quel diable pousse donc les adultes à être ainsi solidaires entre eux en face des enfants ? Pélissier était beaucoup plus proche de moi que de Jean-Loup. Pourquoi me jouait-il cette farce ? Comme je l'aurais aimé s'il m'avait dévoilé ce qu'il avait réellement dans le cœur : à savoir que Jean-Loup était un imbécile, une canaille et un flic. Un flic, parfaitement. Ce mot-là allait comme un gant à

Jean-Loup qui le prononçait à tout bout de champ et qui voyait des flics dans toutes les personnes n'ayant pas ses idées. N'était-ce pas en flic qu'il s'était conduit avec moi le matin même et j'ajouterai en flic vicieux, dénaturant chacune de mes pensées ?

Ah oui, comme j'aurais aimé Pélissier s'il m'avait fait l'honneur de me parler sérieusement ! Il ne faut pas grand-chose : rien qu'un peu de confiance, rien qu'un peu de cynisme judicieusement placé, pour rendre fanatique un garçon de dix-sept ans. On peut toujours attendre ! Je compterais par dizaines les déconvenues de ce genre que j'ai essuyées dans ma vie. Les grandes personnes m'ont bien déçu, je peux le dire ! Elles nous accusent de mentir sans arrêt. Et elles donc ! Jamais une parole sincère. Toujours la « voix de la sagesse », c'est-à-dire des contes à dormir debout, de la bouillie pour les chats, des niaiseries. Rien n'a changé dans ce domaine depuis des siècles, malgré les beaux discours qu'on entend partout. Étonnez-vous après cela que nous mentions à notre tour. Nous y sommes acculés. Il faut jouer le jeu des adultes sous peine de drames et de catastrophes variés. Le jeu consiste à feindre d'avaler leurs blagues, à « dire comme eux », à en remettre. Le salut est à ce prix. Bon. Revenons à Pélissier.

Malgré sa mansuétude et son béni-oui-ouisme, il était clair comme le jour que le Jean-Loup était une épine dans son flanc. Il occupait « une place très importante dans le conseil des professeurs » ; il était un des éléments « les plus actifs » du syndicat des enseignants, il avait « l'oreille » des parents d'élèves. Même si Pélissier l'avait voulu — « ce qui n'est pas le cas, notez-le bien » —, il lui aurait été très difficile de le blâmer. « Je dresserais instantanément ses collègues contre moi. » Je comprenais bien, n'est-ce pas, qu'il n'y avait rien de personnel là-dedans et que ce n'était pas sa place que M. le Proviseur tâchait de conserver. Non, il s'agissait de « notre lycée qui était ballotté sur une mer houleuse ». L'image me consterna, mais je suppose qu'elle était inévitable. M. Pélissier, « en tant que capitaine d'un navire à demi démâté mais dont la coque était saine », était contraint à une extrême prudence. Il savait très bien à quoi s'en tenir en ce qui concernait mes camarades et moi. Il n'avait jamais pris au sérieux, « cela va sans dire », les tendances au fascisme que M. Barragaud avait cru « en toute bonne foi, j'en suis certain », discerner chez nous. Il savait que nous ne faisions pas de politique et il nous en félicitait, « mais nous vivons, hélas ! en un temps où une telle attitude n'est pas sans danger ». Surtout elle pouvait prêter à confusion. Je l'avais vu comme lui : depuis trois ans nous assistions à un vaste mouvement « dont je déplore la direction, mais dont je suis bien obligé de constater qu'il existe ».

À ce point de son laïus, Pélissier se leva. Quant à moi, me tortillant dans le fauteuil en tubes, vrai chef-d'œuvre d'inconfort comme tant de meubles modernes, je n'en revenais pas. Dans quel but se lançait-il dans des justifications que personne ne lui demandait ? Au début, cette espèce de confession m'avait considérablement embarrassé. Il avait la voix douce, toussotait, croisait et décroisait les mains, sans parler de ses rictus. Toute cette mimique me mettait au supplice. Je baissais les yeux… Emporté par mon récit, j'allais écrire : « comme une demoiselle », mais les demoiselles baissent plutôt moins les yeux que les garçons. Non, je baissais les yeux par bonne éducation, comme on évite de regarder un homme ayant oublié de boutonner sa braguette. Puis une allégresse énorme se coula dans mes membres, me monta à la tête, reflua jusqu'à mon cœur. Devant ce malheureux bonhomme, empêtré dans ses difficultés, ayant perdu le nord, n'osant plus remuer le petit doigt, devenu pusillanime par lassitude, je me sentis merveilleusement fort, merveilleusement courageux et dispos, capable d'avaler le monde tout cru. Orgueil ou vanité ? Je n'en sais rien et je m'en fiche. Ni l'un ni l'autre peut-être, mais un sentiment irrésistible de ma jeunesse et de ma vigueur. Ah ! ce n'est pas moi, pensais-je avec ivresse, qui me laisserais embêter par Barragaud, ses pieds-plats de collègues et les morveux des comités d'action si j'étais proviseur ! Je mettrais cette ménagerie au pas en moins de temps qu'il n'en faut pour le dire. Et les terrifiants parents d'élèves ? Laissez-moi rire ! Au garde-à-vous les parents d'élèves ! Je connaissais, moi, l'âme de tous ces gens-là, les docilités profondes qui les habitaient, les lâchetés dont elles étaient remplies. Pélissier avait affaire à des moutons déguisés en tigres ; il les prenait pour des tigres authentiques et il avait la trouille parce qu'il y en avait beaucoup. Navrant.

— Excusez-moi, monsieur le Proviseur, dis-je d'une voix triomphante, presque claironnante tant j'étais submergé de bonheur, il me semble que la situation est tout à fait claire. Ou M. Barragaud a tort, et mes camarades et moi nous avons raison, ou c'est le contraire. Ou bien le rapport de M. Barragaud est fondé, ou bien il ne l'est pas. Nous attendons de vous que vous preniez position.

Cette dernière phrase me procura un plaisir extrême parce que c'était exactement le genre de bêtise que je ne disais jamais, mais que j'entendais à longueur de journée, prononcée à propos de n'importe quoi par le porte-parole de tel ou tel comité d'action gauchard. Je pensais que ce pastiche ferait le meilleur effet. Je pris garde à ne pas le manquer, mettant dans ma voix toute la gravité, l'importance, la déclamation qui enjolivent habituellement de pareilles apostrophes. J'avais visé juste. Pélissier réagit comme le fameux chien de Pavlov qui garde la porte de toutes les classes de philosophie. Il se mit, si j'ose dire, à saliver. Pauvre type ! Il ne connaissait que trop cette musique-là.

— Hélas ! monsieur Chédeville, gémit-il, les choses ne sont pas aussi simples...

Voilà encore une formule que je n'arrive pas à encaisser, et Dieu sait qu'on me la sert souvent ! Si je ne l'ai pas entendue trois mille fois depuis que j'ai l'âge de raison, je ne l'ai pas entendue une seule. Elle m'exaspère parce qu'elle est le paravent habituel de la bêtise ou de la lâcheté. Vous pouvez être certain que, quand quelqu'un vous déclare : « Ce n'est pas si simple », il cherche un moyen de fuir, à moins qu'il ne soit une andouille jouant à l'homme profond et sagace. Je ne dis pas que tout soit simple dans ce monde. Au contraire : il fourmille de terribles complications, mais elles ne sont jamais où on veut vous les faire voir.

Prenons Pélissier : les choses étaient très simples pour lui, d'une simplicité éblouissante, biblique. Je lui donnais le choix entre la justice et l'injustice. J'aurais fort bien admis qu'il choisît l'injustice. Mais alors il fallait me dire : « Je vous condamne non parce que vous êtes coupable, mais parce que vous êtes la minorité et que c'est la seule façon de maintenir l'ordre. C'est comme ça. Rompez ! » Un langage comme celui-là, accompagné de quelques flatteries et de la preuve d'une complicité secrète, ne m'aurait pas indigné. Davantage : il m'aurait plu, je l'affirme sans détour. Au lieu de cela, Pélissier continua ses petites fourberies d'honnête homme. Ma remarque l'avait agité. Il fit deux ou trois fois le tour de son cabinet, puis alla se rasseoir lourdement derrière son plexiglass, jetant un regard aveugle sur sa tapisserie culturelle et son mobilier administratif dernier cri, comme pour y puiser de l'inspiration.

— Non, Chédeville, reprit-il, les choses ne sont pas aussi simples. Voilà trois ans maintenant que je lutte. Vous le savez. Vous en avez été témoin. Mais c'est un labeur harassant. Chaque jour défait l'ouvrage de la veille. Vous n'imaginez pas le nombre de problèmes que j'ai à résoudre. Vous vous plaignez de la politique : que dirais-je, alors, moi ! J'en suis bien plus victime que vous.

Ici, je saute un développement que j'écoutai en pensant à autre chose. L'idée générale était que le pauvre Pélissier en avait plein le dos des profs, des élèves, des parents d'élèves, des circulaires ministérielles, des lois d'orientation et de tout le bataclan, qu'il était débordé par la paperasserie, les délégations, les profs qui faisaient de la surenchère révolutionnaire, les potaches qui allaient défiler avec des pancartes, les partisans de Krivine et ceux d'Occident « qui avaient des affrontements quotidiens », les encombrements de motos et de vélosolex sur le trottoir de la boîte, etc. C'était trop. Il n'en pouvait plus. La résistance humaine a des limites. Un homme ne peut pas travailler dix-huit heures par jour et vivre dans un état de tension perpétuelle. J'étais un peu écœuré. Je me demandais pourquoi il me faisait ces confidences. Cela ne me regardait pas, et c'était même, pensais-je, d'assez mauvais ton. De temps en temps, ai-je remarqué, un adulte se débonde ainsi devant moi. Cela me fait toujours un effet désagréable : comme de voir un mort pour la première fois. On éprouve en même temps de la peur, de l'émoi, de la répulsion, de la curiosité. On a le battement de cœur des enfants qui découvrent un mystère de la nature. Je me plains que les adultes nous mentent sans cesse. Tout compte fait, ils n'ont pas tort. Quand ils disent la vérité, c'est pire. Soudain nous avons la révélation que ces piliers sur lesquels nous croyons nous appuyer sont en carton et peuvent céder à n'importe quel moment. Mon premier mouvement est de m'attendrir. Mais suis-je méchant ? L'attendrissement ne dure pas ; il cède vite la place au dégoût, à la colère, c'est-à-dire à la tristesse. Je leur en veux, à ces adultes superbes, de n'être pas en dedans comme ils se montrent au-dehors. Je ne puis concevoir que je serai pareil un jour. Le fond de mon âme ressemble exactement à mes actions et à mes attitudes ; jamais je ne tâche de paraître autre chose que je ne suis — ou alors c'est pour jouer, et sans être dupe une seconde de mes singeries.

Je ne me rappelle plus combien de temps je restai dans le cabinet de Pélissier. Peut-être dix minutes, un quart d'heure au plus. Dans mon souvenir, j'ai l'impression d'une éternité. Tout à coup, j'en eus assez. Pélissier offrait un visage crispé. Il était écrit là-haut que ce malheureux, décidément, dirait tout ce qui pouvait m'être le plus antipathique. Au milieu de ma demi-rêverie, j'entendis : « Vous êtes un garçon intelligent, Chédeville. Je vais vous parler en toute sincérité. Je suis sûr que vous me comprendrez. » Eh bien, voilà, c'est le bouquet, pensai-je. Cela faisait la seconde fois depuis une demi-heure qu'on me disait que j'étais un garçon intelligent. J'ai horreur qu'on fasse appel à mon intelligence : en général, c'est pour m'inviter à capituler ou me faire avaler une saleté. C'était bien le cas. Les deux dernières minutes de mon entretien avec le proviseur ont laissé une trace si laide dans ma mémoire que j'ai à peine le courage de les raconter. Autant j'ai plaisir à parler de mes propres défauts, de mes propres bêtises (quand je les consigne par écrit, c'est comme si je passais le cautère dessus : on ressent une brûlure, mais on est guéri), autant il m'est pénible de rapporter des malpropretés dont je ne suis pas responsable, quoique j'en aie été la victime. Pélissier décrispa son visage, ce qui eut pour effet de le rendre lugubre. Les sourires à répétition étaient loin. J'avais devant moi un personnage tout à fait minable, qui me dit en bredouillant qu'il n'était pas dans une position telle qu'il pût me donner raison bien que j'eusse raison en fait, qu'il devait se plier aux circonstances, que je devais comprendre, que rien n'était simple, et zut ! suffit comme ça. Je m'arrête. Une dernière remarque pourtant. Pélissier me sacrifiait non à l'ordre, mais à l'opinion, c'est-à-dire en fin de compte au désordre. Et il le savait bien. C'est pour cela qu'il avait été incapable de me tenir le langage cynique que j'ai indiqué plus haut. Au fond, il me sacrifiait à sa tranquillité. Un honnête homme qui agit mal et qui le regrette, c'est un bien vilain spectacle. J'aime mieux un franc salaud.

Encore un trait bizarre : j'étais plus gêné que lui. En le voyant patauger dans son humiliation, je ne savais plus où me fourrer. Je n'osais pas me lever, tout en sentant bien qu'il n'attendait que cela. Après avoir tergiversé, je me levai quand même. Lui aussi. J'eus la curieuse impression que par ce double mouvement nous nous secouions comme deux chiens sortant de l'eau. Image ridicule mais rendant bien ce que j'éprouvais. Le cœur me sautait de joie dans la poitrine. À la façon d'un gosse, je dis à toute vitesse : « Merci m'sieu, au revoir m'sieu ! » Et hop ! je pris mes jambes à mon cou. Comble de chance, Mlle Pintoin s'était justement absentée à cet instant, en sorte que je n'eus pas à la remercier, ce qui m'aurait coûté. Je me promis de passer lui dire bonjour le lendemain.

XI

Au dîner, j'étais remonté comme une machine. Ces états-là sont à la fois charmants et pénibles. Charmants parce qu'on a le sentiment qu'une force inépuisable vous habite, qu'on est un arbre au printemps, ivre de sève, quasiment intoxiqué par cet excès de vie. Pénibles parce qu'il n'y a pas moyen de se modérer. À tout moment on s'échappe à soi-même : on parle trop et trop haut, on dit n'importe quoi, pour le plaisir, pour s'entendre parler ; on fait des plaisanteries de mauvais goût auxquelles on est le premier à s'esclaffer, on gesticule, on se donne en spectacle, on est envahi d'amour pour l'espèce humaine dans sa totalité, cannibales et fascistes inclus, on croit que tout le monde vous aime et vous admire. Bref, on ne se rend pas compte qu'on n'est rien d'autre qu'un casse-pieds. Donc j'étais remonté. Comme je n'arrêtais pas de pérorer, mon père me dit du ton persifleur qu'il emploie quand il m'adresse la parole :

— J'ai l'impression que le camarade Chédeville est d'une humeur de rose, ce soir. Raconte-nous un peu ce qui te rend si gai. Quelle connerie particulièrement sophistiquée as-tu perpétrée ? As-tu dragué un boudin ? Aurais-tu séché le lycée pour aller te le farcir ? Fais profiter la famille de tes expériences culturelles, la vie n'est pas si marrante.

Il faut ajouter au ton persifleur une ostentation de grossièreté à laquelle je n'arrive pas à m'accoutumer. Mon père doit penser que cela fait jeune et dégourdi de dire à tout bout de champ : « con », « connerie », « merde », « emmerder », etc. De même, il emploie le vocabulaire dans le vent : « draguer », « farcir », « boudin », par exemple. Ce ne sont pas là des mots qui lui sont naturels. De son temps on disait « lever une poule » et « se la taper ». Il n'est pas le seul homme de son âge et de son milieu, d'ailleurs, à en user de la sorte. Ses amis, que je vois de temps à autre à la maison, et la plupart des pères de mes camarades parlent de la même façon. Longtemps je me suis demandé pourquoi cela me choquait, car j'en entends bien d'autres à l'école, et moi-même, avec Poirson et compagnie, j'aime assez raconter de bonnes grosses horreurs. À la fin, je me suis avisé de ceci : qu'à mon âge on a besoin que les différents mondes dans lesquels on vit soient séparés par des cloisons étanches. Retrouver à la maison, dans la bouche de mon père, ce que j'entendais dans la cour du lycée m'ennuyait. D'autant plus que j'y discernais de l'application. Quelque peine qu'il se donnât, cela ne sonnait pas tout à fait juste. Un enfant déteste que ses parents l'imitent parce que cela va à l'encontre de la nature.

Avec son langage à la mode, mon père me volait doublement. D'abord il me volait mon père, attendu qu'un père doit être un maître et non un disciple, même dans ce petit domaine du langage courant. Ensuite il me volait mon rôle : c'était à moi, et non à lui, d'être canaille, hardi, rabelaisien, paillard. Dominé comme je l'étais par l'esprit de contradiction, que pouvais-je faire d'autre, en face d'un homme qui parlait comme un moutard, que de parler, moi, l'enfant, comme un homme ? Je mettais presque de la hargne à être aussi châtié et bienséant qu'une bonne sœur. Je me serais plutôt coupé la langue avec les dents que de prononcer une grossièreté. Mon père feignait de ne s'apercevoir de rien, mais je suis bien certain qu'il comprenait à merveille le message que je lui expédiais quotidiennement de cette manière. Il m'arrivait même, pour corser la chose, de lui décocher un imparfait du subjonctif, ce qui faisait rire bêtement Lionel. J'ai toujours eu de l'attachement pour les imparfaits du subjonctif. Si quelqu'un lit jamais ceci, il s'en apercevra : je crois bien n'en avoir pas manqué un seul. Encore une manifestation de mon goût pour les minorités opprimées !

J'étais incapable de garder un secret. J'aurais bien voulu, pourtant. Il m'aurait été doux de faire le renfermé, le mystérieux, l'énigmatique ! Ces attitudes me paraissaient le comble de l'élégance, mais mon fichu tempérament m'empêchait de tenir plus d'une demi-heure. J'étais constamment émerveillé par ce que je découvrais en moi ; je brûlais de faire profiter le monde de cette richesse. C'est à cause de traits de ce genre que l'adolescence est un âge si ridicule. Tous les adolescents sont-ils bâtis sur le même patron ? Certains de mes camarades, cependant, étaient moins exhibitionnistes que moi. Levert, par exemple, qui n'était pas très causant, qui était un peu boutonné, qui avait des silences que j'enviais beaucoup, quoiqu'ils fussent dus plutôt à une impuissance à s'exprimer qu'à un véritable désir de se taire. À peine connaissais-je quelqu'un que je le prenais par la main pour lui faire visiter les moindres recoins de mon esprit, comme un bourgeois fait admirer sa tanière à ses invités, placard à balais et petit coin inclus, tant il est fier que de telles merveilles lui appartiennent. Je n'étais satisfait que lorsqu'il avait tout vu. Cette manie de me déshabiller devant n'importe qui m'a joué plusieurs tours car, dans mon infatuation, je croyais que l'on ne pouvait qu'admirer, et ce que je montrais, et ma façon si franche de le montrer. À présent que j'ai vieilli, j'ai appris que la plupart des gens ne regardent jamais ce qu'on leur désigne, ou comprennent de travers, ou éprouvent de l'antipathie pour un individu qui veut brûler les étapes de l'amitié en leur exhibant d'un coup une vérité de lui-même qu'ils préféreraient découvrir par degrés et à laquelle ils auraient ainsi le loisir de s'habituer.

On pourrait penser que, me jetant à la tête des inconnus, j'aurais été par compensation muet comme une carpe en famille. D'ordinaire les gens de mon âge fonctionnent de la sorte. Pas moi. J'étais aussi bavard là qu'ailleurs. Mon père n'eut pas beaucoup à m'interroger pour que je racontasse mon affaire avec Barragaud et le proviseur, le rapport, l'indignation qui m'avait habité pendant vingt-quatre heures, etc., tout cela à ma manière, en enjolivant par-ci par-là, en donnant le coup de pouce, en me faisant un peu plus héroïque que je n'avais été. Je le fis d'autant plus vite et avec d'autant plus de chaleur que je ne supportais pas qu'on se trompât sur mes motifs. Il m'était on ne peut plus désagréable que mon père attribuât ou feignît d'attribuer à une amourette vulgaire le bonheur dont je débordais. Cela me révoltait comme une calomnie. D'ailleurs, j'avais constamment le sentiment à cette époque que mon père me calomniait dans son for intérieur. Aujourd'hui je l'ai bien moins. Je ne sais quoi, en trois ans, nous a rapprochés, venant de moi et non de lui, car il n'a pas changé ; ou peut-être l'ai-je fait changer en changeant moi-même. En 1971 il était, sur toute la surface du globe, l'homme en qui j'avais le moins confiance. Aussi loin que je regarde dans mon passé, je ne distingue pas une fois où je me sois fié à lui sans réticence. Dès cinq ans, j'avais deviné qu'il n'y avait rien de commun entre nous deux et qu'il ne saisirait jamais un mot de ce que je lui dirais. Cela ne m'empêchait pas de lui parler obstinément, ne perdant pas l'espoir qu'un jour, par quelque miracle, le rideau s'entrouvrirait. Patience qui ne me coûtait pas, car il était extraordinairement gentil, dévoué, caressant, tendre avec moi, et je l'aimais beaucoup. L'amour n'a que faire de compréhension. À huit ou dix ans, je raisonnais de la façon suivante : « Toutes les grandes personnes sont bêtes, parce qu'elles n'ont pas besoin d'être intelligentes. Elles ont autre chose : la force, la bonté. Les enfants ont besoin d'être intelligents et rusés parce qu'ils sont petits et faibles. J'adore mon papa parce qu'il est grand et fort. » Cela n'avait rien d'un jugement ; ce n'était qu'une constatation, presque un précepte pratique. Les rapports entre mon père et moi se sont détériorés quand j'atteignis treize, quatorze ans. Jusque-là, il m'importait peu qu'il fût bête ou me parût tel, mais je commençai à le juger, et à m'irriter du mur que cette bêtise dressait devant moi.

Là-dessus, les événements de mai 68 arrivèrent ; je vis mes parents se livrer à toutes sortes d'extravagances pseudo-révolutionnaires, je les entendis tenir les propos subversifs en quoi les bourgeois se répandaient. J'avais si bien pris l'habitude de penser automatiquement le contraire d'eux que, de les contempler ainsi, nageant dans le désordre et la chienlit comme des poissons dans l'eau, en redemandant, trouvant tout ravissant et délicieux, m'exhortant à faire le fou, je fus aussitôt hérissé par l'esprit de contradiction. Il n'était pas possible qu'un événement que non seulement mon père et ma mère approuvaient, mais encore auquel ils adhéraient avec enthousiasme pût me convenir. Je me bornai à me balader en compagnie de Poirson dans les endroits où il y avait du grabuge ou des parlotes, nous faufilant entre les braillards et les soi-disant « enragés » comme deux badauds ou plus exactement comme deux gamins. Ces histoires de mai 68 ne tiennent pas une grande place dans mes préoccupations, mais il faut bien convenir que ces six semaines de chahut ont modifié la condition de la jeunesse, et que, sous cet angle-là, j'en ai bénéficié comme les autres — ou pâti.

Vers treize, quatorze ans, dis-je, j'ai commencé à juger mon père. Il s'en aperçut, le montra et, au lieu d'en être choqué, m'encouragea à lui confier ce qui me heurtait de lui. Cette attitude « civilisée », comme il disait, m'éloigna définitivement. C'était tout le contraire de ce que j'aurais désiré. J'arrivais à l'âge où l'on a besoin que la tendresse devienne de l'autorité. Je me serais laissé plutôt couper en morceaux que de lui exposer ce que j'éprouvais réellement à son égard ; du reste, c'était trop compliqué, je n'aurais pas su. Je soupçonne que l'explication de la plupart de mes sentiments, réactions, violences de pensée, de mon caractère enfin, se trouve dans ces rapports, assez peu naturels somme toute, et par sa faute, que j'ai entretenus pendant si longtemps avec mon père. Voyant que je ne répondais pas à ses avances, s'apercevant à la longue peut-être qu'une infinité de choses nous séparaient, il devint ironique, sarcastique, réservé, picotant, il adopta le genre distant et amusé, il affecta de ne rien prendre au sérieux de ce que je faisais ou disais. Toujours gentil, au demeurant, et dévoué s'il l'avait fallu, mais je n'avais que faire de son dévouement. Je me débrouillais très bien tout seul.

Je pérorai un bon moment. Mon histoire tomba à plat. Je ne m'attendais nullement à ce qu'aucune des quatre personnes auxquelles je m'adressais s'intéressât à ma répugnance à être confondu avec la masse des imbéciles du lycée, à l'ignominie de Barragaud, à la dégonflade de Pélissier, mais j'aime parler. J'ai déjà dit, je crois, que je ne suis jamais aussi brillant que lorsque j'ai un auditoire incapable de m'apprécier. En l'occurrence, j'étais servi. Le sourire narquois ne quitta pas les lèvres de mon père pendant tout mon récit. Ma mère avait l'esprit ailleurs, sonnait Sarita, lui faisait des observations auxquelles la susdite Sarita répondait avec abondance, dans son charabia, en gesticulant et en criant à tue-tête. Seg, dont les préoccupations en général étaient aux antipodes des miennes, avait l'œil noyé dans la contemplation de ses propres embêtements qui, je l'appris par la suite, avaient de quoi l'empêcher d'être attentive à toute autre personne qu'elle-même. Quant à Lionel, autant parler chinois.

Il est difficilement concevable que deux individus aussi dissemblables que nous soient frères. Il n'a qu'un an de moins que moi, mais il me semble que des siècles ou des immensités nous séparent. Nous n'avons ni une idée, ni un sentiment, ni une ambition, ni un goût en commun. Je ne parle pas de la morale, si tant est que ce mot puisse avoir le moindre sens pour un garçon comme lui. Il est rare de rencontrer quelqu'un dépourvu de philosophie à ce point. Moi, à huit ans, j'avais déjà une espèce de philosophie. Poirson, tout énergumène qu'il est, en a une, et Brigitte Clerc aussi. Lionel, rien. C'est de la gélatine intellectuelle. Comme de juste, il est le grand chouchou des parents. Cette sorte d'individus malléables, qui prennent instantanément l'empreinte qu'on met sur eux, plaisent à tout le monde, à commencer par la famille, qui est infaillible sur le chapitre des nullités. Je me plains quelquefois de mon caméléonisme, de cette furie qui m'habite de changer de passions, de buts, de caractère, d'écriture parfois aussi, mais du moins le caméléonisme est intérieur, je m'y livre parce que je le veux, parce qu'à travers mes transformations j'ai le sentiment que je vais à la recherche de moi-même, de mon être vrai. Je sens bien que je ne me suis pas encore trouvé, qu'avant de me trouver il me faudra encore essayer cent défroques. Lionel n'a pas ces préoccupations. Quand on le pose quelque part, il prend tout simplement la couleur de l'endroit où il est. Ayant sur les parents la supériorité de l'observer dans deux endroits au moins, à savoir la maison et le lycée, je sais combien cela lui est aisé, et combien cette facilité est dangereuse.

Peut-être se souvient-on qu'en 1970 la drogue commença à être à la mode dans les écoles. Les jeunes crétins fumaient des cigarettes de marijuana dans les cabinets. Ils appelaient cela des *joints* pour faire américain et romantique, et prétendaient qu'ils en tiraient des sensations. Quelques téméraires allèrent jusqu'à l'héroïne, et exhibaient avec fierté des traces de piqûres à la saignée du bras. Par hasard je surpris un jour Lionel, le petit Lionel, le chéri de sa maman, suçotant un *joint*. Voilà encore un souvenir qui ne m'apporte guère de plaisir quand il me revient. Lionel était en compagnie de trois chenapans de son âge. J'étais si naïf que je ne compris pas d'abord qu'il s'agissait de drogue, en dépit de l'odeur douceâtre qui les enveloppait. Ce qui m'éclaira fut le regard de mon frère qui était un regard de côté, comme en ont les chiens pris en faute, et la dégaine des trois autres qui étaient les stéréotypes du drogué courant : teint gris, ongles sales, pantalons délavés sur des jambes maigres, chemisettes aussi grises que la tête, cheveux longs, gras et emmêlés. Ce qui me dégoûta le plus dans la scène, c'est que chacun tirait sur le *joint* à son tour. L'idée que mon propre frère, quelqu'un du même sang que moi, mêlait sa salive à celle de ces lémures, de ces vampires, de ces créatures de chiottes, me remplit d'horreur et de chagrin. J'en fus soulevé de colère, réaction rarissime chez moi, qui ne suis pas violent du tout et me montre même en général exagérément conciliant. Je me jetai sur Lionel tout éberlué par cette agression, je le secouai comme un prunier en bafouillant des injures, je lui administrai une claque furieuse qui envoya valser le *joint*. La tête des trois minables était à peindre (mes colères ne sont jamais absolues ; il me reste toujours un coin de froideur, grâce à quoi j'enregistre ce qui se passe autour de moi) ; d'une voix traînante ils répétaient bêtement en se gardant bien de faire le moindre geste : « Mais il est fou, çui-là, qu'est-ce qui lui prend ? Faut lui filer une dérouillée. Il est siphonné... » Après avoir bien tapé sur Lionel qui ne se défendait pas, qui se bornait à lever le coude pour se protéger de mes coups comme un moutard, je l'entraînai. J'étais plus ému que lui, je crois, car je me souviens de son œil narquois de tartufe pendant que je lui faisais des reproches incohérents d'une voix entrecoupée. Mais le caméléon prit bientôt ma couleur et l'œil narquois s'éteignit. Tout ce que Lionel trouva à me dire fut : « Sois chic, parle pas de ça aux parents. » Je n'en parlai pas, parce que je n'avais que seize ans et qu'à cet âge on a des solidarités mal placées, dont on fait des questions d'honneur. J'aurais dû en parler, au contraire, n'eût-ce été que pour que mes parents, une fois au moins dans leur vie, fussent mis devant la vérité du monde et comprissent à quoi leur façon d'être depuis vingt ans, leur élégance, leur modernisme, leur goût affiché pour tout ce qui se fait (ou ce qui se pense) avaient amené l'un de leurs enfants. Je ne sais ce qu'ils auraient fait si j'avais parlé. Rien peut-être. Mais ils auraient quand même été embêtés. Cela eût été déjà un résultat. Ils se seraient sentis coupables. À seize ans, on n'ose pas toucher à la bonne conscience de ses parents. Cela paraîtrait un sacrilège. Est-on délicat !

D'ordinaire, les repas en famille ne m'amusent guère. Cette coutume de se réunir deux fois par jour autour d'une table pour ingérer de la nourriture est très fastidieuse. En outre, elle fausse les rapports familiaux. On ne se rencontre à peu près qu'à cette occasion. La principale image que j'ai de mes parents, de mon frère et de ma sœur est celle de gens qui portent des aliments à leur bouche, mastiquent, boivent et répètent jour après jour les mêmes choses. On a beau, comme mes parents, être à la page, avoir des idées très chic et parler de « problèmes » actuels, c'est-à-dire paraphraser le journal, on ne peut empêcher le naturel, de temps à autre, de faire ses déplorables apparitions. Par exemple, il y a des jours où nous incarnons très mal la belle famille française, colorée, racée, joyeuse, esthétique des publicités pour les sous-vêtements ou le saucisson sec : mon père oublie son persiflage ; Ségolaine fait la tête sans que personne sache pourquoi ; Lionel se met les doigts dans le nez et ricane hors de propos ; ma mère m'adresse les observations qui accompagnent le déroulement des repas de famille depuis le commencement des siècles. Celle que j'entends le plus souvent est : « Ne mange pas si vite, tu vas t'abîmer l'estomac. » Depuis quinze ans, elle poursuit une campagne assez peu couronnée de succès, semble-t-il, en faveur de la mastication des aliments. Vers 1969, elle s'est trouvé une alliée en la personne de ma sœur, qui était assez grasse alors, et belle, à mon avis, à cause de son embonpoint, et qui se mit en tête de devenir maigre, résultat qu'elle obtint en trois mois, par la lecture superstitieuse de livres de diététique, dont elle tirait la matière d'incroyables comédies consistant à peser la nourriture au gramme près, manger des fromages blancs « sans matières grasses », mâcher vingt-sept fois chaque bouchée, etc., toutes prescriptions qu'elle observait avec scrupule, et grâce auxquelles elle s'enlaidit d'une façon très satisfaisante. À la vérité, je ne l'ai jamais vue fournir pour quelque chose d'utile la moitié seulement de l'énergie et de la persévérance qu'elle déploya dans cette grande affaire de perdre huit kilos. Elle s'est toujours défendue vigoureusement de prendre des médicaments mais je soupçonne qu'elle avalait en cachette d'immondes pilules pour hâter sa squelettisation. Elle semble fort contente d'être efflanquée comme une louve, de n'avoir plus de mollets ni de fesses, d'avoir la joue creuse et l'air généralement cachexique. Il paraît que cela plaît beaucoup. Si j'en juge par mes propres goûts et ceux de Poirson, Levert, Guillemot, Pouquet, Bernardin, qui ne rêvent que rotondités, je serais curieux de savoir à qui. Quand je lui pose cette question, Ségolaine répond que la maigreur est incomparable pour la toilette et qu'on ne peut être élégante qu'en n'ayant que la peau et les os. À noter qu'elle est principalement vêtue de pantalons sales et de tricots étirés. En quatre ans je ne l'ai pas contemplée dix fois habillée convenablement et ressemblant à une femme. Son autre argument est : « On se sent tellement mieux ! » Moyennant quoi elle a toujours l'air au bord de la syncope.

XII

Dès que je suis assis à table, je suis saisi d'impatience. Je voudrais tout engloutir en deux minutes, en avoir fini tout de suite. La cérémonie biquotidienne des plats passés par Sarita avec des grâces de vachère de la Sierra Morena, l'ordre des préséances (maman, papa, Seg, moi et Lionel), le baragouin de la bonne qui tâche d'expliquer pourquoi c'est trop *cuido* ou pas assez, etc. me font l'effet d'un rêve refait des milliers de fois et qui ne finira jamais. Il est exact que je mange trop vite, mais je n'ai nulle envie de m'en corriger. C'est très ennuyeux de manger. Plus tôt on en a terminé, mieux cela vaut. Les deux choses qui m'assommaient le plus dans la vie courante, que je pensais traîner jusqu'à mon dernier soupir comme des rhumatismes, étaient les repas familiaux et le trajet immuable de chez moi au lycée. Mon Dieu, que l'existence des enfants est donc morne et toujours pareille ! Ces cadres dans lesquels on l'enferme rendraient fou n'importe quel adulte. Malgré ma prévention contre ceux qui s'y sont livrés, je comprends quelquefois les beaux chahuts de mai 68, les barricades, les bagnoles flambant dans les rues, la foire dans les universités et les lycées, les inscriptions idiotes sur les murs. Pour la première fois, les enfants ont secoué leur ennui séculaire ; pour la première fois, ils sont sortis de l'uniformité rigide de leur emploi du temps. Tout le monde a parlé alors de politique, à commencer par les moutards eux-mêmes, mais tout le monde se trompait. Il ne s'agissait pas de cela du tout : les enfants prenaient une énorme récréation que nul ne leur avait donnée depuis trente ou quarante mille ans. Ils se vengeaient des repas de famille, des quatre trajets par jour pour aller à l'école et en revenir, des heures de classe pendant lesquelles on entend la pendule faire ding-dong chaque quart d'heure, des dissertations françaises où il faut écrire huit pages alors qu'on aurait tout dit en deux lignes, de tout cet esclavage insipide dans lequel ils sont plongés. Cela n'était pas sérieux puisque cela revenait, en définitive, à s'insurger contre quelque chose d'éternel et d'inchangeable qui est la condition humaine, mais c'était amusant, c'était inédit. Cela correspondait à une aspiration très profonde. C'était le vieux fantasme de l'enfance enfin réalisé. La débandade des parents, à cette occasion, a été très réconfortante. Voir cette classe dominante de droit divin tout à coup dépossédée de ses prérogatives, les renier, faire sa nuit du 4-Août, quelle drôlerie !

Quelle tristesse aussi, quand on y pense ! Fallait-il que les parents se sentissent coupables pour tout lâcher comme ils le firent ! Cette idée-là ne m'est pas venue sur le moment (je n'avais que quatorze ans) mais après que j'ai eu grandi, c'est-à-dire que j'eus appris à regarder un peu au-delà des apparences. Je compris alors que les parents avaient été frappés d'enchantement parce qu'ils s'aperçurent soudain que, depuis que leurs enfants étaient nés, ils avaient commis sur eux un long crime insidieux et involontaire, quasiment invisible, recommencé chaque jour : le crime d'indifférence. Notre génération, la première de l'histoire, n'a pas été aimée. Si des gens de quarante ou cinquante ans lisaient ceci, ils pousseraient des cris d'horreur, j'en suis sûr ; cependant, ce que je dis est vrai. Nos parents ne nous ont pas donné l'amour que nous aurions dû recevoir d'eux. Ils n'ont pas fait attention à nous. En toute occasion, ils ont préféré leur tranquillité à notre éducation. Je veux dire par là qu'ils ont été *faciles*. Ils ne se sont occupés ni de nos loisirs pour les meubler, ni de nos vertus pour les nourrir, ni de nos vices pour les corriger, ni de notre cœur pour le remplir.

Imposteurs avec cela, car ils ont constamment travesti en amour ce qui n'était que répugnance à nous punir. Or l'amour — j'ai fini par le comprendre — est le contraire de la complaisance. L'amour est encombrant et insupportable. Il veut sans trêve votre bien malgré vous, il vous l'impose par la contrainte, et c'est justement cela qui est beau, qui est délicieux, qui laisse une grande lumière dans l'âme. Je ne trouve pas cette lumière dans la mienne. Mes parents ne m'ont pas plus aimé, ils n'ont pas plus aimé Lionel et Ségolaine que les autres parents de France n'ont aimé leurs enfants. De toutes les gifles que j'ai méritées, je n'en ai pas reçu une seule. Jamais je n'ai été grondé, battu, privé de quelque chose, sanctionné selon mes torts. Les rares fois où mon père et ma mère se sont intéressés à mes actes ou à mes pensées, cela a été pour me faire doucement la morale, me parler raison, me caresser. Ce n'est pas cela que j'attendais d'eux. J'attendais les indignations, les douleurs, les cris, les violences de l'amour. J'aurais voulu qu'ils allassent chercher brutalement le mal qui était en moi et qu'ils l'extirpassent avec fureur. Je n'étais pas en sucre, bon sang ! J'étais même quelqu'un de prodigieusement dur et résistant. J'avais besoin d'un amour à la mesure de ma dureté : celui que dispensaient les parents d'autrefois, paraît-il, jamais contents, exigeant que vous fussiez premier partout à l'école, vous cinglant les mollets avec le martinet, vous punissant si vous gardiez les mains dans les poches et répétant à tout bout de champ cet admirable proverbe qui, pour un rien, me ferait pleurer de regret : « Qui aime bien châtie bien. » Je le dis d'expérience : quand il n'y a pas de châtiment, il n'y a pas d'amour.

En écrivant cela, je m'avise que cela vaut aussi pour les sociétés. La nôtre qui ne châtie plus les bandits, qui permet n'importe quoi, est atteinte du même péché d'indifférence que les individus. Nos parents ne nous aiment pas ; la société ne nous aime pas. Décidément nous sommes bien lotis, nous autres malheureux qui avons eu vingt ans en 1974 ! Je suppose que c'est la rançon de la prospérité. On achète avec de l'argent ce qu'autrefois on achetait avec son sang (c'est-à-dire avec son temps, son énergie, sa persévérance, son sens du devoir, etc.). Combien de fois mes parents n'ont-ils pas acheté leur tranquillité avec un billet de cinquante francs donné à Ségolaine, à Lionel ou à moi, pour nous voir les talons, pour que nous débarrassions le plancher pendant un dimanche ou un congé ? Cela est impossible à compter. Mon frère, ma sœur et moi, nous avons dépensé des fortunes d'argent de poche. Mon père, en gaspillant ainsi ce qu'il gagnait, espérait-il en tirer de notre part de la reconnaissance ? En ce cas, je l'aurai bien déçu, car je n'ai jamais attaché le moindre prix à ses billets de cinquante francs. Aussitôt empochés, je courais les engloutir au cinéma ou j'achetais des bouquins. Je me doutais que cet argent-là n'avait pas de valeur, qu'il n'était qu'un *ersatz* comme on disait en 1940, que mon père me payait dans cette monnaie de singe pour ne pas me donner ce que je désirais passionnément : son attention et son temps. Je suppose qu'il en était de même pour Lionel et Ségolaine. Nous sommes tous des orphelins. Des orphelins dorés qui ne manquons d'aucun bien matériel, d'aucune commodité, bien traités, bien soignés, bien habillés, mais à qui il manque l'essentiel, la raison de vivre des enfants qu'est la merveilleuse et divine présence du maître.

J'ai reculé jusqu'à présent le moment de parler de ma mère parce que mes rapports avec elle ne ressemblent à rien qui soit connu, tout au moins à rien qui ait été décrit, et que je ne sais pas par quel bout les prendre. D'ordinaire, une mère est un personnage hautement romanesque pour son fils, qu'il l'aime ou qu'il la haïsse ; je veux dire qu'un garçon est capable de souffrir par sa mère comme par toute autre femme. J'ai vu cela souvent dans les romans et les biographies. Longtemps j'ai envié Baudelaire qui adorait la sienne, remariée au général Aupick, et se désespérait parce qu'elle ne comprenait rien à son caractère, à son cœur, à ses ambitions, à son génie, parce qu'elle le trahissait, ne le prenait pas au sérieux, le traitait en enfant irresponsable. Dans la *Vie de Henri Brulard* de Stendhal, j'étais émerveillé par la scène d'amour entre le petit Henri âgé de sept ans et sa mère, jolie, exquise dans sa chemise de nuit sautant par-dessus son lit. Je crois n'avoir jamais lu quelque chose d'aussi voluptueux que cette scène, dont le souvenir s'est incrusté en moi comme si je l'avais vécue moi-même. J'aurais voulu éprouver à l'égard de ma mère des sentiments excessifs comme ces deux grands hommes et quelques autres. Il m'arrivait encore, avec l'imagination des enfants, de rêver qu'elle était morte alors que j'étais tout petit, comme l'adorable mère de Stendhal, que j'en gardais une plaie incurable, que je vivais dans le culte secret de ce fantôme délicieux qui avait une fois pour toutes rempli mon cœur d'amour.

Le fond de l'affaire, c'est que j'aurais voulu être fils unique. Mais je ne l'étais pas. Trois enfants n'ont qu'un tiers chacun de l'affection de leurs parents, ou plus exactement les parents fournissent une affection globale dont chacun prend ce dont il a besoin. Cela laisse de la marge pour l'esprit critique. Le plus bizarre est que, de Ségolaine, de Lionel et de moi, c'est moi qui, dans cette affaire, en ai eu le moins, qui me suis aveuglé avec le plus de persévérance. Pendant plusieurs années, j'ai joué avec ma mère une comédie à laquelle je ne croyais qu'à moitié, mais où je trouvais je ne sais quel plaisir : la comédie du petit despote qui veut tout savoir, qui veut être aimé plus que les autres, qui demande des comptes, qui a des jalousies imprévues, etc. Je me disais obscurément qu'une telle attitude était de nature à combler toute mère de bonheur, et j'étais étonné de constater que la mienne en était plutôt ennuyée, que mes frénésies n'éveillaient chez elle, selon son humeur, que de la patience ou de l'impatience. Je me fabriquais une mère idéale, j'oserais presque écrire une mère « littéraire », qui n'avait pas grand-chose en commun avec la réelle. À sept ans, à huit ans, je ne parvenais pas à concevoir que mes parents pussent avoir d'autres sujets d'intérêt que moi, qu'en dehors des moments où ils s'occupaient de leurs enfants ils menaient égoïstement leur propre vie. Une telle idée me paraissait absolument révoltante.

Mon frère et ma sœur étaient beaucoup plus placides. Ils parlaient de nos parents avec un détachement, une objectivité qui me choquaient, moi qui me piquais tant de regarder la vérité en face, comme l'aigle regarde le soleil ! Je me souviens avec un certain amusement de mon incrédulité, de mon ébahissement, de ma stupeur, de mon chagrin (bref mais énorme) lorsqu'un jour Ségolaine nous déclara à Lionel et à moi avec une parfaite tranquillité, comme si c'eût été la chose la plus évidente, la plus ordinaire du monde, que « papa avait des poules » et que « maman s'en fichait ». J'avais treize ans. Elle seize. Ce qui me surprit le plus est qu'elle paraissait être au courant depuis longtemps de cette situation et ne s'en soucier nullement. Elle ne pensait pas nous faire des révélations bien sensationnelles. D'ailleurs, Lionel le prit avec une pareille tranquillité et son habituel ricanement. Il n'y eut que moi à être pétrifié. J'eus le battement de cœur qui suit l'annonce des catastrophes. Pendant quelques secondes je crus que j'étais très malheureux. La raison, Dieu merci, accourut aussitôt. Les propos de Ségolaine furent mon chant du coq. Je m'aperçus que j'avais deviné depuis belle lurette que mes parents ne s'aimaient pas, et je m'en voulus de n'avoir jamais osé me l'avouer. Quelle leçon de lucidité me donnaient mon frère et ma sœur que j'avais si souvent tendance, infatué comme je l'étais, à prendre pour deux demeurés ! Cet épisode n'est pas le seul dans ma vie où des gens beaucoup moins intelligents et dégourdis que moi m'aient surpris.

Qui lirait mon cahier aurait bien lieu de se moquer de moi. Je me pose en matamore de la vérité, je déclare avec morgue que rien ne me plaît davantage, que plus la vérité est âcre, plus je la trouve à mon goût, et je tombe, rien qu'en étant sincère avec moi-même, sur des exemples patents du contraire. Celui-ci, en tout cas, est pommé. Si je regarde sans complaisance en moi-même, je constate que, dès dix ans au moins, je savais que mes parents n'étaient à peu près rien l'un pour l'autre, que chacun avait ses intérêts, peut-être ses passions, ailleurs que chez nous, que leur ménage ne tenait que par des choses extérieures : enfants, appartement, commodités, vie organisée, et pendant trois ans je me suis refusé à poser le regard sur cette vérité-là, parce qu'elle m'aurait fait mal si je me l'étais exprimée clairement. En d'autres termes, pendant trois années de ma vie j'ai nourri ce que je hais le plus au monde, ce dont je hais le nom même : une illusion. Et quelle illusion ! La vie s'inscrivait en lettres énormes devant moi et je refusais de la lire, je me faisais analphabète pour préserver ma petite sensibilité. Je dormais sur le mol oreiller du mensonge.

Si je n'avais pas entrepris le travail que voici, si je n'avais pas éprouvé un jour le désir d'aller à ma recherche à travers des feuilles de papier et des lignes d'écriture, je ne m'en serais peut-être jamais rendu compte et j'aurais continué à vivre sur une seconde illusion : celle de ma clairvoyance et de mon cynisme. Est-il rien de plus bête que de se prendre pour un cynique quand on est un pudique, un sentimental, un homme qui s'aveugle à plaisir, un niais ? Le plus fort est que j'ai si bien accrédité ma légende qu'à présent je fais peur à tout le monde, parents inclus. On me prend pour un monstre de scepticisme, on croit que je suis desséché par l'ironie, racorni par le pessimisme, habité par la crainte d'être dupe, etc. Quel âge compliqué, décidément, que l'adolescence ! Serai-je un peu plus simple à quarante ans ? Je me le demande. Il me semble que je suis parti pour ne jamais être tranquille avec moi, qu'il y aura toujours un bout par lequel je m'échapperai. Avec cela, insouciant comme un moineau. Je ne compte plus les fois où j'ai remis au lendemain, non pas de m'occuper de quelque chose qui m'ennuie, mais seulement d'y penser.

Je n'aime pas les gens qui se plaignent, qui disent qu'ils ont souffert de ceci ou de cela, qui portent leur âme écorchée en bandoulière, qui posent à l'incompris, mais il me faut quand même convenir que ma famille, sous le rapport de l'intimité, de la confiance, de l'entente, du soutien moral, ne m'a pas gâté. En repensant aujourd'hui à ce dîner qui suivit mes drames du lycée, j'en suis singulièrement frappé. Sur le moment, j'étais tant habitué à l'indifférence que je ne me formalisai pas du peu d'intérêt que suscita mon récit, lequel était pourtant pittoresque. Comme presque toujours à cette époque, je parlais plutôt pour moi, pour m'amuser, pour m'écouter, que pour mon auditoire. D'ailleurs, le manque d'union de ma famille, s'il me blessait par certains côtés, faisait mon affaire par d'autres. Quoique je n'en profitasse pas souvent, j'étais libre comme l'air. Quand j'avais envie d'aller au cinéma le soir, c'est tout juste si j'en informais les parents. J'aurais pu découcher plusieurs nuits par semaine, et cela dès l'âge de seize ans, sans qu'il en résultât d'autre sanction que quelques persiflages de mon père. Ma mère était plus regardante : elle tenait à ce qu'une apparence d'ordre régnât dans nos existences, mais cela n'allait pas encore bien loin. La maison et ce qui s'y passait ne l'intéressaient pas suffisamment pour qu'elle vérifiât qu'on obéissait à ses directives.

De là un laisser-aller général, une vie sans points fixes ni obligations. Il nous arrivait souvent, lorsque nous rentrions, de trouver l'appartement vide, nos parents envolés vers Dieu sait quels travaux ou quels plaisirs, la bonne sortie elle aussi pour aller bavarder interminablement avec quelque autre Espagnole du quartier ou de l'immeuble. À douze ans, nous avions déjà la clef de la porte d'entrée. Moi qui étais nourri des romans du XIXe siècle, dans lesquels on voit des familles solides comme du ciment, passionnément préoccupées d'elles-mêmes, tenues par des règles féroces, animées d'une solidarité tribale, s'épiant sans trêve, etc., je me disais que la littérature était sérieusement en retard sur les mœurs, et en même temps je regrettais que ces familles dévorantes d'autrefois n'existassent plus. J'aurais aimé retrouver chez moi un monde organisé ; je me serais plié avec bonheur à ses exigences, fussent-elles injustes, fussent-elles absurdes. J'aurais donné cher pour que mes parents, au lieu de voltiger dans Paris comme d'agréables funambules, fussent toujours là quand je revenais de mes expéditions et de mes aventures, bienveillants et fidèles comme des dieux lares, immobiles comme deux grosses pierres posées sur le foyer. Je désirais une famille profonde comme une forêt, avec des oncles et des cousines à perte de vue, des visites, des vacances dans des propriétés campagnardes. Inutile de dire que je n'ai rien connu de cela. Les oncles et les cousines existaient mais on ne les voyait jamais. Mon père, lorsqu'on abordait ce sujet-là, lâchait quelques remarques amères ou piquantes sur les inconvénients de la famille, qui sont innombrables, comme on sait, et, selon son humeur, citait Gide : « Familles, je vous hais ! » ou Jules Renard : « Tout le monde n'a pas le bonheur d'être orphelin », paroles qui, chaque fois, dans sa bouche, m'étonnaient. Mon père en effet est un grand lecteur de romans policiers ; il en dévore trois ou quatre par semaine, ce qui ne laisse guère de loisir, je suppose, pour d'autre littérature.

J'ai fait tant d'observations sur mon père et la lecture, et qui me tiennent tant à cœur que, si je ne les place pas ici, je risque de les oublier dans la suite de ma narration. Tout d'abord, aussi loin que je me souvienne, je lui ai toujours connu la passion des romans policiers, passion que j'admirais démesurément quand j'étais petit (à six ou sept ans, je pensais que le roman policier était un des plus précieux apanages des adultes et que, pour avoir le droit d'en lire, il fallait subir une espèce d'initiation) puis que je méprisai vers ma seizième année. La façon dont un homme lit renseigne à fond sur son esprit, plus peut-être que ce qu'il lit. Mon père connaît tous les romans policiers publiés depuis quarante ou cinquante ans, il a palpité aux tribulations d'une foule de détectives et de bandits, il a goûté de tous les styles qui ont illustré le genre : le douceâtre avec Agatha Christie, le féroce avec Hadley Chase, le baroque avec Peter Cheyney, le rapide avec Chandler, le lent avec Simenon, etc. Il est un familier de Lemmy Caution, de Miss Blandish, de Philip Marlowe, de Poirot, de Maigret, de cent autres. Moi qui ai lu fort peu de romans policiers, qui n'en ai pas ouvert un depuis quatre ans au moins, je sais tout là-dessus. Lui rien. Il a tout oublié. Je suis sûr qu'il oublie tout d'un bouquin sur l'autre. J'allais écrire qu'il ne reste au fond de son esprit qu'une vague bouillie de crimes et d'aventures. Mais même pas : il ne reste rien. Il lit des romans policiers pour s'occuper la tête, pour tuer le temps parce qu'il y a des moments dans la journée où inévitablement on se retrouve seul, sans distraction, et qu'il importe de mettre quelque chose entre soi et les pensées qui pourraient surgir, d'élever une barrière, de construire un mur continu sans un trou, pour protéger une certaine tranquillité intérieure qui autrement serait à la merci de la première réflexion. La lecture, qui doit être une source de méditation, un enrichissement de l'esprit, une école de liberté, une forme d'étude, remplit l'office inverse pour mon père. C'est une drogue qu'il s'administre pour échapper à la vraie vie, un opium qu'il ajoute à tous les autres opiums que dispense la société moderne pour empêcher les individus de descendre en eux-mêmes, de saisir leur être propre, de se connaître, de penser à la réalité et à la mort. Il laisse ses yeux courir sur des lignes imprimées, il les y attache, il les y enchaîne, ce qui est, d'après moi, le comble de la servitude. Il emprisonne son esprit dans les péripéties stupides d'un immense jeu de gendarmes et de voleurs réparti sur des milliers de volumes, afin que ce pauvre esprit n'aille surtout pas s'égarer dans des lieux inconnus et dangereux où il verrait des spectacles capables de l'attrister. D'ailleurs, avec ses quatre romans policiers par semaine, mon père a si peu le sentiment de pratiquer l'occupation appelée lecture que, lorsqu'on lui demande ce qu'il pense de tel ou tel livre qui vient de paraître, il répond ingénument : « Je ne lis rien ; je n'ai pas le temps. » Suivent quelques considérations qui ne manquent jamais de me faire sauter en l'air sur l'impossibilité de lire, de nos jours où la vie est si accaparante.

La plupart des adultes sont pareils à lui, je crois, car ces propos n'éveillent chez eux que des hochements de tête désabusés. Je n'en ai pas entendu un seul répondre que ce n'est pas vrai, que, si l'on veut bien, on trouve chaque jour plusieurs quarts d'heure pour cela. Comment fais-je donc, moi qui ai lu des bibliothèques, dans le métro, dans l'autobus, dans mon lit, derrière mon pupitre pendant que Barragaud nous expliquait les beautés du marxisme, moi qui ai toujours un bouquin dans ma poche en prévision des attentes ou des temps morts, moi qui ai l'esprit si affamé que je ne pourrais pas rester deux minutes sans lui donner à manger un peu de Dostoïevski ou de Balzac ? Faut-il croire que cet appétit s'arrêtera un jour ? Qu'après trente ans l'esprit se ferme comme une huître ou que la vie s'emplit de tant de choses qu'on n'a plus un instant pour se retremper dans cet univers exquis des livres où l'on ne fréquente que des hommes de génie qui s'adressent à vous comme si vous étiez un de leurs pairs ? Non, ce n'est pas possible. Je ne puis imaginer qu'à trente ans, à quarante, à cinquante ma curiosité ne sera pas aussi violente qu'aujourd'hui, que je n'aurai plus l'espoir de trouver au bout d'un auteur une vérité extraordinairement précieuse, inconnue de moi, qui éclairera tout le reste d'une lumière incomparable. Je ne puis imaginer que la découverte du monde, qui se fait pour les trois quarts par les livres, ne m'intéressera plus, que je serai devenu froussard et que je me cacherai comme un lapin derrière des piles de romans policiers.

XIII

Mes seules gâteries étaient les visites hebdomadaires de mes grands-parents. Ce n'est pas tout à fait ceux que je me serais donnés, si l'on m'avait permis de choisir, mais je suis curieusement sensible à l'atmosphère de la maison quand l'un d'entre eux (ils sont deux : mon grand-père paternel et ma grand-mère maternelle) vient déjeuner ou passer un moment. Je l'étais encore plus dans mon enfance. Chaque fois que l'un ou l'autre, souriant, épanoui, content de me voir, m'ouvrant les bras, apparaissait dans l'encadrement de la porte d'entrée, j'étais inondé d'allégresse. C'était fête. Ils apportaient parfois un joujou, une bricole, mais leur seule présence était déjà un cadeau. Ils s'en rendaient un peu compte, je crois, à en juger par une espèce de solennité joyeuse qu'ils avaient. Ils connaissaient le prix de leur visite pour leurs petits-enfants et singulièrement pour moi. Ils étaient mes deux bons génies tutélaires qui venaient s'assurer que j'étais bien au chaud dans mon nid.

Lorsque mon grand-père ou ma grand-mère était dans nos murs, j'éprouvais une sensation de sécurité et de plénitude particulière. J'éprouve encore maintenant quelque chose d'analogue. Comment l'expliquer ? Peut-être en ce que, par eux, je sens que je ne suis pas une créature venue de nulle part et n'allant nulle part, que mon sang existe depuis longtemps, qu'à travers eux je touche à d'autres ancêtres plus lointains. Quand j'étais petit, j'accueillais avec avidité tout ce qui me confirmait dans l'idée que j'étais puissamment enraciné dans le monde, que je lui étais attaché par des liens métaphysiques, que j'étais solidaire de l'humanité entière. Grâce à mes grands-parents, il me semblait que je communiquais physiquement avec la nature. Tout cela paraît un peu alambiqué et tiré par les cheveux. Je l'explique mal, sans doute, mais j'affirme que c'est vrai. C'est ce que je ressentais.

Si j'entre dans les détails, je suis bien obligé de noter que ni mon grand-père ni ma grand-mère ne me satisfaisaient. D'abord j'aurais voulu qu'ils fussent beaucoup plus vieux, ou tout au moins le parussent. Mais a-t-on jamais ce qu'on désire, et les êtres qu'on aime sont-ils jamais comme on les souhaiterait ? Chez eux comme chez mes parents, je devinais une existence remplie de choses qui ne me concernaient pas et cela m'irritait. À leur âge, il n'était pas normal, il était même choquant qu'ils eussent d'autres sujets d'intérêt que moi, mon frère et ma sœur. À nous trois, nous aurions dû suffire à combler leur vie sentimentale.

On était loin de compte. Ma grand-mère avait un « ami », dont mes parents parlaient de façon amusée, cordiale et protectrice. Cet « ami » était un monsieur distingué et falot, prénommé Charles. Il accompagnait parfois ma grand-mère chez nous. La consigne était de se montrer naturel et affectueux, comme s'il eût appartenu effectivement à la famille. Les parents le dorlotaient beaucoup. Maintes fois je les ai entendus dire que cet homme-là était une bénédiction du ciel, que grâce à lui « Jacqueline » (c'est de ma grand-mère qu'il s'agit ; tout le monde l'appelait ainsi) « était toujours une femme », expression que je ne compris qu'à la longue, n'imaginant pas comment, privée de l'ami, elle aurait pu devenir homme ou dromadaire, qu'il lui était très attaché, et que s'il n'était pas là on l'aurait eue tout le temps sur les bras. Pour ma part, j'aurais été ravi qu'on eût eu ma grand-mère tout le temps sur les bras, et j'étais fort indisposé par les marques de son intimité avec Charles, ses coquetteries, les airs mutins qu'elle prenait quelquefois, ses mimiques de gamine. J'aurais aimé qu'elle eût des cheveux blancs, fût vêtue de noir, fleurât une odeur innocente de vieille dame : violette ou bergamote. Au lieu de cela, elle était blonde comme les blés et parfumée comme un sous-bois, couverte de bijoux couture, élégante comme une gravure de mode.

J'étais consterné par ses mollets, secs et filandreux, modelés sans pitié par les collants de nylon. De pareils mollets, selon moi, auraient dû être cachés soigneusement, ainsi que les pieds, surtout le droit, qui avait un oignon et déformait la chaussure. J'évitais de poser les yeux sur ces cruels stigmates de soixante et quelques années d'existence ; à la lettre, ils me faisaient mal. J'éprouvais également une certaine difficulté à dire « Jacqueline », mais il le fallait. Jacqueline n'eût jamais toléré qu'on l'appelât grand-mère, bonne-maman, mamie ou même *granny*. J'essayai quatre ou cinq fois du bonne-maman ou du mamie ; cela causa de véritables petits drames. Jacqueline était inflexible sur ce chapitre. Enfin, on se fait à tout. Je me suis fait à cela comme à bien d'autres choses qui ne me plaisent pas. Il est curieux toutefois que ce prénom de Jacqueline, en dépit de vingt ans d'usage, ne me sorte pas encore naturellement de la bouche. Chaque fois je suis obligé de faire un effort pour le prononcer. Je le constate une fois de plus en écrivant ceci : c'est « grand-mère » et non « Jacqueline » qui vient normalement sous ma plume. Je suis tout aussi gêné quand j'entends ma mère désigner la sienne de cette façon. Cela donne l'impression que, vers quarante-cinq ou cinquante ans, ma grand-mère a subi une métamorphose, qu'ayant été « maman » jusque-là, elle est devenue inopinément Jacqueline, comme si elle avait tout à coup changé de nature, comme si, perdant le statut de mère, elle avait pris brusquement celui d'amie. Quelle bizarre lubie ! Cela me paraît du même ordre qu'un général qui voudrait redevenir sous-lieutenant. D'après mes recherches, la métamorphose remonte *grosso modo* à l'époque où ma sœur Ségolaine a commencé à parler, soit 1952. On a tout de suite habitué la petite à cette appellation. Il n'y a que mon père à ne pas s'y plier, et à dire de temps à autre « belle-maman ». Jacqueline prend sportivement cette taquinerie et donne à papa du « mon gendre ». J'ai entendu ce sketch cent fois, sinon davantage.

En relisant ce portrait, je le trouve un peu caricatural, même un peu méchant. Pourtant je n'ai rien écrit qui ne soit exact. Mais je n'y ai pas mis l'essentiel : à savoir la tendresse que j'éprouve pour ma grand-mère, et qu'elle me rend. J'ai gardé des souvenirs charmants de notre intimité à elle et à moi du temps que j'étais petit, qu'elle venait nous garder certains soirs, des promenades que je faisais avec elle, des goûters qu'elle m'offrait. Il y avait entre elle et moi — il y a encore — une complicité particulière. De tous ses petits-enfants, j'ai toujours été son favori. Cela se manifestait par des sorties à deux qui me plaisaient, parce qu'elle était bavarde et qu'elle me parlait non comme à un enfant, mais comme à une grande personne, me faisant des confidences, me prenant à témoin, me confiant des idées un peu saugrenues qui lui venaient à tel ou tel propos, me disant sans façon son opinion sur les gens. De toutes les personnes que j'ai connues dans mon enfance, elle était la seule avec qui j'étais complètement à l'aise, et par suite celle qui me connaissait le mieux. Je lui étais reconnaissant de me connaître, de savoir qui j'étais. Et puis la chère vieille ne faisait pas mystère de m'admirer. Elle me flattait comme une femme flatte un homme. Elle me répétait que j'étais très intelligent, que j'avais beaucoup plus de cœur qu'on ne m'en attribuait en général dans la famille, que, quand je serais grand, je serais un type formidable et que j'étonnerais les populations. En public, elle déclarait : « Henri est un artiste. C'est pour ça que je l'aime. » Je ne comprenais pas très bien ce que cela signifiait, mais ce jugement m'enorgueillissait prodigieusement. Ajoutez que, lorsque Jacqueline avait quarante-huit, cinquante ans, c'était encore une jolie femme ; j'étais fier de marcher au côté d'une personne aussi chic, sur laquelle j'avais des droits. Je raffolais de son parfum qui était lourd et capiteux. Il me semble que j'ai été amoureux d'elle vers l'âge de cinq ans. Ce n'est pas une chose si fréquente, pour une grand-mère, d'inspirer un sentiment incestueux à son petit-fils. À ma connaissance, il n'y a que Ninon de Lenclos et elle qui puissent s'en vanter.

J'ai encore un souvenir touchant d'elle. À la mort de son troisième mari (qui n'était pas le père de maman, mort, lui, depuis belle lurette, après avoir divorcé de ma grand-mère d'ailleurs), ce fut moi qu'elle vit principalement. J'avais douze ans. J'assumai avec importance la mission de consoler cette veuve — assez peu éplorée, à vrai dire, mais enfin suffisamment triste pour avoir besoin d'un confident. À l'enterrement de Gaston (c'était le nom du pauvre troisième) qui eut lieu à l'église, car il avait de la religion, Jacqueline s'appuya sur moi pour recevoir les condoléances de ses amis. Ce fut la seule occasion où je la vis pleurer, non pas à cause du défunt mais — je me rappelle que j'en fis *in petto* la remarque — parce que les gens l'embrassaient avec des têtes de circonstance. Moi-même, qui me fichais complètement de Gaston, j'en avais la larme à l'œil. Après la cérémonie et le cimetière, elle demanda à rester seule avec moi, m'emmena dans un restaurant cher, et nous nous tapâmes horriblement la cloche tous les deux en tête à tête, parlant comme deux phonographes, assez mélancoliquement au début, puis peu à peu devenant plus sereins, et tout à fait gais au dessert. Nous vidâmes une bouteille de bordeaux, et je crois que Jacqueline était aussi grise que moi. Ce déjeuner scella entre ma grand-mère et moi une amitié éternelle. Confusément, à ma manière enfantine et intuitive, je compris qu'elle m'avait élu pour se montrer à moi dans sa vérité. Vérité qui commença évidemment par me heurter : en bon petit conformiste que j'étais, je jugeais peu décent de clore des funérailles par une fête ; mais, au bout d'un quart d'heure, le naturel de Jacqueline l'emporta sur mes préjugés ; je lui fus au contraire reconnaissant de se conduire non en grande personne hypocrite mais en enfant cynique, de me montrer qu'elle était dans son genre aussi intelligente que moi. Davantage même, en l'espèce. Par son seul exemple je compris pour toujours ces deux choses fondamentales qui m'ont été très utiles par la suite et qui, j'en suis certain, me permettront de traverser la vie plus confortablement que la plupart des gens : *a*) qu'il ne faut en aucune circonstance *s'exagérer son malheur* ; *b*) que dans les moments pénibles il vaut mieux céder aux impulsions de son caractère qu'agir selon les conventions de la société.

À douze ans, je n'avais pas beaucoup de force morale ; je veux dire que, quoique ne me mentant pas à moi-même, je trouvais tout à fait normal et même souhaitable que l'on se livrât aux singeries exigées par le monde. Je savais que Jacqueline n'éprouvait qu'un attachement assez tiède pour son Gaston et cependant je ne sais quelles zones honteuses de moi eussent été agréablement chatouillées si elle avait manifesté quelque douleur, si elle avait joué la comédie de l'épouse inconsolable. J'attendais ce spectacle-là, qui ne vint pas et auquel la bonne Jacqueline, rien qu'en étant elle-même, et parce que j'étais le membre de sa famille pour lequel elle avait le plus de goût, substitua une leçon de philosophie.

Après le déjeuner, que pouvions-nous faire d'autre que d'aller au cinéma ? Nous y allâmes et ce fut là encore une expédition réussie. Nous vîmes exactement ce dont nous avions besoin : un western en couleurs avec un shérif intrépide, d'atroces bandits, une entraîneuse de saloon régénérée par l'amour, le désert du Nouveau-Mexique, onze morts et le triomphe provisoire du bien sur le mal, c'est-à-dire de la Loi sur la Force. À midi nous étions au

Père-Lachaise, à six heures nous sortions d'un cinéma des Champs-Élysées : voilà un contraste que je n'oublierai jamais. Toute la vie est faite de ces contrastes-là. Le secret des gens heureux consiste à les apercevoir avant les autres et, au besoin, à les hâter. Si je fais le compte des enseignements que m'ont, en vingt ans, apportés les adultes, je n'en vois pas d'aussi sérieux que celui-là, que je tiens de ma grand-mère.

De même que l'on dit « Jacqueline », il faut dire « Robert » quand on s'adresse à mon grand-père paternel ou qu'on l'évoque. Ce sont les usages. Pépé ou bon-papa sonnerait comme une impolitesse. Je n'ai pas, de loin, avec lui les mêmes rapports qu'avec Jacqueline. Il n'y a jamais eu d'intimité ou simplement de franchise entre lui et moi. Je crois qu'il éprouve une sorte d'éloignement à mon égard. Ce sont les deux autres qu'il aime, surtout Ségolaine, parce qu'elle est du sexe féminin. Lionel lui plaît aussi : il voit en lui un futur bon sujet, un garçon dont on pourra faire quelque chose plus tard, après qu'il aura jeté sa gourme. Tandis que moi je suis tout à fait incompréhensible à ses yeux et par conséquent irrécupérable.

Il est probable que je parlerai assez mal de Robert ; je n'ai jamais eu aucune conversation un peu poussée avec lui ; je le connais mal, et le brouillard d'antipathie qu'il y a entre nous m'empêche sans doute de lui rendre mieux justice qu'il ne fait pour moi. À présent que j'ai vécu, je sais que l'on est rejeté ou accepté par les êtres pour des motifs qui n'ont pas grand-chose à voir avec ce qu'on est en réalité. Si je déplaisais à mon grand-père, ce n'était pas parce que j'étais trop bavard, ou turbulent, ou insolent, ou médiocre élève à l'école, mais parce que j'étais moi, et que ce moi ne lui convenait point. Je voyais bien que Robert était plus aimable avec mon frère et ma sœur, cependant je n'en tirais pas de conclusion, je tâchais même de me persuader que je me trompais. Bien entendu, les autres adultes ne firent rien pour m'éclairer là-dessus ; il y avait une chose utile à m'apprendre, ils se gardaient bien de me l'indiquer. Les rares fois où, surmontant ma gêne, je tentais de faire entendre que Robert n'éprouvait guère d'attirance à mon endroit, on me répondait immanquablement que c'était faux, que je me trompais, qu'un grand-père aime toujours son petit-fils et « qu'est-ce que j'allais chercher ! ». La partialité de Robert en faveur de Ségolaine et de Lionel, en la personne et en l'avenir de qui il manifestait une confiance excessive, m'enrageait. Je les connaissais mieux que lui, ces deux-là, et je me connaissais aussi. Comment pouvait-on être aveugle comme il l'était ? Que cette infaillibilité dans l'erreur qu'ont les adultes est donc lassante ! C'est toujours sur les nullards, les médiocres, les fruits secs, les farceurs qu'ils fondent leurs espoirs. M'en a-t-on donné en exemple, des imbéciles, au cours de ma vie ! Dès qu'un enfant montre du caractère ou de l'originalité, on met tout en œuvre pour le briser. Dieu sait que nous entendons de beaux discours depuis dix ans sur l'émancipation de la jeunesse, ses droits au bonheur, à l'amour (ou plus exactement au « sexe », comme ils disent), au socialisme, au marxisme, à la flemme, etc. Pourtant il est un droit qui est et qui sera toujours refusé : celui d'être soi-même et d'être accepté comme tel lorsque, par malchance, on ne ressemble pas à tout le monde. Avec Robert et son hostilité larvée, sa réserve, sa méfiance, j'avais le sentiment permanent de me heurter contre un mur d'injustice.

À creuser la question, je m'aperçois que je n'étais pas mieux disposé envers lui au départ que lui envers moi, et que tout me repoussait dans sa personnalité. Il n'a jamais désarmé, mais moi non plus. Ce que j'acceptais de ma grand-mère parce que je l'aimais, c'est-à-dire ses airs évaporés, sa blondeur, ses bijoux, etc., j'en détestais l'équivalent chez Robert. Les grandes personnes se trompent lourdement si elles croient gagner notre cœur en nous copiant, c'est-à-dire en s'évertuant à paraître jeunes. Mais veulent-elles gagner notre cœur ? Non, cette préoccupation ne vient qu'après l'autre, la primordiale, qui est de vivre dans l'illusion qu'elles sont jeunes réellement. Mon grand-père m'en a plus appris là-dessus que ma grand-mère. Chez celle-ci la jeunesse est une nostalgie, un trésor perdu dont elle tâche — assez pathétiquement — de rattraper des bribes. Chez celui-là, c'est une névrose. À soixante-dix ans, il vit comme un homme de quarante, sans perdre une minute, sans s'arrêter pour souffler, il travaille, va à son bureau, couche avec des bonnes femmes, a une bagnole de sport, fait de la gymnastique trois fois par semaine, enrichit le masseur, joue au golf, ne mange que des côtelettes et ne boit que de l'eau d'Évian. Ce vieux fou, devenant chauve, disparut pendant quelque temps et revint un beau jour avec une toison dont je fus bien étonné. Je lui demandai étourdiment s'il s'était offert une perruque. Non pas : c'était ses vrais cheveux qui avaient repoussé ; je pouvais tirer dessus pour m'en assurer. J'acceptai ce miracle avec la crédulité des enfants. Je ne m'avisai que deux ou trois ans plus tard que ses causes étaient purement chirurgicales. Encore un détail sur Robert : je l'ai rarement vu habillé autrement que de vestons de cachemire et de polos à col roulé. Quand il fait chaud, il enlève le veston, et l'on contemple son torse étroit de vieux monsieur, plus maigre en haut qu'en bas, ses épaules pointues, ses bras fluets, son ventre rond, sculptés impitoyablement par le polo. Les mains manucurées sont couvertes de taches marron appelées « fleurs de cimetière » ; elles sont noueuses et veinées. Ce sont des mains de septuagénaire. Quelles bonnes femmes, mon Dieu, acceptent de coucher avec cette ruine rafistolée qui embaume l'eau de toilette ? Elles ne sont guère dégoûtées. Mais les femmes ont des goûts incompréhensibles. N'ai-je pas entendu Ségolaine, ma propre sœur, plus de vingt fois me dire que Robert était la séduction même, qu'un homme comme cela ne lui déplairait pas du tout, que si elle n'était pas sa petite-fille..., etc. ?

Je ne sais pourquoi je m'étends ainsi sur mon grand-père. Serait-ce un compte que je règle, une revanche que je prends sur cet homme qui ne m'a jamais fait de bien ? Régler des comptes, prendre des revanches sont des tentations que l'on a fortement à vingt ans ; je fais de mon mieux pour n'y pas succomber ; mais à l'âge que j'ai les plaies de l'enfance sont encore fraîches et saignantes. Se cicatrisent-elles un jour ? Je n'en suis pas sûr. Je ne peux certes pas dire que mon enfance a été malheureuse ; cependant je ne garde d'elle que de mauvais souvenirs : une gêne et un inconfort perpétuels, un sentiment de révolte contre tout, et l'impossibilité d'être heureux au milieu du monde et des gens qui m'ont entouré. De tous ces gens, Robert est le plus marqué, le plus représentatif. Il est mon bouc émissaire. C'est sur lui que je rejette tout ce qui m'a déplu ou fait souffrir entre un et vingt ans. Chez lui tous les défauts des autres me paraissaient accusés, pour ne pas dire symboliques.

En mai 68, par exemple, époque qui a été une pierre de touche des caractères, il s'est selon moi absolument déshonoré, tenant des discours enflammés, répétant à tous les échos que les désordres le rajeunissaient de quarante ans, vibrant comme une harpe, vomissant le gouvernement et la police, portant les étudiants aux nues, ne jurant que par Geismar, Sauvageot et Cohn-Bendit (qui, à part moi, se souvient de ces noms aujourd'hui ? Pas lui, en tout cas !), s'extasiant sur les idioties inscrites sur les murs comme si c'était des poèmes de Dante, se livrant à toutes sortes d'excentricités pseudo-révolutionnaires. Ce qui ne l'empêchait pas, je l'ai su par la suite, d'expédier discrètement de l'argent en Suisse au cas où le régime aurait été effectivement flanqué par terre et où sa chère petite révolution aurait réussi. Ces bêtises n'avaient pour objet, j'en jurerais, que de faire jeune, d'avoir l'air d'un homme qui marche avec son temps, qui ne se laisse pas dépasser par les événements mais court devant eux. Avec mon esprit de contradiction, je débordais d'aversion pour ce vieillard hystérique. Il était si absorbé par ses folies qu'il s'en apercevait à peine. De temps à autre il passait à la maison, en coup de vent, comme un permissionnaire. À part moi, il y trouvait une chaude atmosphère de compréhension et de sympathie. Papa, maman, Seg, Lionel, qui n'était alors qu'un marmot, vibraient à l'unisson. Jamais autant qu'en ce temps-là mes parents n'ont regretté d'habiter le XVIe, arrondissement démodé, déserté par les bourgeois, lesquels depuis vingt ans émigrent sur la rive gauche pour se donner le genre artiste ou aristo. Que ne logions-nous rue des

Saints-Pères ou rue du Bac ! Nous eussions été aux premières loges pour voir flamber les voitures et entendre péter les grenades lacrymogènes ! À Passy, ma malheureuse famille séchait sur pied, comme si elle eût été bouclée dans une province lointaine ou une campagne déserte. Il se passait quelque chose, et ce n'était pas sous nos fenêtres : quel drame !

Je ne me rappelle pas si j'ai noté plus haut que la raison principale pour laquelle, tout de suite, les événements de mai 1968 m'ont déplu fut précisément l'enthousiasme qu'ils inspirèrent chez nous. Si je l'ai déjà noté, eh bien, je le répète, car dans cette occasion mes principes et mon cœur ont été plus forts que l'impression du moment et c'est une des rares choses de ma vie dont je sois vraiment content. Pourquoi, me suis-je dit en voyant ma famille d'un bloc embrasser la cause des insurgés et applaudir à l'émeute, pourquoi serais-je tout à coup d'accord avec des gens qui pensent et sentent au rebours de moi sur tous les sujets ? Pourquoi, s'étant toujours trompés sur tout, cesseraient ils soudain, mystérieusement, touchés par on ne sait quelle grâce révolutionnaire, de se fourrer le doigt dans l'œil ?

Grâce à ce raisonnement, la fameuse révolution de mai ne m'émut guère. Je la pris aussitôt pour ce qu'elle était : une espèce de vaste rigolade, que nulle grande pensée n'animait, à quoi nul danger réel ne donnait de noblesse. Ah oui, c'était bien là le genre d'événement dérisoire, de déchaînement anodin, de parodie historique susceptible de plaire à mes proches ! Quelle aubaine pour moi, quand j'y songe, de les avoir eus, pour m'empêcher d'errer, de me lancer là-dedans avec l'étourderie de mes quatorze ans !

Mon grand-père, capitaine de réserve qui avait été pendant quatre ans prisonnier dans un oflag en Saxe, dont il n'eut jamais l'idée de s'évader mais où il devint de première force au bridge, ce qui lui servit beaucoup par la suite, et dont il garda d'excellents souvenirs, trouvait enfin une forme de conflit qui lui convenait. Chaque nuit, il inspectait les fronts, garant quand même sa voiture dans des rues situées assez loin du théâtre des opérations afin que ce bel objet (une Lancia décapotable) ne risquât pas d'être endommagé. Il remontait intrépidement la rue Gay-Lussac dépavée, s'aventurait dans le boulevard Saint-Michel, faisait le parcours du combattant dans des secteurs intenables comme la rue des Écoles et la place de l'Odéon. Il alla même jusqu'à entrer à la Sorbonne où il reluqua avec ravissement des étudiantes en pantalons qui lui firent comprendre ce qu'avaient été, jadis, les partisanes et les maquisardes.

Il nous racontait tout cela quand il passait, immensément fier de ses exploits, le pied chaussé de mocassins, la chemise ouverte sur sa maigre poitrine de laquelle émergeaient des poils gris. Plusieurs fois il emmena ma sœur dans ses expéditions, ce qui rapprocha encore ces deux âmes l'une de l'autre. Pour un enfant froid, ce qui était mon cas (et je devenais de plus en plus froid à mesure que la température montait), le spectacle d'un vieillard surchauffé, littéralement hors de sens, déclarant n'importe quoi, prêt à défiler en brandissant un drapeau noir si on lui en avait donné la consigne, est accablant. Se souvient-il seulement à présent du personnage grotesque qu'il a été pendant cinq ou six semaines ? Je ne le crois même pas. Ou il a oublié ses gambades, ou elles se sont magnifiées dans sa tête et il les chérit comme un péché splendide, comme un crime délicieux qu'il aurait emporté en paradis. En 1968, il avait soixante-quatre ans. Si je dois devenir pareil à mon grand-père, mon Dieu, faites que je ne vive pas jusque-là ! À la pensée que j'appartiens à la lignée de ce guignol, que son sang circule dans mes veines, que peut-être dans des replis secrets de mon cerveau se cachent des idées qui sont dans le sien et qui apparaîtront un jour, je frémis. Quand, par hasard, j'ai une impulsion qui pourrait à la rigueur ressembler à l'une des siennes, je suis épouvanté pour trois semaines. Voilà bien le péché originel : être le descendant de gens qu'on méprise et retrouver en soi, parfois, un reflet de leur âme !

XIV

Cette revue de ma famille que je viens de passer m'amène à un mot que j'ai reculé d'écrire jusqu'ici : le mot « bourgeois ». Je suis un jeune bourgeois ; je proviens d'une famille bourgeoise. Me l'a-t-on assez jeté à la figure depuis quelques années ! Vers l'âge de seize ans, j'ai découvert que j'étais *bourgeois* comme on découvre qu'on est cancéreux ou juif, ou qu'on a un père assassin. Les plus enragés à me reprocher d'être bourgeois étaient d'autres bourgeois, naturellement, c'est-à-dire des garçons issus du même milieu que moi, mais qui le reniaient, qui jouaient au prolo, au socialiste à tous crins. Il fallait entendre Barragaud prononçant « bourgeois ». C'était un poème. Non pas un poème énorme à la Milton, mais un poème délicat, grave, tout en nuances, plein de sous-entendus historiques, critiques et politiques. Barragaud condamnait le bourgeois comme un zoologue, sans haine, mais sans pitié. L'espèce était en voie de disparition à plus ou moins brève échéance. C'était inéluctable. Le bourgeois serait broyé par la marche de l'histoire, tout comme le mammouth avait disparu dans les glaces. Barragaud se félicitait énormément de ce broyage.

Il nous invitait à en contempler le processus auguste. Son regard se posait avec calme sur le dernier rang de la classe où six mammouths, à savoir Poirson, Bernardin, Levert, Pouquet, Guillemot et moi, continuaient, non sans une pointe d'insolence, à persévérer dans leur être.

Le plus piquant est que Barragaud était tout aussi bourgeois que nous autres dans ses origines. Ces choses-là se savent vite dans les lycées : il y avait quelque part en Normandie un papa Barragaud, notaire de son état, qui avait du foin dans ses bottes et qui, lorsqu'il irait rejoindre ses aïeux au Walhalla des officiers ministériels, laisserait à Jean-Loup un joli paquet que ledit Jean-Loup, nous hasardions-nous à pronostiquer, ne dépenserait pas à financer les révolutions sud-américaines, mais emploierait à se gorger égoïstement de délices occidentales, sans souci du Biafra ou de la faim dans le monde. Lorsque nous apprîmes au début du deuxième trimestre cette tare qu'il cachait soigneusement, Guillemot, de qui le père était médecin et fort à l'aise, eut une inspiration géniale. Un jour que Jean-Loup lui reprochait avec douceur d'avoir « une conscience de classe basée sur des privilèges de caste », il cacha sa tête dans ses mains et fit semblant de fondre en larmes. C'était gros, mais cela marcha. Il expliqua en hoquetant qu'une telle accusation le blessait au plus intime de l'être. Jean-Loup, tout interdit, demanda en quoi. Guillemot alors fut sublime : nous l'entendîmes avec ravissement répondre d'un ton pleurard que son père était cordonnier, d'accord, il ne le niait pas, mais que ce n'était quand même pas une raison pour l'insulter. « Comment ? quoi ? s'écria Jean-Loup. Cordonnier ? Mais je l'ignorais. Pourquoi ne l'avez-vous pas dit ? » « J'osais pas, susurra Guillemot avec perfidie. J'avais peur qu'on se moque de moi. Faut pas m'en vouloir, m'sieu, tout le monde peut pas être fils de notaire. Je dis notaire comme ça, je dirais aussi bien général ou P.-D.G., n'est-ce pas. » Sur quoi il se lança dans une description de son enfance rachitique au fond d'une échoppe sans lumière et sans air, dans l'odeur du cuir et de la colle. À sept ans, les coups de marteau l'empêchaient d'apprendre ses leçons. Sans compter qu'on faisait des économies sur l'électricité. Puis le pauvre père Guillemot, accablé par la misère et les soucis, se mit à boire. Le travail s'en ressentit. Un homme qui boit, dans un ménage de pauvres gens, c'est le malheur qui entre dans la maison. Il buvait sa colle et son cuir, il buvait ses clous, il buvait jusqu'aux allocations familiales, pourtant substantielles car Guillemot s'inventa sur-le-champ douze frères et sœurs.

Ce roman dura cinq bonnes minutes, au bout desquelles Guillemot s'avisa qu'en laissant sombrer son père dans l'ivrognerie il faisait fausse route. Il redressa assez habilement la situation et passa de Zola à Hugo. Il n'en voulait pas à l'infortuné cordonnier de sa déchéance : c'était les difficultés et les chagrins qui l'avaient précipité dans l'enfer de l'alcoolisme. D'ailleurs, un peu plus tard, l'homme s'était repris en main. De six litres de rouge par jour, il était passé à quatre, puis à deux, et, à présent, il ne consommait plus que des jus de fruits. C'était une régénération, un miracle, comme on n'en voit que dans le peuple qui sait, par son énergie et sa bonne volonté, remonter de l'abîme où le jette périodiquement une société implacable. À présent Guillemot vénérait son père, qui avait retrouvé un sens à la vie et ajouté à son artisanat (condamné par les grandes surfaces) une petite affaire de talon-minute grâce à laquelle on pouvait aller à l'Auteuil-Bon-Cinéma tous les quinze jours.

En guise de péroraison, il déclara avec force que non seulement il ne jugeait pas honteux d'être fils de cordonnier, mais encore estimait que c'était la vraie noblesse de notre temps. Il cita le cas de M. Guéhenno, qui partageait cet honneur avec lui et qu'on en avait récompensé en l'élisant à l'Académie française. À part l'intermède éthylique (parenthèse dans une vie toute de droiture), le père Guillemot — un vrai nom de cordonnier, il n'y avait pas à dire — était un modèle de rude vertu et de labeur désintéressé ; il n'avait donné à ses enfants (qui soudain ne furent plus que neuf) que des exemples de probité, d'exactitude, d'amour du prochain, de dévouement à la cause des déshérités. L'accuser, lui, un enfant du peuple, d'avoir une « conscience de classe basée sur des préjugés de caste », c'était d'une injustice noire ! Il n'avait pas pu y résister. Les larmes l'avaient étouffé. À la rigueur il aurait accepté le reproche en serrant les dents s'il avait été fils d'ouvrier qualifié, ajusteur ou fraiseur, attendu que ces catégories sociales jouissent de certains privilèges tels que cantine et mois double en décembre, et tendent fâcheusement à s'embourgeoiser, les sociologues en tombent d'accord ; mais fils de cordonnier ! il ne pouvait pas laisser passer ça. Le cordonnier, c'est le symbole éternel et pathétique du pauvre, piétiné par une société dont il a confectionné lui-même la semelle.

Jean-Loup, pendant cette tirade, valait le coup d'œil : empoisonné, impatient, essayant d'interrompre, peu à peu saisi de doute, se demandant si c'était du lard ou du cochon. Malheureusement, Guillemot en fit un peu trop. D'autre part, il est difficile de garder son sérieux en assistant à un canular aussi beau, et qui nous vengeait de tant de brimades doucereuses. Je fermais les poings, je me mordais les joues afin de ne pas éclater de rire. Les autres étaient fous de bonheur. Poirson gloussait comme une poule. Guillemot lui-même, après avoir prononcé plus de trente fois les mots de cordonnier, bouif, gniaf, colle de poisson, embauchoir, alêne, ressemelage, etc., ne se contrôla plus et pouffa, donnant le signal d'une rigolade monstre sur notre banc, assez suivie, il faut le dire, par le reste de la classe, lèche-cul et petites putes amoureuses de Jean-Loup compris. De ma place, je vis le Barragaud blêmir. Je certifie qu'il eut pendant un instant l'air égaré. Nous avions plaisanté avec des choses saintes !

Au début de l'affaire Dreyfus, lorsque tout le monde croyait Dreyfus coupable, une portion notable de juifs français, pour se faire bien voir, professait l'antisémitisme. Anatole France se moque de cela dans *L'Orme du mail*. Les bourgeois de maintenant sont comme ces juifs-là. Zèle bien saugrenu. Il est inutile et déshonorant de renier ce que le hasard vous a fait. Vers quinze ans, j'ai eu une période — courte, Dieu merci — de reniement général de moi-même. Rien ne me plaisait dans ce que j'étais, à commencer par mon nom. L'étiquette Chédeville me paraissait le comble de la malchance. N'importe quoi m'eût semblé préférable. J'enviais mes camarades d'être Schwartz, Siégel, Humbert, de Chantérac, de La Chesnaye, etc. Voilà de beaux noms, décents, sérieux, qui ne prêtaient pas à rire, comme le mien. Chédeville avait quelque chose de chétif, de mièvre et de déséquilibré qui me consternait.

Le reste de mon être me puait pareillement au nez. Je

détestais mon corps d'adolescent, gauche, étiré, mal musclé, sur lequel les vêtements d'aujourd'hui, si bien coupés cependant pour mettre en valeur les formes de la jeunesse, avaient l'air inélégants. Au cours des trois ou quatre mois que dura ce triste état de mécontentement, je fus affligé d'une guigne constante. Tout ce que j'entreprenais tournait mal, je trébuchais dans les escaliers, je cassais ce que j'avais l'imprudence de toucher, j'avais la main en beurre. Au moral, la situation n'était pas plus brillante. Moi qui avais été un caïd, dont quelques farces étaient restées dans les annales de la boîte, je fus frappé d'idiotie. Tout me laissait pantois, les plus bêtes me tournaient en bourrique.

Comble d'abjection, je me mis à admirer et à copier une espèce d'énergumène nommé Lapoule, qui n'avait d'autre qualité que d'être exceptionnellement brave. Je délaissai Poirson, mon copain de toujours, qui s'en attrista, mais qui, avec l'incorruptible discrétion des enfants, n'en montra rien et, après que je fus revenu dans mon bon sens, m'accueillit comme si de rien n'était.

Dernier trait, qui prouve à quel degré de misère j'étais descendu : j'eus honte des livres que j'avais lus. Être inculte comme Lapoule m'apparut comme une perfection que j'avais manquée par ma stupide précipitation à me bourrer de lecture depuis l'enfance. J'aurais beau imiter et égaler Lapoule dans ses moindres actions, pétarader aussi fort que lui sur une moto, envoyer mon poing sur un nez avec une vigueur semblable, être aussi brutal et vulgaire que lui avec les filles, proférer des imbécillités aussi épaisses, une certaine pureté me serait toujours refusée à cause de ces milliers de pages consommées étourdiment, une fraîcheur, une authenticité superbe d'ignorant, par quoi je lui serais éternellement inférieur. Lui, rien ne l'alourdissait puisque son esprit était vide. Ce qu'il faisait venait tout droit de son instinct, de sa nature intacte comme celle des sauvages, non endommagée par les superfluités de la civilisation. Je voyais bien qu'il était stupide. Chaque fois qu'il ouvrait la bouche, c'était pour émettre une ânerie. Mais cela ne me gênait pas. Je ne l'en admirais que davantage. J'aurais donné cher pour être aussi borné. Je n'en reviens pas que l'enchantement ait duré près de quatre mois.

Un matin, je me réveillai guéri de ma toquade, et guéri en même temps de ma gaucherie. Lapoule me fut aussi insupportable qu'il m'était indispensable la veille. Dans un complet mystère, sans que la volonté y eût de part, ma vérité avait repris le dessus ; je réintégrai avec bonheur ma vieille peau. Je me jetai gloutonnement sur *Dombey et fils* de Dickens. Je laissai choir Lapoule avec une raideur qui non seulement ne l'émut pas mais dont il ne sembla pas même s'apercevoir. Ce garçon était une comète. Il traversait la vie à toute vitesse sans rien regarder, sans plus de réflexion ou de sentiment qu'un morceau de matière détaché d'une planète.

J'ai mentionné Lapoule pour deux raisons. La première est que l'aveu que je fais à son propos m'est agréable. La seconde, que la fréquentation de cette brute m'apporta quelque chose qui me fut très utile par la suite. En effet, en un an, sans y penser précisément, par coups de lumière inopinés, d'une façon diffuse, presque organique, je compris que rien n'est plus vain que de désirer être autre chose que ce qu'on est, par la raison éclatante et irréfutable que ce qu'on est est ce qui vous convient le mieux. Il convenait suprêmement à Lapoule d'être Lapoule, mais il me convenait tout aussi suprêmement d'être Chédeville. Je parvins même à une idée remarquable : c'est qu'à observer les choses froidement, il était préférable d'être Chédeville, d'avoir lu des piles de livres, d'être intelligent, de voir clairement l'enchaînement des causes et des effets, de jeter sur le monde un regard perçant et attentif, de prévoir, de supputer, de montrer le cas échéant quelque prudence, plutôt que d'être Lapoule, de n'avoir jamais lu une ligne, de ne prendre garde à rien, de se fourrer par pure bêtise dans des situations intenables. Pour le faire court, je compris ceci qui est si difficile à comprendre quand on est jeune et tiraillé par diverses influences : qu'il vaut mieux être savant qu'ignare, intelligent que bête, compliqué que simple, civilisé que sauvage, clairvoyant qu'aveugle, délié qu'épais, et ainsi de suite.

Certains êtres qu'on rencontre, avec lesquels on n'a pas d'affinité, que l'on fréquente un moment puis qu'on abandonne parce qu'ils sont décidément trop différents de vous, et qui en définitive auront passé très brièvement dans votre vie, laissent des traces indélébiles. On dirait qu'ils ont été placés sur notre route comme des poteaux indicateurs pour signaler à nos pensées une direction que, sans eux, elles n'auraient pas prise. En vingt ans, j'ai croisé trois poteaux de ce genre. Lapoule en est un. Grâce au remue-ménage intellectuel que me suscita ma liaison avec lui, j'en terminai avec la question lancinante du bourgeoisisme. Après avoir été persécuté avec cela pendant des années, je découvris que ce n'était qu'une blague (mais on vous persécute très bien avec des blagues, mieux qu'avec des choses sérieuses).

Bourgeois, enfant de bourgeois, suppôt ou produit de la

bourgeoisie, intellectuel petit-bourgeois, humaniste, individualiste, etc., je n'entends que cela, répété par des dizaines de perroquets. M'a-t-on fait assez honte de mon origine ! On m'a raconté qu'à cause d'elle je ne comprendrais jamais certaines choses (lesquelles ? mystère), que je ne sentirais jamais certaines nuances ineffables, que j'étais coupé de Dieu sait quelle terre promise. Être né dans le XVIe arrondissement de Paris, c'était le péché originel ; je n'en serais jamais lavé. Bien entendu, je ne voyais de péché originel nulle part, et je me fichais complètement de l'étiquette qu'on me collait sur le dos. Je ne me sentais pas plus bourgeois qu'autre chose. Plutôt moins, car j'en étais resté, sur ce point, à Flaubert ; le bourgeois pour moi, c'était un imbécile, un béotien, un esprit étroit, intolérant, égoïste et avide. Tout le contraire de ce que je pensais être. En revanche, le croquis ressemblait furieusement aux belles âmes qui me donnaient du bourgeois à tire-larigot. L'ennui à présent, c'est qu'on oublie de vous prévenir que les mots ont changé de sens. Il me fallut pas mal de temps pour m'aviser que le bourgeois n'était plus l'ennemi de l'artiste, qu'il n'avait plus les caractéristiques morales du cloporte, qu'il pouvait même être bon, généreux, sensible, intelligent, génial, mais que ces vertus comptaient pour zéro, que la seule qualité de bourgeois annulait tout. Quand on est jeune, on coupe volontiers dans les malédictions métaphysiques ; pendant quelque temps je fus bien ennuyé que le ciel m'eût envoyé sur terre à Passy plutôt qu'à Bagnolet. Quelle guigne ! Je serais tombé seulement huit kilomètres à l'est, j'étais sauvé ! Par chance, je n'ai pas une nature à m'affliger indéfiniment pour des malheurs inévitables. Lorsque je me toquai de Lapoule, j'avais déjà pris assez philosophiquement mon parti d'être un bourgeois, mais cela me picotait encore de temps à autre.

D'autant que je ne trouvais guère de réconfort à la maison. Il est amusant de voir une famille entière terrorisée par un mot. C'est le cas de la mienne. Quand on dit « bourgeois », tout le monde chez moi fait la grimace. Ce vocable est scandaleux. Failli, déshonoré, vérolé, traître à la patrie, pédéraste, opiomane, adultère passeraient comme une lettre à la poste, on ne ferait qu'en rire. Mais bourgeois, halte-là ! Mes parents, mon frère, ma sœur dissimulent cette tare par toutes sortes de singeries et de mensonges. Du moins ils croient la dissimuler ; en réalité ils ont au plus haut point les caractéristiques de la bourgeoisie actuelle : mœurs, goûts, langage, habillement, opinions politiques, etc. Je ne connais ni le peuple ni les artistes, mais je suis convaincu qu'ils ne leur ressemblent en rien. En revanche, je connais bien les bourgeois, et je garantis qu'ils leur ressemblent en tout. Preuve irréfutable : le mot de bourgeois n'est jamais prononcé. Il tourne dans le ciel comme un avion transportant la bombe atomique ; il nous couvre de son ombre. Tout se passe comme si une seconde de relâchement pouvait être fatale. Si on cessait de se surveiller, de s'évertuer, de se contraindre, le mot tomberait sur notre appartement et en ferait un nouvel Hiroshima.

XV

J'ai connu au moins une personne satisfaite de la société bourgeoise, à savoir Sarita, notre employée de maison. En 1971, elle traversait une période de convoitise frénétique pour les appareils électroménagers et exigeait de ma mère qu'elle achetât chaque semaine une nouvelle machine, ce que ma mère faisait avec obéissance. Le bonheur de l'Espagnole, entourée de mixeurs, couteaux électriques, rôtissoire, autocuiseur sifflant, moulin à café bourdonnant, hachoir à viande ronronnant, lave-vaisselle clapotant, était une perpétuelle et naïve insulte aux pays sous-développés et à l'ascétisme socialiste. Toutefois cette brave fille qui ne savait pas cent mots de français, qui parlait petit nègre, qui disait : « Moi pas le regarder » pour « Je ne l'ai pas vu », « Pas là Moussiou » pour « Monsieur est sorti », « Resta là » pour « Il est ici », etc., qui palliait son insuffisance de vocabulaire par des mimiques et des gesticulations furieuses, n'était pas un allié idéologique sur lequel je pusse beaucoup compter. Quant à l'évolution historique, elle n'en était pas encore au stade bourgeois. Elle avait le cœur confiant et rusé des gens du Moyen Âge, des docilités de serve curieusement entremêlées à des exigences de syndicaliste.

Elle éprouvait pour notre famille un attachement féodal, qui aboutissait à un système très compliqué de droits et de devoirs réciproques. Par exemple, si mon père, dans une crise de folie, avait assassiné un visiteur dans son salon (pardon : son séjour, appelons les choses par leur nom !), elle l'aurait assurément aidé à se débarrasser du cadavre. De même, elle trouvait excellent tout ce que mon père faisait, jusqu'à sa manie de se promener dans l'appartement torse nu, exhibant une palatine frisée qui descendait jusqu'au nombril et dont il était excessivement fier. Il avait beau la rudoyer, se moquer d'elle, imiter son accent, la sonner pour des caprices, et vingt autres vexations dont aucune, j'en suis convaincu, ne lui échappait, elle ne l'en vénérait pas moins. Il était le maître, le patriarche, le seigneur, le chef de la tribu. En tant que tel, il avait les prérogatives les plus exorbitantes. En échange, il lui devait une protection inconditionnelle contre le reste de l'univers. Si elle avait un différend avec la concierge (pardon : la gardienne, continuons à appeler les choses par leur nom), il fallait que Moussiou l'arbitrât toutes affaires cessantes. Moussiou devait débrouiller inlassablement l'écheveau des rapports de Sarita avec l'administration, s'occuper du renouvellement de la carte de travail, remplir les feuilles de Sécurité sociale ; c'est tout juste si Moussiou n'était pas responsable des dévaluations du franc et des hausses consécutives de la peseta, qui lésaient Sarita, car elle envoyait chaque mois la moitié de ses gages en Espagne. Quand ces événements regrettables se produisaient, elle avait le sourcil froncé, l'air rancunier, et ma mère tremblait qu'elle ne sautât par-dessus les Pyrénées illico.

Je ne puis résister à l'agrément de raconter l'affaire de la télévision, qui me donna une idée de l'éternité. En 1969, lorsque les postes diffusant des émissions en couleurs apparurent, les parents en achetèrent un et, plutôt que de vendre le vieux, l'offrirent en grande pompe à Sarita, pensant par cette munificence s'attacher à jamais le cœur de l'Ibérique. Funeste idée. Ils avaient oublié qu'un poste de télévision ne meurt pas. Une fois qu'il a été fiché par le service des redevances, celui-ci envoie chaque année, jusqu'à la consommation des siècles, une note à payer, qui s'augmente d'amendes progressives si l'on ne s'en acquitte pas. Posséder cet objet de haute civilisation technique procura à Sarita une joie surhumaine. Étant forte comme un taureau, elle le transporta toute seule, par l'escalier de service, jusqu'à sa chambre du sixième.

C'est alors que le tintouin commença. Il fallut lui procurer une antenne. Ses voisins se plaignirent parce que le poste gueulait à tue-tête passé dix heures du soir. Les chambres de bonne du sixième sont pour les trois quarts louées par des Espagnols, qui s'aiment ou se haïssent entre eux, et parmi lesquels Sarita, personnalité puissante, n'avait pas que des amis, et occupées pour le quart restant par des domestiques françaises dont la xénophobie naturelle est alimentée par les jacasseries incompréhensibles, les criailleries, les mœurs exotiques, donc détestables, de la population aérienne. La concierge s'en mêla. Il y eut des disputes, des drames. Finalement quelqu'un envoya une dénonciation. Un inspecteur de l'O.R.T.F. vint constater qu'il existait bien un récepteur et laissa entendre qu'une fraude aussi impudente ne resterait pas impunie.

Cette visite domiciliaire emplit Sarita de fureur et de crainte. Non seulement l'ennemi avait foulé le sol sacré d'un petit fief appartenant à Moussiou et dont elle avait la tenure, mais encore il menaçait de lever un tribut. Il fallut que mon père écrivît à l'administration que le poste était à lui, M. Chédeville, qu'il l'avait placé dans sa chambre de service comme il l'aurait placé dans une autre pièce de sa demeure, et que d'ailleurs ledit poste était une ruine, une antiquité mise plus ou moins au rebut. Pas de réponse. Mais Sarita reçut la facture de la redevance, n'y comprit rien, ne la paya pas. En un an, la situation devint effrayante : après deux sommations arriva un avis de saisie. Mon père se piqua. Nouvelles lettres. L'administration daigna enfin notifier qu'elle n'acceptait pas les explications de M. Chédeville et considérait le poste litigieux comme étant la propriété de Sarita. Il ne restait à mon père qu'à payer la redevance et les amendes de son employée de maison, ce qu'il fit la rage au cœur, comme un héros de Courteline écrasé par une loi injuste.

L'affaire ne se termina pas là. Le poste était vraiment une ruine. En un an on dut le faire dépanner quatre fois, après quoi il mourut pour de bon et on le jeta. Sarita le descendit du sixième et le déposa dans la poubelle de l'immeuble. C'est ici qu'intervient la notion d'éternité. L'administration continua de réclamer sa redevance. Comment prouver qu'un poste de télévision est réellement mort ? Il n'y a pas d'état civil pour en faire foi. À arranger cet imbroglio mon père passa plus de temps et envoya plus de lettres que pour conclure un marché de cent mille tonnes de machines-outils avec la Chine. Sarita l'en remercia à peine. Il n'avait fait que son élémentaire devoir de suzerain.

J'aime cette femme du XIVe siècle, cette allégorie vivante de la Féodalité tempérée par l'Industrie. Je crois qu'elle me le rend. En tout cas, après Moussiou, je suis la personne pour laquelle elle a le plus de considération, mais cela tient peut-être seulement à ce que je suis le fils aîné. Considération qui se marquait surtout par des droits qu'elle s'arrogeait pour me régenter dans la plupart des domaines, me casser les pieds, m'attraper, me faire la causette dans son sabir. Je sentais de la tendresse derrière ces importunités, quoique j'en fusse souvent impatienté. Je l'engueulais, ce qu'elle prenait avec bonne grâce. Les engueulades faisaient partie de mes prérogatives. Elle m'appelait avec familiarité « Enriquito ». Le reste de la famille, à ses yeux, était de la crotte de bique. Elle intimidait ma mère qui s'adressait à elle avec déférence, qui employait des circonlocutions et des euphémismes pour lui donner des ordres, qui supportait toutes les rebuffades, quitte à rager dans son coin un peu plus tard. Lorsqu'elle était entrée chez nous, il avait été tacitement convenu que ce serait Madame qui s'occuperait du ravitaillement, en sorte que ma mère partait deux ou trois fois par semaine pour des expéditions alimentaires dont elle revenait d'une humeur exécrable, de laquelle nous faisions les frais, mais non point Sarita, à qui elle expliquait longuement, doucement, avec force sourires obséquieux, comment utiliser les provisions. À l'égard de Lionel, Sarita, qui avait un instinct aigu, manifestait un mélange de compassion et de mépris. D'après elle, le pauvre garçon était *loco* ou tout au moins *malao*, atteint d'une maladie mystérieuse, plus morale que physique, s'attaquant à la volonté d'après ce que je crus comprendre. Elle augurait mal de son avenir.

Seg était tout aussi *loca* dans son genre. Sarita, qui était solide, carrée, trapue, avec une tendance à l'embonpoint, jugeait sévèrement les efforts de ma sœur pour devenir mince comme une ficelle. Comment pouvait-on jouer ainsi avec sa santé, premier bien des hommes, et surtout refuser de la nourriture, chose rare et sainte dans la Sierra Morena ? Bien qu'elle vécût en France depuis plusieurs années déjà, elle n'avait pas encore pris son parti de la société de gaspillage. Il lui paraissait plus enviable et plus esthétique d'être gras que d'être maigre. Elle ne se lassait pas de dénoncer à Moussiou, qui s'en fichait, les attentats de Seg sur elle-même. Pour complaire à l'employée, Moussiou se contraignit à faire la morale à Ségolaine, laquelle écouta ce discours insolite avec un air d'indifférence tellement insultant que si j'avais été le père, moi, je lui aurais envoyé un bel aller et retour.

Sarita n'éprouvait que du mépris pour mon frère, mais à l'égard de ma sœur, c'était de l'aversion. Pas question de l'appeler « Segolita » : elle était « Mamoisselle », mot dans lequel Sarita, en dépit de son accent, mettait tout l'éloignement et le dédain possibles. Le sexe y était pour quelque chose, et aussi la manière hautaine, froide, cassante, désagréable que Seg avait avec l'employée. Je suis toujours étonné par la morgue avec laquelle les gens de gauche (ou prétendus tels) parlent au peuple lorsqu'ils y sont, par quelque pénible promiscuité, contraints. Ma sœur, qui admirait feu Trotski et le président Allende de toute son âme, qui nous annonçait deux fois par semaine qu'elle allait adhérer au parti communiste, à moins que ce ne fût à la ligue marxiste-léniniste (elle se tâtait depuis un an), qui voulait détruire cette société pourrie, changer la vie, instaurer un socialisme « à visage humain », etc., avait au plus haut point ce travers. Elle n'était aimable et naturelle qu'avec des personnes de qualité. Le manant, le croquant, le vilain, le garçon de restaurant, le poinçonneur de tickets, à plus forte raison la souillon espagnole, étaient des insectes aux yeux de cette orgueilleuse héritière du nom illustre de Chédeville. Je ne manquais jamais d'en être ébahi, me sentant quant à moi plus attiré par ces sortes de gens, avec lesquels je me plais et m'entends tout de suite, que par les intellectuels qui m'ennuient ou me dégoûtent avec leurs raisonnements faux et les gens de mon milieu qui ne disent que des bêtises à l'opposé de leurs convictions intimes afin d'avoir l'air dégourdi.

Dernier trait de Sarita, après quoi on passera à autre chose. Elle avait grand-peur de la maladie. Le moindre rhume la jetait dans des alarmes affreuses. De la part d'une personne aussi courageuse et solide, cela me surprenait beaucoup, jusqu'au jour où je compris que c'était là encore un anachronisme, une terreur qui venait d'un temps lointain où le peuple, n'ayant ni Sécurité sociale ni allocations de chômage, voyait avec désespoir son corps, c'est-à-dire l'unique instrument qu'il possédât pour se nourrir, incapable de travailler. Cette découverte m'attendrit. À seize ans, à dix-sept ans, j'éprouvais facilement de la pitié. Ce sentiment entrait en moi, bousculait tout, me faisait monter les larmes aux yeux. J'étais attiré par les faibles, les inquiets, les incertains, les vieillards — j'entends les vrais vieillards, que les années ont rendus fragiles et que le monde moderne épouvante. Je recherchais leur compagnie pour des raisons qui me paraissaient toutes simples alors et qui me le paraissent un peu moins aujourd'hui. Je croyais que je leur faisais du bien, que je partageais charitablement avec eux une richesse que je possédais à profusion, dont je ne savais que faire : ma santé de fer, mon bonheur, ma jeunesse, ma force. Si j'en juge par la satisfaction pharisienne que j'en tirais, je soupçonne qu'il entrait pas mal de vanité là-dedans, et même quelque chose de moins joli encore : le plaisir secret de me comparer, moi plein de vigueur, capable d'avaler le monde d'une seule bouchée, etc., à ces vaincus. La frousse de Sarita devant la maladie fut ce qui m'attacha le plus à elle ; cela me donna plusieurs fois l'occasion de la réconforter par la moquerie, exercice où j'étais particulièrement habile.

Voilà six pages que je parle de Sarita parce que cela m'amuse, parce qu'elle me plaît en tant que personnage. Ce n'est pas sérieux. Pour elle, j'ai laissé en plan quelque chose qui me tient davantage à cœur : cette grande affaire d'être ou non un bourgeois que j'avais cependant bien amorcée par la relation de mon amitié avec Lapoule. En un mot, ce qui me sauta aux yeux, grâce à ce soudard, c'est que nous sommes tous des individus. Découverte capitale, attendu qu'il existe un complot universel pour nous persuader du contraire. Ce complot a commencé en 1945, après la guerre. Lors de ma naissance, il fonctionnait depuis neuf ans. Je suis tombé dans un monde complètement étiqueté où l'humanité était déjà rangée dans une dizaine de tiroirs. Sur chaque tiroir, un papier indiquant le contenu, c'est-à-dire le magma qui était dedans : communistes, fascistes, progressistes, sous-développés, bourgeois, nègres américains, Chinois, Occidentaux, Arabes. Naître dans un tiroir, être solennellement informé qu'on passera sa vie entière dans un tiroir, qu'une gigantesque femme de ménage vous y a déposé pour toujours sans vous demander votre avis, voilà une idée insupportable. C'était bien la peine de tuer Dieu pour le remplacer par cette nouvelle prédestination ; c'était bien la peine de tuer le patriotisme pour le remplacer par la solidarité politique !

Moi, je le proclame hautement, je ne me sens solidaire de personne. Il n'y a que moi qui m'intéresse. Je suis bien trop compliqué, ondoyant, fuyant, changeant, divers pour que la dénomination rudimentaire de bourgeois me désigne en quoi que ce soit. Je suis un peu de tout. Je m'en aperçois clairement lorsque je lis un livre d'un auteur que j'aime, sa philosophie et ses idées fussent-elles à l'antipode des miennes : dès la page deux, je pense comme lui, je le suis dans ses moindres nuances, je le précède, je suis lui. Et il en va de même pour tout le reste. Les idées ou les sentiments qui agitent le monde actuel ne me rebutent pas tous, au contraire. Prenons les nègres américains : je trouve leur révolte et leurs violences assez légitimes. Suis-je bourgeois ? Je trouve également légitime que le gouvernement des États-Unis les combatte, attendu que les désordres créés par ces opprimés ne sont pas tolérables. Me revoilà bourgeois. Rien n'est plus malhonnête que de diviser les gens selon des normes politiques. Cela finit par tuer l'esprit critique et le sens moral. Parce que j'appartiens au tiroir bourgeois, dois-je approuver les injustices perpétrées par les bourgeois, tout comme je devrais, si j'appartenais au tiroir communiste, approuver les injustices des communistes ? Tout cela est trop bête ; je ne parviendrai jamais à m'y plier, quelques sophismes dialectiques qu'on me serve. Comment pourrais-je, en contemplant le monde grossièrement simplifié que l'on a façonné depuis trente ans, avoir la moindre estime pour mes aînés qui en sont responsables ? Pour quelle humanité arriérée et analphabète ces canailles-là ont-elles travaillé ? Pas pour moi ni pour ceux qui me ressemblent.

Barragaud, péjorativement, me traitait de « petit humaniste ». Parole révélatrice, parole accusatrice de celui qui la prononce. Dès que quelqu'un me traite par dérision d'humaniste, je sais à quoi m'en tenir sur lui : c'est un bourreau, ou quelqu'un qui rêve d'entrer dans la confrérie des bourreaux et qui récite l'incantation rituelle afin qu'on l'y admette. On devait dire de la même façon jadis : petit hérétique, petit cathare, petit huguenot, petit janséniste, petit aristocrate, etc. Longtemps je me suis demandé pourquoi le pauvre humaniste, que je me représentais sous la forme d'un inoffensif rat de bibliothèque, sentant le moisi, promenant son nez dans des in-folios, déjeunant d'un sandwich à la Bibliothèque nationale, vivant parmi les fiches et les références, puceau à soixante ans, inspirait une telle horreur aux hommes de Progrès. Cela me semblait le comble du saugrenu. J'étais même agacé que l'on m'assimilât à ce grotesque, moi Henri Chédeville, homme sans peur, aventurier rempli de passions, brûlant de poser un jour ma patte sur le monde et de le modeler à mon image. Mais peu à peu j'ai compris qu'il n'en pouvait être autrement, que l'humaniste ne pouvait qu'être la bête noire numéro un des fanatiques d'aujourd'hui. Humaniste, cela signifie qu'on a commis le péché majeur, qui n'est plus le péché *contre* l'Esprit, mais qui est devenu le péché *en faveur* de l'Esprit, c'est-à-dire que l'on a eu la curiosité funeste de vouloir connaître ce qu'ont dit les grands artistes et les grands écrivains « depuis plus de sept mille ans qu'il y a des hommes, et qui pensent ». L'humaniste possède quelques secrets épouvantablement subversifs, venus du fond des siècles dans les pages des livres : que les hommes sont toujours les mêmes, que tout passe mais que rien ne change, que l'histoire n'a pas de sens, que les idéologies ne sont que les masques des passions ou des intérêts, que le beau n'est pas le laid, que le bien n'est pas le mal, etc. Pas étonnant que l'humaniste épouvante les Barragaud et leurs pareils, malgré le mot de culture qu'ils ont sans trêve à la bouche. Ils reconnaissent en lui le monstre des temps modernes, la sorcière à traîner au bûcher.

XVI

Après le dîner au cours duquel j'eus si peu de succès avec mes aventures, il se passa un événement : personne ne sortit ; nous restâmes à la maison tous les cinq. Noté platement, cela n'a l'air de rien, mais c'était la première fois depuis plusieurs mois que je voyais ma famille au complet après neuf heures du soir dans le décor de notre appartement. J'ajoute que personne, y compris moi, ne paraissait se réjouir de cette réunion, qui du reste était un hasard. J'aurais volontiers continué à pérorer. Il y a des gens à qui les émotions ouvrent l'appétit. Chez moi, c'est les idées. J'ai remarqué cela cinquante fois. Lorsque j'ai été agité par quelque événement, il se produit un grand remue-ménage dans ma tête, j'aperçois entre les choses des relations auxquelles je n'avais pas pensé auparavant. On dirait que durant quatre heures, cinq heures, mon centre de gravité se déplace, ou plutôt mon point de vue ; je cesse de regarder le monde en face, bêtement, comme à l'accoutumée ; je le surprends par côté ou par-derrière. C'est dans ces moments-là surtout que l'on m'accuse de faire du paradoxe ; cela ne manque pas de m'exaspérer car je sais, moi, que je n'en fais pas, que j'exprime en toute naïveté ce que je vois et qui m'est caché d'ordinaire.

L'état dont je parle n'est pas facile à décrire. Il doit ressembler à la joie d'un explorateur découvrant un pays inconnu. Toutes les secondes, un voile se déchire ; des milliers d'explications scintillent à l'horizon ; le monde cesse d'être un incompréhensible éparpillement ; il devient compact et sphérique comme une orange ; je le tiens au creux de ma main. J'ai besoin de paroles, d'une foule de paroles, pour m'approprier ce trésor fugitif, pour laisser échapper le moins possible de bijoux. On comprend que je ne sois pas regardant sur le choix de l'auditoire. N'importe lequel fait l'affaire et le plus obtus est peut-être le plus souhaitable.

Que fait une famille d'aujourd'hui quand elle se trouve au complet chez elle à neuf heures du soir ? Elle met la télévision en marche, pardi. Ce fut mon père qui tourna le bouton. Ma mère s'installa avec un petit air appliqué et intéressé qui m'irrita. À six ans, à dix ans, même à quatorze, j'aimais assez la télévision. Pas autant que Lionel et Seg toutefois. Il m'arrivait souvent de les laisser, cataleptiques, les yeux comme des soucoupes et la bouche en demi-lune, pelotonnés devant le poste comme deux chats devant l'âtre. J'allais me calfeutrer dans ma chambre pour lire *Les Enfants du capitaine Grant, Joseph Balsamo, Quo Vadis ?* ou le théâtre de Musset, qui me faisaient plus marcher l'imagination que n'importe quelle image. En dépit de quelques borborygmes de paroles ou de musique qui arrivaient par bouffées jusqu'au fond de l'appartement où j'étais réfugié, j'avais le sentiment d'être un petit garçon d'autrefois, lorsque aucun autre divertissement n'existait que la lecture. D'ailleurs celle-ci a toujours été pour moi un divertissement supérieur à tout autre, et j'oserai dire un spectacle plus varié. L'« audio-visuel » n'est pas beaucoup mon fait. Ce que je vois, ce que j'entends m'amuse, bien sûr, ou m'intéresse, mais seulement à moitié. Les images et les sons ne suffisent pas à capturer toute mon attention. Au cinéma, j'ai sans cesse envie de confier mes impressions à mon voisin, ce qui me vaut des « chut » furibards des autres spectateurs. Devant la télé, même cirque. Si quelqu'un a le malheur de dire un mot, de faire une réflexion, me voilà parti tout de suite à discuter, d'où des glapissements familiaux : « Tais-toi, la paix, on s'en fout, va-t'en, etc. » En revanche, dix mille chevaux ne me feraient pas lever la tête d'un livre. Dans *Joseph Balsamo*, je vois Louis XV, la Du Barry, Rousseau, Cagliostro, Marat comme si j'étais à cinquante centimètres d'eux ; j'entends le timbre de leur voix, les sabots des chevaux sur les pavés, les chants des oiseaux dans les arbres des jardins, la rumeur des rues du XVIIIe siècle ; je respire l'odeur de ce temps-là. Tous mes sens sont occupés. Pour moi il n'existe pas de plus forte magie que celle des lignes imprimées. Rien n'en approche. Chaque fois qu'au théâtre je vois une comédie que j'ai lue, ou au cinéma la transposition d'un roman que je connais, je me frotte les yeux. Cela ne ressemble à rien de ce que j'avais imaginé. La tête des acteurs n'a rien à voir avec celle des héros. C'est triste, solennel, empesé, maladroit, poseur, alors que dans le livre tout était si gai, si preste, si élégant. Je m'arrête, car je noircirais des pages entières sur les plaisirs de la lecture, et cela a déjà été fait, je le crains.

Le détail amusant à noter, c'est que mes parents, si

modernes, si férus de liberté, que j'entends déclarer depuis dix ans qu'il ne faut rien interdire aux enfants, les laisser faire toutes les expériences possibles, afin de ne pas les « traumatiser », etc., sont exaspérés par ma passion. Si mon père ou ma mère me surprend à lire, c'est aussitôt un petit manège qui doit être vieux comme le monde, et que je finis par remarquer : on tourne autour de moi, on m'adresse la parole, on me secoue pour me faire sortir de mon rêve imprimé. Ensuite de quoi, j'entends des moqueries, des bêtises sur le grand air (lesquelles me changent au moins des rabâchages sur la pollution), sur le sport, sur les goûts propres à mon âge, etc., tout comme si nous étions en 1930 et non en 1974. On n'ose pas me dire qu'il est mal de lire des livres, cela ne va pas avec la superstition de la Culture, mais on me fait comprendre que ce n'est pas très sérieux, que je perds mon temps, que je me farcis la tête de choses inutiles pour un homme de l'an 2000 (c'est de moi qu'il s'agit : moi, un homme de l'an 2000 ? Eh oui, mon garçon : en 2000, tu auras quarante-six ans ! Brrr... N'y aurait-il pas moyen de prolonger le XXe siècle d'une cinquantaine d'années ?), que je ferais mieux de marcher avec mon temps, etc.

Je rapporte cela un peu minutieusement car on voit par là que les adultes, quoi qu'ils prétendent, ne changent pas. Quelles que soient les mœurs, la facilité, la tolérance, la licence, l'anarchie intellectuelle, il reste en eux un fonds d'hostilité irréductible pour ce qui peut réellement émanciper les enfants, leur armer l'esprit. Ils se lamentent hypocritement sur les motos, la drogue, les palabres politiques, la fainéantise, la contestation, les pucelages qui s'envolent à quatorze ans, la sexualité, la violence, mais ils savent très bien que rien de cela n'est grave ni même dangereux. Ce ne sont que des espiègleries, qui passeront avec l'âge. Ce qui est grave, qui l'a toujours été, qui le sera toujours, c'est d'ouvrir un bouquin et d'y apprendre solitairement, sournoisement, la vérité du monde, de s'en pénétrer, puis de la connaître et de s'en servir.

Dès qu'on va au-delà des mascarades de surface, dès qu'on descend aux choses importantes, on constate que rien ne varie. Mes difficultés, je les aurais eues, j'en suis sûr, identiques ou presque, il y a cent ans. Mon expérience dans cette matière (pourquoi, à vingt ans, ne parlerait-on pas de son expérience ? J'en ai un peu, et je l'ai payée son prix), mon expérience, dis-je, est qu'il y a à chaque époque une immense majorité heureuse de gens bien tranquilles qui font ce qui est permis ou ce qui est à la mode (c'est la même chose) et une minuscule minorité persécutée de gens qui suivent leur penchant authentique. Il se trouve que je fais partie des derniers. Né en 1854, en 1754 ou en 1654, j'aurais été comme aujourd'hui dans la minorité, et assez content d'y être, soyons franc.

Pendant des années, je n'y ai rien compris. Je voyais autour de moi des garçons et des filles qui, malgré leurs vociférations contestataires, s'accommodaient à merveille des exigences de la société, ne souffraient de rien. Pourquoi était-ce moi, qui en faisais bien moins qu'eux, qui n'avais aucun des vices qu'on reproche si fastidieusement à la jeunesse actuelle, qui n'étais ni drogué, ni hippie, ni révolutionnaire, ni violent, ni obsédé sexuel, qui me heurtais aux interdictions et aux blâmes ? Les autres circulaient à l'aise dans le monde, ils faisaient leurs bêtises en toute tranquillité, ou du moins ne récoltaient de la part des adultes que de bénignes gronderies presque complices.

Moi seul étais l'objet d'une réprobation globale. À la moindre idée que j'avais, au moindre mouvement que j'esquissais, il me semblait que je me cognais aux murs d'un cachot. Ce n'était jamais ce qu'on aurait voulu, ce qu'on attendait de moi, ce que j'aurais dû faire ou dire. Je ne prétends pas qu'on m'ait brimé, bâillonné, ligoté, accablé de punitions : ce n'est pas le genre moderne. Mais la contrainte est la même qu'au temps où les enfants étaient élevés à la schlague.

Ce n'est pas avant ma vingtième année — maintenant, par le fait — que j'ai entrevu les raisons pour lesquelles j'étais incessamment en porte à faux. Il y en a deux. La première, évidente : je n'appartenais pas à un groupe, j'étais seul de mon espèce, donc incapable d'exercer des pressions ou d'imposer une façon de voir. La deuxième raison est que l'on ne peut pas à la fois servir le monde et soi-même. Or j'avais choisi de me servir, ou une force obscure m'y avait poussé. Servir mes idées, mes sentiments, mon cœur, mon âme, mon destin, à l'exclusion de toute autre chose. Je savais que ma vie ne ressemblerait à nulle autre et que, chaque jour, se poserait pour moi la question cruciale d'être ou non fidèle à la ligne de cette vie que je ne connaissais pas encore. Toutes mes difficultés viennent de là. Je crois que de là découlent aussi mes vertus et mes défauts.

Vertus : l'endurance, l'irréductibilité, la loyauté, la probité intellectuelle et, j'ose le dire, le courage — ne serait-ce que celui qui consiste à contredire le monde entier au nom de ma vérité propre. Défauts : tout ce qui sert à préserver cela, c'est-à-dire la maladresse, la brutalité, des façons exagérément lâches de céder pour me redresser plus tard, une réputation de prétentieux, d'infatué, de bavard, d'esprit paradoxal, de fanfaron, de dangereux moqueur.

Depuis quinze ans au moins (j'étais déjà tel à cinq ans), je dérange les catégories commodes dans lesquelles les adultes rangent les enfants. Impossible de me classer avec les moutons, les loups, les bons sujets, les flemmards, les revendicateurs ou les résignés. Quand je conteste, c'est pour moi seul, et pour des motifs qui ont l'air incompréhensibles, n'étant ni politiques, ni scolaires, ni rien d'étiqueté. *Idem* quand je me laisse glisser pendant un ou deux mois dans une paresse ignoble : je ne me donne pas la peine d'expliquer ces crises de volonté par quelque raison noble, du genre grève de protestation contre la loi modifiant le service militaire ou la nouvelle réforme de l'enseignement. Non : la paresse est une nécessité que je ressens périodiquement, une cure que je fais parce que j'en ai besoin, comme les loirs ont besoin de dormir en hiver afin d'être d'attaque au printemps.

Avec cela, j'ai bien tort de me plaindre. Le monde me paie dans la monnaie qui me convient. À cause de sa mauvaise volonté, je n'ai pas de joie complète, pas de plaisir sans mélange. Quelqu'un s'arrange toujours pour me le gâcher ; mais cela m'empêche de m'amollir. Je ne risque pas, comme tant d'imbéciles, de croire que « c'est arrivé ». Je repars à zéro tous les matins.

XVII

À trois ans de distance, on a de la peine à se rappeler les détails d'une soirée, surtout quand elle a été marquée par un drame. Dans le souvenir, le drame est un brasier, une lumière, qui empêche de distinguer le reste. Il me semble qu'au bout d'une demi-heure de télé, après avoir essayé plusieurs fois de mettre mon grain de sel et m'être fait rembarrer, je me levai, écœuré par le programme qui était idiot et par ma famille qui préférait se repaître de ces inepties plutôt que d'écouter mes traits d'esprit. J'allai me réfugier dans ma chambre. Un bouquin m'y attendait, que j'avais acheté en sortant de mon entretien avec le proviseur, parce que mon organisme avait besoin d'une gâterie. C'était *La Chartreuse de Parme* de Stendhal, en livre de poche, que je désirais lire depuis longtemps, avec la même ardeur qu'on désire connaître une femme, et dont je m'approchais quasiment avec des battements de cœur.

Ma sœur Ségolaine avait elle aussi déserté le salon. La porte de sa chambre était ouverte quand je passai devant. Je jetai machinalement un coup d'œil. Je la vis en train de s'étudier dans le miroir d'une psyché que mes parents avaient mise là autant pour se débarrasser d'un meuble démodé que parce qu'ils jugeaient que cela irait bien dans une chambre de jeune fille. J'avais vu souvent Seg se mirer complaisamment dans une glace, les mains sur les hanches, cambrant ses maigres fesses, se regardant de côté pour saisir son profil ou s'assurer qu'elle était bien plate comme une planche. Normalement un tableau aussi banal n'aurait pas dû m'arrêter ; quelques mètres plus loin, *La Chartreuse* m'offrait des appas autrement délicieux. Mais une expression inquiète, presque hagarde, de ma sœur me frappa. Pour une fois dans sa vie, elle ne se contemplait pas avec satisfaction. Il y avait même tant de curiosité dans la façon dont elle détaillait sa triste personne que j'en fus intrigué.

— Tu es complètement sonnée de te faire maigrir comme ça, ma vieille, dis-je. Tu finiras par te retrouver dans un sana.

— Entre, dit-elle. Ferme la porte. Faut que je te parle.

Enfin, quelqu'un voulait me parler, c'est-à-dire me demander mon avis sur quelque chose, et par conséquent m'écouter ! J'en fus si charmé, bien qu'il s'agît d'une personne aussi peu intéressante ou mystérieuse que ma sœur, que j'oubliai sur-le-champ *La Chartreuse* et que je m'empressai d'obéir à l'invite. Ségolaine était vêtue comme à son accoutumée d'un pantalon de treillis délavé flottant sur ses cuisses de cigogne et d'une chemise dite « débardeur » flottant sur son torse grêle. Ses cheveux plats tombaient jusqu'au milieu de son dos et cachaient ses joues creuses. À bien la regarder, et je me souviens que, pendant un instant, je la regardai attentivement, elle n'était pas si moche que cela. Elle était même assez jolie en dépit de sa maigreur que je persiste à trouver rédhibitoire. Ses yeux sont beaux, grands, bien coupés, en amande, d'une couleur vert clair indéniablement poétique. Son régime inhumain lui a au moins apporté quelque chose : une peau fraîche, unie, nettoyée, sans un point noir ni une trace d'acné. Elle a de belles mains fines mais qui se prolongent malheureusement par un pauvre avant-bras sec comme une baguette et un coude terriblement pointu. J'ai oublié de dire que cette idiote, comme quatre-vingts pour cent de ses pareilles, rêve d'être actrice et suit des cours d'art dramatique. Inutile de préciser qu'elle n'a pas une ombre de talent : en admettant qu'elle monte un jour sur les planches, elle ne récitera jamais autre chose que « Madame est servie », et encore elle s'arrangera pour que cela sonne faux.

Autre image de ce soir-là : lorsque je fus entré dans sa chambre et que j'eus fermé la porte, elle se laissa tomber sur son lit. Son pantalon se releva un peu. Je vis sa cheville mince et j'en fus ému. Quelle chose inattendue que l'émotion ! Rien dans la personne de Ségolaine ne m'avait particulièrement touché jusque-là, mais tout à coup cette cheville si légère, si fragile, dont la vulnérabilité était soulignée par les hideuses socques à semelles de deux centimètres que les femmes portaient en 1971, me brisa le cœur. J'en eus une boule dans la gorge. L'idée me traversa que Ségolaine, vivant dans une chambre contiguë à la mienne, me connaissant depuis ma naissance, offrant à mes yeux un visage si familier que je ne le voyais plus, m'exaspérant dix fois par jour par ses théories, ses manies, ses mœurs, sa maigreur, jusqu'à son timbre de voix, était, au sens littéral du terme, *mon prochain*. Il n'existait même rien de plus prochain qu'elle. Le Ciel l'avait placée tout contre moi. Envers ce prochain que je découvrais après dix-sept ans de distraction, il m'apparut que j'avais des devoirs : je devais voler à son secours puisqu'il se trouvait manifestement en détresse et que c'était moi qu'il appelait.

Réaction excessive et plutôt ridicule, je le reconnais ; mais mon cœur me joue sans cesse des tours de ce genre. En un clin d'œil je passe de l'hostilité à la compassion. Un rideau se déchire, je vois la vérité ; alors je brûle de me racheter par des dévouements exemplaires. Ces mouvements ne sont que trop sincères, et leur violence ne les empêche pas d'être durables : je me rends compte que j'en fais bien trop, qu'on ne m'en demande pas tant ; mais impossible de m'arrêter. Je suis pris dans une espèce de machine à pitié qui me fait souffrir des malheurs des autres plus qu'ils n'en souffrent eux-mêmes, et travailler intempestivement à leur soulagement. Mon imagination n'est jamais tragique lorsqu'il s'agit de moi, mais elle l'est hautement quand il s'agit d'autrui, en quoi, si j'y réfléchis, j'aperçois de l'orgueil. J'ai la conviction organique qu'à moi rien de grave ne peut arriver. Je suis fort comme un Turc, blindé comme un contre-torpilleur, léger comme le vent, philosophe comme Diogène, insouciant, invulnérable, mais seul de mon espèce ; les autres sont sans ressources devant l'adversité, sans force morale, sans cynisme, frappés de plein fouet par la vie. Est-ce bête : je ressens leurs ennuis beaucoup plus durement qu'eux. L'événement m'a prouvé cinquante fois que je me trompais, que les êtres ont plus de résistance, d'indifférence ou de fatalisme que je ne crois ; mon illusion renaît à chaque coup.

Tout me prendra toujours au dépourvu. L'objet du tourment de ma sœur, de ses airs penchés des derniers jours, de la rêverie morose dans laquelle elle tombait de temps à autre, de son inattention à ce qui ne la concernait pas directement, était évident, éblouissant, il aurait crevé les yeux de n'importe qui. Je n'en avais pas le soupçon. Ce ne fut qu'au bout de dix minutes que je commençai à entrevoir qu'elle attendait un enfant. J'en fus bouleversé sans mesure. Je veux dire que j'aperçus aussitôt les deux conséquences possibles de cette situation : ou Ségolaine gardait son enfant ou elle avortait ; l'une et l'autre me parurent également affreuses. J'eus l'impression que mon cœur tombait de ma poitrine dans mon ventre. Mes jambes avaient la tremblote. En même temps, j'avais envie de pleurer. Pleurer, moi, à mon âge ! Dieu merci, je parvins à m'en empêcher. Vu la suite de la conversation, j'aurais eu l'air fin avec mes larmes !

Ce qui tracassait ma sœur n'était ni moral ni métaphysique, mais simplement pratique. Elle n'était si embêtée que parce qu'elle ne savait comment se débarrasser du gosse. Elle ne connaissait aucune « adresse ». Ce n'était pas faute d'en avoir cherché. Son amie Marie-Claude elle-même (trois avortements en un an, qui dit mieux ?) n'avait été d'aucun secours : le médecin qui l'avait tirée d'affaire avait justement des ennuis avec la police.

Ces précisions me remirent les idées en place. Je ressentis l'habituelle confusion qui me prend lorsque je m'aperçois que j'ai surestimé les gens. Pour calmer complètement ma tremblote, j'évoquai la fameuse pilule dont Ségolaine se gavait depuis l'âge de seize ans. Qu'était-il arrivé ? La pilule n'était-elle qu'une imposture ? Que non pas ! La pilule était fort efficace au contraire, mais « causait des troubles physiologiques » ; alors on avait cessé de la prendre. Je tâchai de savoir de quels troubles il s'agissait. Seg, d'un air entendu, me répondit que « je ne pourrais pas comprendre », phrase qui ne manque jamais de m'exaspérer. En l'occurrence c'était exact : je n'aurais certainement rien compris, mais j'aurais été fort intéressé par d'éventuelles précisions. Bref, depuis environ un an, ma sœur se livrait à ses expériences sans la moindre protection. J'eus la curiosité de lui demander à quel âge elle avait perdu sa vertu. Tard, dit-elle. À seize ans. Ses petites camarades étaient plus précoces. Elle en connaissait qui dès treize ans n'avaient plus rien à découvrir des raffinements amoureux. Quant à elle, c'est en mai 68, entraînée par l'enthousiasme général, qu'elle s'était donnée à un étudiant en sociologie dans un recoin désert de la Sorbonne, au troisième étage, la nuit. Je me demandai ce qu'une gamine de seize ans pouvait bien fabriquer à la Sorbonne en mai 68, et je me souvins que c'est mon grand-père qui l'amenait là. Il s'ensuit que l'on doit directement à ce vieillard la dévirginisation de ma sœur et son dévergondage subséquent. *No comment*, comme disent les Anglais.

Cette conversation me causait une extrême tristesse. Je croyais qu'elle était due à l'état de Ségolaine, à l'embêtement majeur pour elle d'être enceinte, mais je me trompais. Ma tristesse venait d'ailleurs, de cette vie que jusqu'alors je n'avais vue que d'un peu loin, à laquelle je ne m'intéressais guère, qui m'inspirait plutôt de la moquerie que de la compassion, et que l'on me montrait soudain dans ses détails. Je crois que je sentis que ma sœur était une personne très malheureuse, qu'elle avait vécu jusqu'à ce moment dans un mensonge permanent composé d'idées à la mode, de sentiments artificiels, de préoccupations fausses, de crétineries qu'elle prenait pour des choses primordiales. La vérité venait de lui tomber dessus comme une pierre, sous la forme de ce bébé dont elle savait irréfutablement, depuis une quinzaine de jours, qu'il était dans son ventre. Je me souviens que je pensais aussi tout au fond de moi : « Ma sœur est une pute. » Je ne l'aurais pas dit pour un empire, je me reprochais même d'utiliser mentalement des termes si démodés, mais il me faut bien convenir que cette idée me blessait, me salissait, que j'en étais, d'une certaine façon, désespéré, tout comme j'avais été désespéré l'année précédente lorsque j'avais pincé Lionel fumant de la marijuana. Qu'on ne me prenne pas pour un boy-scout ou un frère corse : ce n'était pas du tout que ma sœur fût enceinte ni qu'elle eût couché avec dix, vingt ou trente types qui me chagrinait, mais qu'elle l'eût fait sans philosophie, sans fermeté intellectuelle, sans curiosité de soi, que ce ne fût pas une brûlante exigence intérieure qui l'eût amenée là, mais seulement la facilité, la vanité, le désir d'être à la page et de se fabriquer un personnage conforme aux canons de la femme moderne.

J'attends toujours des gens non pas plus qu'ils ne peuvent donner, mais autre chose. Qu'espérais-je de Ségolaine ? Qu'elle me parlât comme Rimbaud, pas moins : « L'âcre amour m'a gonflé de torpeurs enivrantes ! » J'étais douloureusement surpris parce qu'elle me tenait le langage de Madame Bovary. Tant de puérilité mc confond. J'étais au supplice d'être le frère de Madame Bovary. Cela me semblait un sort très dur pour un garçon qui avait été amoureux de quelques héroïnes charmantes, telles que la duchesse de Chevreuse dans *Les Trois Mousquetaires*, Rébecca dans *Ivanhoé*, Mathilde de La Mole, Modeste Mignon, Portia. Avait-elle au moins pris plaisir à ses galipettes ? Je le lui demandai si brutalement qu'elle n'eut pas l'à-propos de mentir. J'appris ainsi que pour elle la « sexualité » était un des accessoires indispensables à l'éducation d'une jeune fille accomplie, modèle 1971, comme autrefois le piano ou l'aquarelle, que c'était « agréable », bien sûr, mais qu'on en tirait plutôt une satisfaction morale que physique. Bref, je la trouvai si vague, si évasive sur les plaisirs de la chair que j'en conclus à part moi qu'elle était froide comme une tortue, ce qui ne me remonta guère le moral. Forniquer par devoir, par conformisme, pour n'être pas en retard sur le mouvement des idées, me parut le comble de la jobardise.

À dix-sept ans, lorsqu'un sentiment d'une telle force et (croyais-je) d'une telle originalité me traversait la tête, il m'était impossible de me taire. Je l'exprimai incontinent avec une véhémence qui surprit Ségolaine et l'irrita. Jusque-là elle avait été piteuse et confiante ; elle se pinça, elle se ferma, prit un air faux et me déclara avec suffisance que « je ne pouvais pas comprendre ». C'était la seconde fois en une demi-heure que j'entendais cette musique. Je faillis répondre qu'elle m'emmerdait et m'en aller mais il est à présumer que j'avais en moi, à ce moment, une trace de sainteté. Je ne dis rien ; je ne me levai pas. Je pense même, Dieu me pardonne, que je regrettai ma sortie. Engueuler quelqu'un qui se confie à vous, qui a besoin d'aide, lui reprocher le passé, revenir bêtement sur ce qui est fait, c'est exactement le genre de réaction mesquine qui me choque si souvent chez les adultes. Et voilà que moi, si chatouilleux quant à une certaine forme d'honneur, j'avais cette réaction-là. Je poussai l'expiation jusqu'à dire d'un ton humble :

— Tu as raison, je ne comprendrais pas. Je suis probablement trop jeune.

Que les gens sont donc faciles à manœuvrer ! On appuie sur un bouton et crac ! le sourire revient. Au fond, qu'est-ce qu'ils demandent ? Qu'on dise les mêmes bêtises qu'eux. Ils s'imaginent aussitôt qu'on est, selon leur mot, « sur la même longueur d'ondes ». Pour me récompenser de m'être rebranché si docilement sur la sienne, Ségolaine me gratifia de son histoire. Il en ressortait que l'enfant avait pour père un « camarade » nommé Thierry Bisson dont elle ne trouva rien à me dire, sinon qu'il était « gentil ». Depuis un mois, comme par hasard, il se faisait rare. On ne l'avait pas vu plus de quatre fois, et lui toujours pressé comme un courant d'air.

C'est bien la peine d'être né en 1954 pour être aussi peu au fait que je le suis des mœurs de maintenant ! Cela tient à tous les romans que j'ai lus. Ils m'ont farci la tête des idées d'autrefois. À cause d'eux, je regarde le monde comme si nous étions en 1830 ou en 1930, et non pas à présent, où rien n'est plus pareil. En entendant que le Bisson prenait la tangente, je m'écriai avec une naïveté et un sens du cliché qui ne me font guère honneur :

— Je vois. Il se défile. C'est un salaud !

Je me mettais évidemment le doigt dans l'œil, et jusqu'au coude, encore. Thierry n'était en aucune façon un salaud pour la raison lumineuse qu'il ne connaissait pas l'existence de son forfait. Ségolaine ne lui avait rien dit. Elle était très fière de cette discrétion. Elle la jugeait extraordinairement élégante et moderne. En toute circonstance, il s'agissait de « témoigner », me déclara-t-elle. Les femmes d'aujourd'hui sont des êtres humains à part entière, aussi responsables que les hommes. Ségolaine avec son moutard témoignait de la responsabilité des femmes devant l'amour. Pauvre Thierry, il y était, si j'ose dire, allé de bon cœur. Dans ses suppositions les plus folles, il n'aurait jamais imaginé qu'une camarade avec qui il couchait ne mangeât pas quotidiennement la pilule. Du reste, qui avait séduit qui dans cette affaire ? L'homme et la femme sont égaux devant la sexualité. Chacun choisit souverainement son partenaire. Ségolaine avait eu envie de s'offrir Thierry (pas de s'offrir à Thierry, nuance !), elle se l'était offert, point final, le reste ne regardait qu'elle. L'idée m'effleura qu'à partir du moment où il y avait un enfant, le père avait peut-être son mot à dire, attendu que l'enfant lui appartenait pour moitié, mais c'était si peu convaincant pour une personne comme ma sœur, imbue de préjugés féministes, que je ne me hasardai pas à l'exprimer. En une seconde, comme il m'arrive souvent, mon imagination me souffla un roman idiot : Thierry était un brave bougre, un homme de cœur et de devoir, la paternité le transfigurait, il exigeait le mariage, Seg l'épousait en blanc avec une couronne de fleurs d'oranger, ils avaient des tas d'autres chiards dont j'étais le tonton, etc. Souvent un démon me pousse à poser des questions stupides, dont je connais d'avance la réponse. Ce qui serait intéressant de savoir, c'est pourquoi je les pose. Je ne suis jamais parvenu à le démêler : pour me faire plaisir, pour l'agrément masochiste de passer pour un imbécile, pour flatter une vague illusion à laquelle je ne crois même pas ? J'étais d'ailleurs en veine de questions stupides ce soir-là, je me surpassais, à croire qu'une situation banale, quoique désastreuse, comme celle dans laquelle ma sœur s'était mise, ne peut susciter chez l'interlocuteur que des sottises.

— Est-ce que tu l'aimes, ce Bisson ? dis-je.

Ségolaine me considéra avec des yeux ronds et je fus saisi d'un découragement sans nom. Ma question n'était pas seulement incongrue, elle était imprudente. J'allais avoir droit à un développement tassé, dans le style Mouvement de libération féminine. Le développement tomba comme le gros lot de la tombola de l'Ennui. Ma sœur m'expliqua avec patience qu'elle n'éprouvait pas le moindre sentiment pour Thierry et que, si quelque chose la consolait de sa mésaventure, c'était justement cela (durée : dix minutes, montre en main). J'avais l'impression d'entendre une malade incurable s'exténuant à démontrer qu'elle n'avait rien. On ne contredit pas une malade qui veut vous persuader qu'elle va guérir. Aussi acquiesçai-je par politesse, mais j'avoue que je ne voyais pas bien en quoi l'absence d'amour adoucissait la tuile. À mon avis, elle l'aggravait plutôt.

Personne ne sait que j'ai une âme de comptable, et moi-même je suis étonné quand je la prends sur le fait. Je veux dire que je ne puis m'empêcher de comparer les effets aux causes et de faire des calculs mentaux pour contrôler si les uns ne sont pas disproportionnés par rapport aux autres. Dans mon barême intérieur, je jugeai qu'un enfant était un empoisonnement sans commune mesure avec une fantaisie et, qui plus est, une fantaisie pour un camarade ! C'est aussi bête que d'attraper la polio en se baignant dans une rivière un jour qu'on n'en avait pas envie, pour faire comme les autres, pour ne pas se singulariser. Si quelque chose peut justifier la catastrophe qu'est pour une jeune fille de se retrouver enceinte, c'est un entraînement puissant, une passion. Là, alors, ça vaut le coup. Du reste le langage ne trompe pas : on parle tout le temps des enfants de l'amour ; jamais des enfants de la camaraderie. Enfin, on en parlera peut-être un jour car, à en juger par ma sœur et ses copines, l'espèce doit commencer à se répandre. Pauvres bébés de la camaraderie ! Il semble qu'on ne les aime pas beaucoup plus que les camarades qui les ont engendrés, et que l'on n'ait qu'une envie sitôt qu'ils s'annoncent : les faire disparaître.

À l'époque où cette scène se déroule, trois cents et quelques rombières, avocates, actrices, journalistes, femmes de lettres, etc., avaient signé un manifeste où elles juraient qu'elles avaient, à une époque ou une autre de leur vie, et plutôt deux fois qu'une, avorté dans la clandestinité, et où elles réclamaient que la loi, au lieu de punir cette pratique, l'encourageât. Je m'attendais à ce que Ségolaine me brandît sous le nez ce document, publié un ou deux mois plus tôt, et qui continuait à faire du bruit. Elle n'y manqua pas, mais avec moins de ferveur que je ne craignais. Être « mère célibataire » n'était pas non plus sans grandeur, encore que cela posât des « problèmes ». C'était une autre façon de témoigner, d'assumer, de flanquer mauvaise conscience à la société capitaliste, de « contrer la phallocratie ».

À la perspective que le bébé n'était pas tout à fait condamné, j'éprouvai un soulagement secret, tel qu'on en a quand le malheur, venant sur vous, s'écarte à la dernière minute. Pourquoi ? Mystère. En quoi le destin de ce fœtus m'importait-il ? Qu'est-ce que cela pouvait me faire que ma sœur ajoutât l'avortement à ses autres peccadilles ? On n'est pas maître de ses mouvements intérieurs. Je réagis sans mesure au Bien et au Mal, même si je ne suis pas en cause. Le Mal me suffoque. Le Bien m'attendrit, me fait monter les larmes aux yeux. Phénomènes encombrants, qui me furent assez doux jusque vers douze ans, puis dont j'éprouvai de l'embarras.

Cela vient sans crier gare. Au cours d'un entretien parfaitement anodin, quelqu'un a un mot qui m'émeut, et me voilà la glotte coincée, incapable de parler pendant dix secondes. Les choses de la foi chrétienne me font aussi cet effet. Moi qui ne vais jamais à la messe, qui ressens un insurmontable éloignement pour les curés, leur genre marxiste, leurs sourires racoleurs et leurs cols roulés, la moindre allusion à Jésus me remplit d'une tendresse si déchirante que je suis obligé de me tenir à quatre pour que ma voix ne se mette pas à chevroter. Que ma sœur gardât son enfant, était-ce le Bien ? En tout cas, je le ressentis comme tel. J'en avais « la preuve par l'émotion ». J'étais le seul à être ému, ce qui est mon lot neuf fois sur dix. Ségolaine avait l'air songeur d'une personne qui se demande si elle achètera un sac à main ou une paire de grolles et qui s'absorbe dans ce dilemme badin.

Le plus épais des terrassiers nord-africains ou des manœuvres portugais aurait deviné que le meilleur moyen d'ancrer Ségolaine dans ses idées d'avortement était de les combattre, vu que, dans une telle circonstance, l'esprit de contradiction est tout-puissant. Pas moi. Je me jetai comme un étourneau dans un discours incohérent mais très pressant. Je sentais très bien, à mesure que je parlais, que je disais le contraire de ce qu'il aurait fallu, que le visage et même le corps de ma sœur se durcissaient de plus en plus, qu'une irréductible résistance se formait dans son âme, mais il m'était impossible de m'arrêter. Je voulais plier cet esprit rétif. C'était une question d'endurance. Il fallait tenir le dernier quart d'heure. Comme il arrive généralement en pareil cas, je me mis à exagérer. Je racontai que, si moi j'avais la malchance de faire un enfant à une fille, non seulement je m'opposerais à ce qu'on le fît disparaître, mais encore j'en éprouverais tant de joie que, du coup, la mère cesserait d'être une camarade à mes yeux, qu'elle se transformerait en une personne très précieuse, que je me mettrais à l'aimer.

Au fond, était-ce de l'exagération ? Plutôt de la prémonition car, si je ne pensais pas tout cela à dix-sept ans, je le pense aujourd'hui. Il est devenu vrai que, si une femme m'annonçait qu'elle est enceinte de mes œuvres, je l'accueillerais comme un ange porteur de bonne nouvelle, que je lui ouvrirais les bras avec allégresse, que pour tout l'or du monde je ne les repousserais pas, elle et ce cadeau du ciel ou du hasard. En trois ans j'ai compris une chose que je ne soupçonnais pas quand j'étais jeune : qu'il ne faut pas être prudent, c'est-à-dire refuser ce que la vie apporte. Plus c'est incommode, gênant, pesant, écrasant, plus cela doit être bienvenu. Le salut est à ce prix. Le héros est un homme qui ne marchande pas sa vie, qui est constamment prêt à mourir, qui brûle ses vaisseaux chaque jour, qui ne transige sur rien. Moyennant quoi il est plus fort que tout le monde. Nul n'a de pouvoir sur quelqu'un qui se compte lui-même pour zéro et qui met son honneur au-dessus de toute considération. Je ne suis pas un héros, j'imagine mal que l'héroïsme ait un jour l'occasion d'entrer dans mon existence ; mais il me semble que l'on peut suivre ce modèle jusque dans les petites circonstances de la vie quotidienne. À tout moment je m'aperçois d'ailleurs que ces circonstances m'amènent devant ce choix essentiel de la prudence ou de l'imprudence, autrement dit du confort ou de l'honneur. Le plus souvent que je peux, je tâche de rejeter le confort, mais cela requiert une sacrée vigilance ! Il y a dans les journées une pente générale de facilité à laquelle il est presque impossible de résister. Comment faire pour ne pas capituler trente fois entre le matin et le soir, composer, accepter des cotes mal taillées, comment se repérer dans le no man's land qui est entre le vice et la vertu ?

XVIII

Je sus que la partie était définitivement perdue lorsque je vis se dessiner un sourire moqueur sur les lèvres de Ségolaine. C'était un sourire à éclipses, qui partait, revenait, ondulait, amincissait la bouche, en abaissait les coins. Le sourire de quelqu'un que non seulement on n'entame pas, mais encore qu'on a poussé par maladresse à la décision inverse de celle qu'on voulait qu'il adoptât. Détail révélateur : elle m'appela plusieurs fois « mon vieux » et « mon petit vieux », ce qui chez elle n'a rien d'amical, mais signifie qu'elle est toute bardée d'hostilité et de méfiance. J'en fus chagriné, déçu aussi d'une certaine façon, car moi, en cet instant, j'aimais Ségolaine et j'étais content de l'aimer ; cela me changeait des sentiments que je nourris habituellement à son égard.

Elle me toisa avec un air de supériorité qui acheva de me déprimer et me dit que c'était très joli d'avoir des enfants, et elle comptait bien en avoir plus tard (au moins un, elle irait même volontiers jusqu'à deux), mais elle les voulait à son heure, avec l'homme qu'elle aurait choisi, non pas n'importe quand avec n'importe qui ; dans ces matières, ce qui comptait avant tout, c'était le consentement. Elle n'admettait pas que sa vie fût bouleversée par un accident. Question de principe. Avoir des enfants, « c'était important ». On s'y préparait pieusement. On les désirait et on les faisait à la commande. Ségolaine là-dessus me dévida un cours complet sur le planning familial, la contraception, le droit des femmes à une vie sexuelle sans danger, tous sujets qui m'amusent à peu près autant que la géologie ou l'algèbre, et que je ne vois jamais pointer sans panique. Pourquoi les gens aiment-ils tant les choses ennuyeuses ? J'eus une pensée fugitive pour Brigitte Clerc qui avait été si gentille avec moi quelques heures plus tôt. J'évoquai sa joue ronde, duveteuse, son teint clair, ses jolies petites mains, son air altier et pur, ses yeux qui n'avaient jamais rien contemplé de vulgaire ou de sale. La tête qu'elle ferait si on lui parlait de contraception, de planning familial et de vie sexuelle sans danger ! Ce n'était pas moi qui m'y risquerais. Brigitte était quelqu'un dans mon genre. Mon instinct, en qui j'ai si peu confiance d'ordinaire, ne me trompe pas là-dessus : il ne me pousse à aimer que les êtres ayant une âme dont les mystères ressemblent à ceux de la mienne.

Voici une impression difficile à traduire : il y a dans ma vie deux univers séparés par des cloisons étanches. Dans l'un tout m'est familier, rassurant, tout me parle de moi (comme il faut m'en parler, c'est-à-dire de façon déconcertante et profonde), tout me renvoie ma propre image ; c'est l'univers que je désire, que je vais chercher dans les livres, dans la musique, dans l'amitié, vers lequel je me suis toujours dirigé, sans le savoir quand j'étais petit, puis en le sachant de mieux en mieux en grandissant. Dans l'autre tout est obscur, menaçant, rien ne se trouve aux endroits que je prévois, nul ne me tend le miroir dont j'ai tant besoin ; je ne comprends rien aux gens qui vivent là, eux ne comprennent rien à moi.

Ma famille appartient au second univers. Ce qu'elle pense, ce qu'elle désire me paraît incompréhensible. Ce qu'elle voudrait de moi est incompatible avec ce que je suis. Je me moque souvent de cette tarte à la crème de la littérature moderne qu'est « l'incommunicabilité ». En quoi je suis inconséquent, car, de l'incommunicabilité, j'en trouve à revendre chez moi. Elle n'affecte que moi, je me hâte de le dire. Mes parents, mon frère, ma sœur communiquent très bien entre eux. De même Barragaud communiquait à merveille avec les petits contestataires de terminale. Il n'y a que moi à rester dehors, ou peut-être à refuser d'entrer. Mais cela revient au même.

Racontant cela, il me vient une idée que je trouve cocasse, à propos du fameux *Étranger* de Camus avec lequel on m'a tant rasé en première et en terminale, et de toutes les dissertations que je me suis échiné à composer sur ce pantin : à savoir que le véritable Étranger c'est moi, Henri Chédeville, et que la bonne dissertation, je ne l'ai jamais écrite. Il est étranger à bon compte, le bonhomme de Camus ! C'est un idiot qui se met dans une situation idiote et qui ne sait pas s'expliquer. Moi, je m'explique à en perdre haleine, je tâche de convaincre, je me sers de la méthode de Descartes, je fournis des flopées d'arguments plus convaincants les uns que les autres, et c'est comme si je chantais. Partout je me heurte à un mur. Je parle sentiment, idée, vérité, évidence, je me montre éperdument tel que je suis ; on me répond idéologie, bêtises à la mode, préjugés, mensonges, on me prouve que je suis le contraire de ce que je sais bien que je suis. Certains jours, il me semble que tout le monde pense de travers, que je suis le seul homme raisonnable au milieu d'une bande de gens malhonnêtes ou frivoles. Rien de cela, bien sûr, ne me mène à la guillotine, comme ce pauvre crétin de Meursault ; cependant j'ai constamment l'impression qu'il n'en faudrait pas beaucoup pour que cela tourne mal : un peu d'inattention de ma part, un mouvement un peu vif et la monstrueuse machine bancale du monde moderne me tomberait sur la gueule de tout son poids. Je suis si peu conforme à ce que l'on demande aux gens d'aujourd'hui que j'ai l'impression d'être continuellement un irrégulier, un passager clandestin, un braconnier, presque un imposteur. Ce que j'obtiens ne m'arrive presque jamais par les voies normales ou officielles et n'a pas ce caractère assuré ou durable de ce que la société vous offre de bon gré ; je l'attrape en contrebande, j'en jouis comme d'une aubaine, à chaque instant je crois le perdre. En sera-t-il ainsi toute ma vie ? Oui. Le monde ne changera pas et moi non plus. Je serai toujours un étranger, ne parlant ni n'entendant le langage de la tribu, volant un morceau de nourriture quand les autres ont le dos tourné, restant mi par goût mi par ostracisme loin du feu autour duquel est accroupie la collectivité. À cinquante ans je serai tel qu'aujourd'hui, car à cinq ans j'étais déjà ainsi. La couleur d'une vie se détermine très tôt, dès que des idées se forment dans votre petit cerveau, et elle ne varie plus ensuite.

Il ne me viendrait pas à l'idée de m'adresser à mes parents quand je suis dans l'embarras. Ils sont plutôt gentils, pourtant, et prêts, j'en suis sûr, à m'aider pour peu que je le demande. Mais non, je ne compte que sur moi, je n'ai confiance que dans les solutions que je trouverai tout seul. Cela tient à ce qu'ils appellent leur « jeunesse d'esprit » et aux efforts qu'ils font pour la prouver. J'aurais davantage confiance en eux s'ils ne se donnaient pas de peine pour me dissimuler le fameux fossé des générations (qui n'existe d'ailleurs que quand on jette des ponts au-dessus de lui), et s'ils affichaient tout bonnement les idées et les sentiments de leur âge, au lieu de singer ce qu'ils croient que je pense. Je ne parviens pas à admettre que des gens qui veulent me ressembler puissent m'être d'une utilité quelconque. Cependant, ce qui ne me convient pas peut convenir à un autre. J'étais surpris que ma sœur n'eût pas confié ses ennuis à maman ou à papa. Cela m'eût paru aller de soi, après tous les discours que l'un et l'autre nous avaient tenus sur l'amour. Je savais (par Ségolaine, de qui la discrétion n'était pas le fort) que maman elle-même l'avait encouragée à prendre la pilule. Elle lui en avait acheté plusieurs tubes pour être tranquille. Ma sœur, par je ne sais quelle timidité, après les troubles physiologiques auxquels je n'aurais rien compris, n'avait pas osé lui avouer qu'elle avait cessé la cure. Ce n'est pas qu'elle redoutât des reproches — ma mère n'est pas du genre à se répandre en imprécations — mais, selon sa formule, elle « se sentait bête ».

J'eus beau lui expliquer que c'était peu de chose de se sentir bête quand on était grosse, cette pauvre folle ne démordit pas de son point d'honneur. Elle me déclara même ceci qui est assez stupéfiant quand on y songe : « Je ne veux pas que maman me méprise ! » Et papa ? demandai-je. Il était là pour un coup. C'était le moment ou jamais de le mettre à contribution. Les plaisanteries sans nombre qu'il faisait depuis des années sur les pucelages de ses trois enfants, puis sur leurs expériences supposées, nous garantissaient, d'après moi, un minimum de solidarité de sa part. Nous avait-il assez conseillé, à sa manière démagogique et néanmoins allusive, de nous livrer à la débauche, moyen infaillible, disait-il, de s'ouvrir l'esprit ! C'était même un de ses numéros favoris, dont il nous gratifiait une fois par semaine, moins par conviction, j'en mettrais ma main au feu, que pour nous épater, pour nous montrer à quel point il était dessalé, intelligent, dépourvu de préjugés, anticonformiste, plein d'idées jeunes. « Faites l'amour, pas la guerre », nous conseillait-il d'un ton parodique, avec le petit rire de l'homme supérieur qui vous sert une scie à la mode. Je jurerais que tout cela était aux huit dixièmes de la pose, que son intention n'était nullement de nous inculquer quelque morale hédoniste, mais de nous offrir le spectacle admirable et délicieusement paradoxal d'un père très en avance sur ses enfants, plus hardi qu'eux, plus cynique, plus malin, plus futuriste.

Moi, bien entendu, par esprit de contradiction, je n'étais pas d'accord avec lui. Je me souviens d'une belle attrapade, à un dîner, où je déclarai avec brutalité que, des gens qui couchent les uns avec les autres, je ne voyais que cela partout, que je les trouvais dans l'ensemble très bornés et en bonne voie pour devenir complètement abrutis. J'ajoutai que c'était bien normal, vu qu'un homme ne dispose que d'une quantité limitée d'énergie et que, s'il la gaspille à faire l'amour, il n'en reste plus pour penser ou créer. « Ce n'est pas moi qui le dis, m'écriai-je triomphalement, c'est Balzac ! » J'étais exaspéré par le radotage de papa et de mauvais poil à cause de je ne sais plus quoi. Avec une insolence dont je ne suis guère coutumier, je terminai mon laïus en déclarant que je ne voyais aucune raison d'avoir moins confiance en Balzac qui savait tout, qui avait un œil d'aigle, qui était un homme d'un génie formidable, qu'en mon père dont toute la nourriture intellectuelle consistait en romans policiers. Tableau ! La famille était aussi pétrifiée que si j'avais pété devant le président de la République.

À cette époque-là, on parlait encore à tout bout de champ de concertation et de contestation, on invitait les jeunes à s'exprimer, à ne rien garder sur le cœur, à épanouir leur personnalité, on arborait de bons sourires compréhensifs quand ils sortaient leurs slogans, etc. Mais tout à coup, là, dans notre salle à manger, ce fut le silence et la lourdeur des jours d'orage. Ma contestation n'avait visiblement pas cours sur le marché. Je vis mon père rougir. Je crois bien que c'est la seule fois où cela lui arriva. Ma mère fronça les sourcils ; Lionel ricana ; Ségolaine haussa les épaules. Mon père, qu'on ne démontait pas facilement, fut le premier à se reprendre. « Le citoyen Chédeville, dit-il de sa voix la plus moqueuse (mais où je distinguai une trace de dépit, ayant l'oreille fine), pourrait peut-être aller terminer son repas dans sa chambre. » J'étais très secoué et tout plein de rogne ; je ne me le fis pas dire deux fois. Je me levai assez superbement, jetai ma serviette sur la table et me réfugiai dans mes quartiers où Sarita, qui avait flairé la tragédie et s'en repaissait avec délices, vint m'apporter du dessert sur un plateau et me faire la causette avec des « Enriquito », des *pobre hombre,* des *malasuerte* où la compassion le disputait à la rigolade.

Quel que fût le degré de sincérité de papa, il m'apparut que l'on devait tabler sur sa vanité, sur l'obligation où il se trouverait de conformer ses actes à ses paroles. Il lui serait difficile de ne pas venir en aide à sa fille, qui n'avait pas commis d'autre crime que de mettre ses préceptes en pratique, et qui en était bigrement punie, la pauvre. Cette idée me sembla si lumineuse, si géniale que je ne pus la garder pour moi un quart de seconde. Elle jaillit de ma bouche sur les ailes dorées de la parole. Comme toujours, j'aurais mieux fait de me taire. Ségolaine, ainsi que la plupart des gens à qui l'on parle, ne vit pas ce que je voulais dire, mais la façon dont je l'avais dit, et se renfrogna. Elle me reprocha d'émettre des doutes sur notre père, qui était tout blanc, tout clair, merveilleusement large d'idées (« Papa est mon meilleur ami ») ; j'eus même droit au regard peiné et incrédule avec lequel les personnes raisonnables accueillent les incongruités d'un fol.

— Si papa est ton meilleur ami, alors qu'est-ce que tu attends, ma vieille ? m'écriai-je en rectifiant le tir. Va lui parler, dis-lui tout. Qu'il prenne les choses en main. Tu ne peux pas rester toute seule avec ton problème.

Je me souviens formellement du mot de « problème » que je fis exprès d'employer, malgré la répugnance qu'il me cause en général. Je sentais qu'il fallait donner à ma sœur un peu de son jargon pour l'apprivoiser, comme on donne de l'avoine à une mule. Je ne me trompais pas. « Problème » appartenait au langage des gens sérieux et réfléchis ; il fit un excellent effet. Aussitôt je vieillis de cinq ans dans l'esprit de Ségolaine. J'exploitai mon avantage ; je lui remontrai avec chaleur que papa était tout indiqué pour la tirer de son pétrin, qu'il ne fallait pas tarder davantage à le mobiliser, qu'il allait se mettre en quatre, etc.

À distance, cette chaleur me paraît un tantinet suspecte. Étant la seule personne que ma sœur eût mise dans son secret, je me sentais vaguement responsable d'elle. Or je ne voulais pas de cette responsabilité. L'idée d'être si peu que ce fût mêlé à son histoire d'avortement me révoltait. Pourquoi moi ? Pourquoi cela me tombait-il dessus justement ? Que tous ces gens qui pensaient au rebours de moi se débrouillent entre eux ! Qu'était-ce qu'un avortement pour eux ? Trois fois rien. Un embêtement mineur, comme une crise d'appendicite ou une dent à arracher. Pour moi, c'était une chose énorme, un acte que mon corps encore plus que mon esprit refusait et dont je prévoyais, si j'y prêtais les mains, que j'en serais sali pour le restant de mes jours. Je reconnus au-dedans de moi une résistance chrétienne. Je vois bien ce que mon attitude avait d'ambigu et, finalement, de répréhensible : je consentais à l'avortement, mais je refusais de m'en mêler. Joli trait de ponce-pilatisme, mais quoi ? Telles furent mes réactions, et ce n'est pas parce que je les tairai pudiquement que cela fera que je ne les aurai pas eues.

En écrivant, deux vices que j'ai me sautent aux yeux. Je ne les soupçonnais pas, je vivais avec eux comme un chien avec ses puces. C'est d'abord cette tendance à me laver les mains des choses que je réprouve, si d'autres se chargent de la sale besogne. En second lieu, un pharisaïsme effarant. Relisant hier quelques pages de mon cahier, j'ai constaté que l'ironie fait constamment frétiller ma plume, que mes jugements les plus acérés, comme par hasard, tombent sur les autres, et non sur moi, à propos de qui, pourtant, il y aurait pas mal à dire. Chaque ligne écrite de ma main pue le pharisaïsme à plein nez, le contentement de soi, la raillerie ou la pitié pour les pauvres humains qui ont l'infortune de n'être pas aussi intelligents, nobles, généreux, perspicaces que le génial Henri Chédeville. À gifler ! Je vais veiller à être moins crâneur désormais. J'en prends solennellement la résolution. Dire que toute ma vie j'aurais pu être ainsi : à l'affût des ridicules et des faiblesses, m'endurcissant de plus en plus par la raillerie, devenant un personnage sec, revenu de tout, ne trouvant de plaisir qu'à prendre sur le fait la méchanceté ou la bassesse des hommes ! Quelle horreur ! Je ne m'étonne plus d'avoir, à chaque âge, suscité l'antipathie des gens, chose qui toujours, naïvement, m'attristait ou m'irritait. Pendant que je me grisais de ma vérité subjective, ils voyaient ma vérité objective qui était haïssable. Vingt ans de malentendus avec le monde ! Est-ce assez bête ? Ces aventures n'arrivent qu'à moi. Quant à la rédaction de ce cahier, là aussi je vais me surveiller. Si l'on parvient à endiguer son caractère, à retenir les mots qui blessent, on doit pouvoir de même brider son style. Les phrases qui me viennent sous la plume me ressemblent : elles piquent, elles égratignent, elles déchirent, elles ont une gaieté méchante qui me consterne. Pauvre Ségolaine, te voilà bien arrangée dans mon cahier, avec ton moutard, tes tergiversations, tes idées idiotes, ta détresse !

— Écoute, dit-elle, la meilleure idée, c'est que j'aille voir Robert.

Suivit un monologue, dont il ressortait que grand-papa était l'oiseau rare dans un cas tel que celui qui nous occupait. Ségolaine me confia avec enthousiasme qu'entre elle et lui il existait une amitié exceptionnelle, inouïe, une entente comme on n'en avait jamais vu. Elle me fit de lui un portrait qui me surprit, car je n'avais pas décelé autant de qualités qu'elle en énuméra : il était si jeune, si compréhensif, si beau, si intelligent, etc. Elle était sa petite-fille préférée. Toujours elle avait trouvé en lui un confident merveilleux ; il ne la jugeait pas, il lui donnait raison contre le monde entier, tout ce qu'elle faisait était parfait et admirable, il l'enviait d'avoir dix-neuf ans à une époque aussi passionnante que la nôtre, il lui répétait sans cesse que, s'il avait son âge et son sexe, il se conduirait comme elle ; bref, c'était l'occasion rêvée d'aller frapper à sa porte. Ce dithyrambe m'impressionna et je n'opposai que de faibles objections, encore que j'imaginasse mal mon grand-père sortant de ses habitudes égoïstes pour donner un coup de main à un de ses semblables en difficulté, mais après tout, pensai-je avec la modestie et l'incertitude des enfants, peut-être que je me trompe. Peut-être que Robert, qui n'eût pas levé le petit doigt pour moi, était prêt à remuer ciel et terre pour sa chère Ségolaine, qui le cultivait, lui rendait visite, plaisantait avec lui, lui témoignait d'une façon assez touchante une prédilection à laquelle il ne devait pas être insensible.

Quand quelque chose m'a ennuyé un peu trop longtemps, je n'ai qu'une envie : m'envoler. Il me semble que je suis ligoté, couvert de chaînes, je ne peux pas le supporter une seconde de plus. Je saisis le premier prétexte pour fuir. Je ne croyais guère, au fond, que Robert pût être tant soit peu bienfaisant ou utile dans une affaire grave — on ne le trouvait que pour les futilités ou les amusements — mais je me persuadai instantanément du contraire. J'exploitai à fond la minuscule possibilité que ce vieillard fût l'être loyal et sûr que dépeignait Ségolaine. Je me transformai avec allégresse en autruche. Dix mille chevaux en cet instant n'auraient pu m'empêcher de me cacher la tête dans le sable. Je songeai à *La Chartreuse de Parme* et soudain j'eus le désir frénétique, irrésistible, d'aller me plonger dans ce roman exquis, passionnant, exaltant, écrit divinement. J'en avais lu trois pages dans la rue qui m'avaient électrisé : « Le 15 mai 1796, le général Bonaparte fit son entrée dans Milan à la tête de cette jeune armée qui venait de passer le pont de Lodi... » Cette phrase galopait dans ma tête comme un courant d'air dans une galerie, qui fait voltiger les rideaux. Soudain je fus dans les plaines de la Lombardie, je partageai la gloire de l'armée d'Italie et le bonheur de Stendhal la racontant. Par comparaison, le misérable petit drame sexuel auquel on m'avait associé me causa une tristesse que j'étais incapable d'endurer un moment de plus.

Je me levai et, pour la première fois depuis je ne sais combien d'années, j'embrassai ma sœur. Il serait intéressant d'analyser ce qui entrait dans la composition de ce baiser. À vue de nez, je dirai un quart d'attendrissement, un quart de politesse, un quart d'amour fraternel et un quart de mauvaise conscience. Joli gâteau que je confectionnai là ! Comme je ne suis guère lécheur, mes baisers ont quelque chose de furtif et de maladroit, et tombent n'importe où. Je donnai un coup de bec sur la joue de Ségolaine, près de l'œil. Elle ne s'attendait pas à cette agression et en fut assez ébaubie. Touchée aussi je crois, car elle me sourit avec une espèce de gratitude timide qui me chavira le cœur. Mais mon désir de partir, de m'éloigner sur-le-champ d'un monde où tout me blessait, de me retrouver bien vite dans le monde que j'aimais et duquel seule une cloison me séparait, fut le plus fort. Dans de tels moments, nulle considération ne peut me retenir ; je ne me reconnais plus. Je me souviens que l'idée me traversa que j'éprouvais cette panique pour la troisième fois dans la même journée, que c'était beaucoup, que cette propension à fiche le camp dénotait peut-être un inquiétant vice de caractère, mais bast ! je remis à une autre fois l'examen de cette importante question. Adieu Seg ! Dès que je fus dans ma chambre, elle disparut aussi complètement de mon esprit que si elle n'avait pas existé du tout. Je me fourrai au lit avec *La Chartreuse* que je dévorai jusqu'à trois heures du matin, la tête en ébullition, amoureux fou du comte Mosca à qui je trouvai que je ressemblais comme un fils.

XIX

Deux jours après mon entretien avec Ségolaine, rentrant le soir du lycée, je tombai en pleine tragédie. Mon père, pour une fois, ne persiflait point, ma mère pleurnichait d'une façon très traditionnelle, ma sœur était muette et butée comme une bonne qui ne veut pas avouer qu'elle a cassé le sucrier ; Lionel se tenait prudemment à l'écart de cette situation que j'oserai qualifier de paroxystique. Il circulait à la périphérie de l'appartement tel un chien apeuré, l'oreille aplatie et l'échine basse, se faisant aussi transparent que possible. Incapable d'interpréter des apparences aussi insolites, lourd et sot comme il m'arrive assez souvent d'être, à mille lieues d'ailleurs d'imaginer que cette famille si élégante et si moderne qui est la mienne pût être sérieusement secouée par quelque chose, je fis irruption avec une bonne humeur, une vigueur, un vacarme absolument hors de saison. Ma mère leva sur moi des yeux rougis, ma sœur me chuchota d'un ton excédé que ce n'était pas le moment de faire l'andouille. Ce fut mon père qui me surprit le plus. Cet homme amène et nonchalant, tellement soucieux de son attitude, se mit à me crier des injures à la figure. Je découvris avec stupeur un individu sans empire sur soi et que la colère rendait vulgaire. Je battis en retraite incontinent et allai à la cuisine interroger Sarita sur ces événements extraordinaires. Elle avait beau baragouiner de façon incompréhensible, comprendre de travers ce qu'on lui disait, elle s'arrangeait toujours pour être au courant de tout. C'était une vraie gazette de l'immeuble. Souvent j'apprenais par elle telle décision ou tel projet des parents qu'elle avait pénétré par je ne sais quelle intuition.

Il est rare d'avoir une cervelle d'oiseau comme moi. Croirait-on que je ne devinai rien de ce qui agitait Ségolaine et mes parents ? Il fallut que Sarita m'expliquât avec un visage mystérieux tempéré par la jubilation que *Mamoisselle* « c'était enceint », ce qui est une chose terrible pour une « chonfi » (jeune fille). Afin qu'aucun doute ne subsistât, elle gonfla les joues et tendit les deux bras en avant pour mimer l'enflure du ventre. C'était donc ça ! Je fus encore plus abasourdi que tout à l'heure. Si on m'avait dit que l'annonce de la grossesse de Ségolaine provoquerait un pareil remue-ménage à la maison, j'en aurais bien ri. Et, pourtant, il fallait me rendre à l'évidence. Mes parents, à qui je n'avais entendu, depuis l'âge de raison, tenir que des propos immoraux, subversifs, ultra-modernes, d'un chic renversant, étaient furieux et désolés comme des bourgeois d'avant-guerre. Inconcevable !

J'ai observé que, quand le hasard a fait que vous vous êtes trouvé là pour recueillir une fois les confidences de quelqu'un, celui-ci continue à venir vous raconter ses petites histoires, comme si vous étiez son lecteur attitré et qu'il vous dût ponctuellement la suite de son feuilleton. Environ une heure après mon immixtion intempestive quoique brève dans la scène de famille, Ségolaine accourut dans ma chambre, l'œil brillant, excitée comme une gamine à qui l'on a promis ses premières chaussures à talons hauts. J'appris ainsi le dessous du drame et ses prolongements. Comme j'en avais eu le pressentiment, Robert n'avait pas été le roc de fidélité et d'abnégation que m'avait dépeint ma sœur.

Loin de là. La pauvre fille étant pressée de le voir, il l'avait reçue à son bureau, ce qui n'avait pas facilité l'entretien. Il émergeait derrière un grand meuble en acajou. Elle, assise en contrebas sur une chaise, tâchait de l'apercevoir à travers un aigle de bronze surmontant un encrier Empire. Il paraît que Robert, au siège de ses affaires, n'est pas du tout le même homme que dans le privé. Il est sec, pratique, pressé et, ma foi, imposant. On sent le type qui a des responsabilités et à qui on fait perdre son temps. Ségolaine, intimidée par cet inconnu peu loquace et plutôt sévère, avait exposé cahin-caha ses malheurs.

D'après ce que je compris, elle avait de son mieux tenté d'alléger l'atmosphère. À un moment, elle s'était levée et avait tournicoté dans la pièce, à un autre elle s'était perchée sur un coin du bureau, elle avait ri, minimisé la situation, évoqué la vieille complicité, etc. Dérisoire manège ! Dès que Robert avait entendu parler d'enfant, il avait fait une tête d'enterrement et s'était fermé comme un coffre. Comme on dit familièrement : « Il n'y avait plus personne. » Seg avait alors tâté du pathétique mais, à sa grande surprise, cela n'avait pas marché. Robert avait pris l'air de plus en plus constipé, exactement comme si un de ses amis ruiné était venu le taper. À la fin, pourtant, il s'était un peu dégelé, avait appelé Seg « ma petite fille » et « ma grande chérie », mais sans moelleux, sans tendresse, par habitude de langage. J'étais étonné que ma sœur qui n'est ni très subtile ni très sensible en général eût si bien saisi ces nuances-là et me les rendît avec justesse. Je lui demandai si elle était revenue de sa passion pour Robert, mais l'endurance des gens me confondra toujours. On a beau leur en faire voir de toutes les couleurs, les laisser choir, les trahir (car Robert, comme on verra, ne s'en était pas tenu à l'indifférence), une fois qu'ils se sont coiffés de quelqu'un, c'est le diable pour les en faire démordre. Cette persévérance dans l'aveuglement est une des choses les plus exaspérantes que je connaisse. Il n'y a pas une personne au monde, je crois, qui n'en soit affectée, moi inclus, qui ai nié cent fois l'évidence quand celle-ci ne cadrait pas avec mes idées préconçues, ou par dépit de m'être trompé.

Ségolaine, après avoir décrit l'infâme conduite de Robert, si bien dans la logique du bonhomme, se mit la cervelle à la torture pour lui fournir des justifications. D'abord l'âge. On ne pouvait quand même pas raisonnablement demander à un homme de soixante-sept ans de saisir les « motivations » de la jeunesse d'aujourd'hui, car tout à coup Robert, que ma sœur présentait comme un jouvenceau, un gamin, tellement plus frais que nous autres en ce qui regarde l'imagination ou l'audace, toujours en avance d'une espièglerie, était un vieux monsieur à préjugés. Première nouvelle. Ensuite, c'était très beau que Pépé, si occupé, l'eût écoutée avec patience, l'eût appelée « ma chérie » et « ma chatte ». Enfin, détail particulièrement exaltant et sublime : il ne lui avait pas fait la morale. C'était cela qui émerveillait le plus Ségolaine.

— Tu peux dire tout ce que tu voudras, déclara-t-elle avec force, il n'y a pas beaucoup de grands-pères qui ne m'auraient pas sonné les cloches. Lui rien. Pas un mot. Parfait, mon vieux. Parce que moi je vois les choses en face : une fille qui a un gosse, d'accord, il n'y a pas de quoi en faire un plat, c'est comme de se faire tamponner par une bagnole, mais faut être juste, c'est vachement emmerdant pour la famille. Je vais te dire : Robert, là, dans son genre, il s'est comporté en adulte. À soixante-sept ans, chapeau !

Tout cela ne m'expliquait pas la scène dans laquelle j'avais été me jeter tout à l'heure en rentrant de l'école. Qui avait mis les parents au courant ? Je le demandai. Ségolaine fut bien obligée de m'avouer que, sitôt qu'elle avait eu le dos tourné, grand-papa avait sauté sur le téléphone et claironné la nouvelle à M. et Mme Chédeville. Là encore elle s'ingénia à trouver des circonstances atténuantes. Que pouvait-il faire d'autre, le pauvre vieux ? Il fallait se mettre à sa place. Certes, une félonie aussi grosse, d'abord, l'avait atterrée, d'autant plus que papa et maman, lorsqu'elle était rentrée, lui étaient tombés dessus « comme un immeuble », mais ensuite, en y réfléchissant, elle s'était avisée qu'un grand-père apprenant que sa petite-fille est enceinte n'avait d'autre choix que d'en référer aux géniteurs responsables.

— Tu comprends, je n'ai pas vingt et un ans, dit-elle avec un regard implorant ; si j'avais été majeure, je suis sûre que Robert aurait fait tout ce qu'il fallait sans en parler à personne.

Elle avait tant envie de l'innocenter qu'elle alla jusqu'à m'affirmer que, si elle avait été lui, elle aurait, tout bien pesé, agi de la même façon. J'étais si irrité par cette implacable duperie de soi-même que je ne pus m'empêcher de m'écrier que Robert s'était conduit comme le dernier des fumiers, que s'il ne voulait pas venir en aide à sa grande chérie il n'avait qu'à le dire franchement, mais que ce coup de téléphone sournois, ce cafardage précipité, c'était dégoûtant. Si on m'avait joué un pareil tour, déclarai-je énergiquement, je ne serais pas près de le pardonner. Un type qui pendant dix-neuf ans vous accable de protestations d'amour et qui, la seule fois qu'on a besoin de lui, s'empresse de vous trahir, en eussé-je été, moi, la victime, il serait à tout jamais rayé des cadres, grand-père ou pas.

Je conjurai ma sœur de se réveiller de sa rêverie, de considérer enfin, devant l'éloquence des événements, que notre ancêtre n'était pas autre chose qu'un vieux salaud, un vieil égoïste prêt à toutes les lâchetés pour protéger sa tranquillité. Peine perdue. J'avais affaire à une personne enchantée, une héroïne de conte de fées touchée par une baguette magique. Je sentis même, quoiqu'elle fût émue par la chaleur avec laquelle je prenais son parti, que je commençais à l'indisposer. Cela ne me piqua que davantage. À dix-sept ans, on éprouve de la fureur à se heurter contre un mur. On donne de la tête dedans, sûr qu'on finira par le renverser. Or les murs ne tombent jamais. Je le sais à présent, après m'être fendu le crâne dans une infinité de charges de ce genre. Bref, nous finîmes par nous chamailler, ce qui est une façon vraiment puérile de faire tourner une discussion grave. Je fus heureusement le premier à me rendre compte que me disputer à propos d'un personnage qui m'intéressait à peu près autant qu'une vieille savate était le comble de l'ineptie et j'éclatai de rire. Ségolaine rit aussi. Je laissai tomber le sujet Robert.

Cela me coûta car j'avais le cœur plein de ressentiment ; à mesure que nous parlions, j'avais assez mystérieusement pris fait et cause pour ma sœur ; je ressentais la crasse qu'on lui avait faite avec autant d'aigreur que si on me l'avait faite à moi-même ; et j'étais déçu de ne pas trouver autant d'intransigeance chez elle. Je note ce mouvement au passage parce que ce n'est pas la première fois que je l'observe. Il m'arrive souvent, lorsqu'une personne que j'aime ou qui m'est proche est victime d'un affront ou d'une injustice, d'en souffrir plus qu'elle. Le pardon que j'accorderais facilement pour mon propre compte, je l'accorde avec peine pour le compte d'un autre. À cause de cette tournure de caractère, je me suis mis dans des situations embarrassantes : j'en veux à des gens qui ne m'ont causé aucun dommage et qui ne s'expliquent pas mon hostilité. Plus absurde encore : je continue à leur en vouloir longtemps après que la personne qu'ils ont offensée n'y pense plus et s'est repapillotée avec eux. Le plus étrange est que, tout en sachant fort bien qu'il est idiot de ma part de me faire de la sorte des ennemis gratuitement, j'y puise un certain contentement. Il me semble qu'en gardant mon cœur fermé, en cultivant des rancunes qui ne me concernent pas, j'ai de l'honneur pour deux. Si les gens oublient qu'on leur a manqué, qu'on les a humiliés, trompés, bafoués, trahis, tant pis pour eux. C'est leur affaire. Ils sont libres de ne pas se respecter. Moi, je ne passe pas l'éponge aussi vite. Ce qu'on a fait à quelqu'un qui ne m'est pas indifférent se grave à tout jamais dans ma mémoire. Orgueil, sûrement (d'ailleurs, dès que je gratte un peu mes sentiments, quels qu'ils soient, je trouve de l'orgueil), mais je m'en fiche. Peut-être est-ce une forme de loyauté aussi, une forme de fidélité, de constance : quand on parle de soi, il faut autant prendre garde à ne pas se dénigrer qu'à se décerner des satisfecit ; ce sont les deux écueils du genre.

La trahison de Robert était un épisode croustillant, certes, mais le gros morceau restait la scène avec les parents. Le peu que j'en avais surpris avait enflammé ma curiosité. Ségolaine, étant lancée dans la confidence et y prenant plaisir (peut-être parce que le confident était moi, recrue inattendue, donc amusante), ne se fit pas prier pour déballer toute l'histoire, moitié comme une petite fille qui fait avec un air faussement repentant et des ricanements le récit d'une polissonnerie qui a mal tourné, moitié comme une femme mesurant l'étendue de son infortune.

La pauvrette, en sortant de chez grand-papa, était assez désemparée. En dépit de ses idées sur la liberté sexuelle, le socialisme, la révolution et le reste, elle était encore très proche de l'enfance. Son premier mouvement, si elle avait des ennuis, était de se tourner vers les grandes personnes. Être enceinte n'était pas une épreuve pour une gamine. C'était, selon son mot, comme d'être tamponné par une bagnole. Quand un enfant est accroché par une auto, on ne lui demande pas d'aller tout seul à l'hôpital, de remplir les feuilles de Sécurité sociale, d'engager un avocat pour obtenir des dommages-intérêts. Les parents s'occupent de tout. L'enfant, lui, se borne à geindre, à pleurnicher, à attendre que le monde entier, animé à son égard d'une bonne volonté infinie, le guérisse et lui fasse des cadeaux pour le consoler. Il y a là un phénomène analogue à celui que j'ai indiqué plus haut à propos des bonnes ou mauvaises notes qu'on a à l'école, et de la croyance qu'on travaille pour ses parents, non pour soi.

À dix-neuf ans, Ségolaine, quoiqu'elle fût bel et bien enceinte pour son propre compte, pensait au fond d'elle-même, pas très clairement mais avec beaucoup de conviction, que cette grossesse était plutôt l'affaire de la famille que la sienne. Elle en était d'ailleurs, par une illusion d'optique assez courante, plus chagrinée pour la famille que pour elle. Si elle avait été seule au monde, les choses eussent été bien plus simples : selon les circonstances, elle aurait avorté ou accouché, et tout aurait été dit. Mais l'existence des parents compliquait la situation. J'étais surpris de trouver chez ma sœur ce scrupule des enfants d'autrefois, qui s'imaginaient que leurs parents ne vivaient que pour eux, ne pouvaient souffrir que par eux, et qui n'osaient rien leur confier par crainte de les meurtrir. Dieu sait pourtant que nos parents ne nous avaient guère montré, depuis que nous étions nés, une vulnérabilité de ce genre ! N'importe ! Seg, personne moderne s'il en fut, brutale à l'occasion, usant d'un vocabulaire ordurier de potache, uniquement occupée d'elle-même, était en proie à une pareille délicatesse, à croire qu'il y a là un trait profond de la nature enfantine, que nul bouleversement des mœurs ne parvient à effacer. L'enfant, instinctivement, pense qu'il est plus endurant, plus résistant, plus lucide, plus philosophe que quiconque et singulièrement que son père et sa mère. Toujours il tente de s'interposer entre eux et le monde. À première vue, cela semble contradictoire avec ce que j'ai dit plus haut et peut-être bien ce l'est-il, mais je sais que je ne me trompe pas. Je l'ai souvent observé sur moi : lorsqu'un enfant a quelque gros souci, il est aussitôt partagé entre deux sentiments antagonistes, protéger et être protégé. Je suis certain que la vraie raison pour quoi ma sœur se réfugia auprès de Robert ne se trouve pas ailleurs. Robert était exactement la personne qui convenait. Étant grand-père, il l'aimait, il était responsable d'elle, par conséquent il allait se charger aussitôt de son sort ; mais n'étant que grand-père, c'est-à-dire éloigné d'un degré, on n'avait pas besoin de prendre des gants pour lui annoncer une tuile. Je note en détail toute cette arithmétique, d'abord parce que je suis assez fier de l'avoir reconstituée, et ensuite parce qu'elle est très révélatrice de la façon dont fonctionne l'esprit enfantin. En entrant chez Robert, Ségolaine était une femme malheureuse sur qui pesait le poids du monde ; en sortant, elle serait miraculeusement redevenue une fillette qu'un bienfaisant aïeul ramène par la main dans les chemins de l'innocence. La froideur du vieux, ses paroles évasives lui apportèrent la révélation qu'il était un peu différent de se faire flanquer un gosse et de s'ouvrir le genou en jouant à chat perché.

XX

Entre le bureau de Robert et la maison, il y a un bout de chemin. Trois quarts d'heure de marche environ. Ségolaine était si tourneboulée qu'elle ne prit pas de taxi, détail assez exceptionnel pour qu'on le consigne. En effet, elle dépense des fortunes dans ce mode de locomotion (ce qui ne l'empêche pas d'être toujours en retard d'une demi-heure sinon d'une heure à ses rendez-vous). Elle rentra donc à pied, toute pensive. « À quoi pensais-tu ? » demandai-je. On ne devrait pas poser de telles questions car les gens ne pensent ordinairement à rien et leur esprit n'est jamais aussi vide que quand ils ont l'air pensifs. Celui de ma sœur trottinant dans Paris contenait deux idées qui roulaient au hasard comme des billes : « Qu'est-ce que je suis embêtée ! » et « À qui est-ce que je vais m'adresser maintenant ? ». Robert défaillant, il ne restait plus que les parents.

Je calomnie Ségolaine en affirmant que son esprit était vide. Il ne l'était pas tant que ça. Après avoir cheminé une vingtaine de minutes, elle s'assit sur un banc et, comme on dit, se raisonna, c'est-à-dire qu'elle s'efforça de chasser les tableaux dramatiques que suscite l'instinct ou l'imagination, et de les remplacer par des réalités rassurantes. Il n'en manquait pas, à commencer par l'attitude et les paroles de papa et maman depuis des années, l'image qu'ils avaient voulu nous donner d'eux et que Seg avait quelque peu oubliée ces derniers jours. Nous avaient-ils assez seriné qu'on pouvait tout leur dire, qu'ils n'avaient pas la moindre « inhibition », qu'ils étaient des parents « comme on n'en fait pas », qu'il ne fallait avoir honte de rien et que d'ailleurs tout était permis ? Elle se rappela plus particulièrement un numéro assez superbe (auquel j'avais maintes fois assisté) de papa se posant en anti-père noble et déclarant de façon badine, en homme que son humour met au-dessus des vicissitudes de l'existence, que, s'il arrivait à sa fillette d'être enceinte (sait-on jamais !), elle devait aussitôt le lui confier, que le marmot serait le bienvenu, qu'on l'accueillerait avec des cris de joie dans notre communauté si évoluée et si culturelle.

Ce dernier trait lui remonta beaucoup le moral ; elle reprit sa route d'un pas plus assuré, se reprochant presque de s'être durant toute une semaine conduite comme si ses bons parents étaient des bourgeois obtus et rétrogrades. Pendant la suite du trajet, elle se raconta une jolie histoire où l'on voyait papa la féliciter d'être mère, la plaisanter doucement de son état, la presser sur son cœur, etc., et maman discuter pragmatiquement avec elle des dispositions à prendre. La marche à pied procure une certaine griserie à laquelle je suis sensible, moi qui use une paire de souliers en trois mois, et à laquelle Seg devait être encore plus sensible, elle qui met rarement un pied devant l'autre. Je ne dirai pas qu'elle dansait en arrivant à la maison, mais elle se sentait très légère. Sa grande trotte depuis le bureau de

Robert et sa méditation ambulatoire avaient dissipé son angoisse. Elle fut d'autant plus stupéfaite de l'accueil qu'elle reçut. Lorsqu'elle introduisit sa clef dans la serrure, la porte s'ouvrit brutalement, tirée de l'intérieur par mon père qui l'attendait. Il se mit à crier comme si on avait appuyé sur un ressort, l'attrapa par le poignet et la traîna jusqu'au salon où maman était assise, muette, dans la position classique de la *mater dolorosa,* le poing sous le menton, le regard fixe.

Si je n'avais pas moi-même entendu tout à l'heure les beuglements de papa, constaté *de visu* ses gesticulations, aperçu dans le lointain les yeux rouges de maman, je n'en aurais pas cru mes oreilles, encore qu'on ne doive jamais s'étonner des réactions des grandes personnes. Elles nous surprendront toujours par leur inconséquence. Il y a belle lurette que je n'accepte plus pour argent comptant les discours qu'elles nous tiennent, ayant remarqué qu'au premier événement qui les contrarie elles se déjugent sans vergogne. Loin d'accuser leurs conseils ou leurs théories de nous avoir amenés à commettre telle ou telle sottise, elles font retomber sur nous tout le poids de la faute. Elles sont blanches comme neige, innocentes, victimes de notre perversité, etc. Et quels redoublements de fureur si on leur rappelle timidement ce qu'elles ont dit naguère ! On les insulte, on ajoute l'insolence au péché. Mauvaise foi vieille comme le monde, manifestation caractéristique du droit du plus fort. Le plus fort décrète qu'il a raison, et que le plus faible a tort ; il arrange le passé à sa manière, il récrit l'histoire, il truque tous les procès. Nous voyons cela constamment en politique, mais c'est la même chose dans la vie privée. Sous ce rapport, les parents d'aujourd'hui ne doivent guère être différents des parents d'autrefois. Je les trouve pires, car à la mauvaise foi ils ajoutent la provocation. Les parents d'autrefois, à ce que j'ai entendu dire, n'étourdissaient pas leurs enfants de serments et de promesses, ne jouaient pas aux camarades, ne leur accordaient pas la liberté pour leur reprocher ensuite d'en avoir abusé.

Je suis documenté là-dessus, ayant entendu tant et plus le sieur Robert se plaindre de l'épouvantable sévérité avec laquelle mon arrière-grand-père l'élevait aux alentours de 1912. C'est même un de ses radotages favoris. Une fois par mois nous avons droit à une description des méthodes éducatives « d'avant l'autre guerre » : interdiction de parler sans qu'on vous interroge, interdiction de mettre les mains dans ses poches, obligation d'être premier partout à l'école, obéissance « au doigt et à l'œil », cinquante centimes d'argent de poche par semaine, et ainsi de suite. Il raconte cela comme Dickens les souffrances d'Oliver Twist (talent en moins) mais se garde bien d'en conclure que c'était le bon temps, que cela faisait des générations appliquées et solides. Fi donc ! Ces regrets-là sont pour les attardés. Robert, lui, s'extasie sur la façon divine et merveilleuse dont on traite les enfants sous la Ve République. Que n'est-ce maintenant qu'il a dix ans, le pauvre chou, au lieu de les avoir eus avant 14 ! Il ne se consolera jamais d'être venu trop tôt dans un monde pas assez pourri.

Ce qu'il oublie de mentionner dans son épopée, c'est que « l'autre guerre » y mit assez tôt un terme. En effet, arrière-grand-papa, lieutenant du génie, partit tout de suite pour le front, ne réapparut que pour de courtes permissions et finalement fut tué à Verdun en 1916, en sorte que

Robert, dès l'âge de treize ans, vit sa condition s'adoucir beaucoup. Mon arrière-grand-mère n'était qu'une faible femme, sans ressort, sans volonté, incapable de résister à qui que ce fût. Son veuvage l'accabla, puis elle sombra dans le lymphatisme. D'après ce que j'ai reconstitué, Robert passa sans la moindre difficulté de l'état d'enfant martyr à celui de gommeux. Son premier exploit consista à se faire expulser du collège Sainte-Croix. Ensuite il s'acheta des canotiers, se mit à fumer des cigarettes turques, alla dans les dancings et à vingt ans fréquenta des demi-mondaines. Ma grand-mère lui passait ses trente-six volontés, lui donnait des billets de cent francs, le grondait doucement quand il avait perdu au baccara ou au chemin de fer, le plaignait quand il avait fait une bêtise plus grosse que les autres. Bref, en quelques années, il devint dans les moindres détails ce personnage si courant de 1920 et qui, je crois, a profondément déterminé la vie française pour les vingt ou trente années suivantes : un fils de veuve. Les bons principes inculqués à coups de taloches par mon arrière-grand-père ne résistèrent pas à la Grande Guerre, qui les balaya avec tant d'autres choses aussi importantes.

En retraçant succinctement la jeunesse de Robert, j'éprouve un vif regret que mon pauvre arrière-grand-père ait été éparpillé par un obus allemand en 1916. S'il était revenu, je ne doute pas qu'il eût repris la cravache d'une main ferme et bouclé de nouveau son chenapan de fils chez les jésuites. Ainsi Robert, ayant été tenu par un carcan de fer jusqu'à sa majorité, aurait élevé papa, son fils unique, avec douceur, indulgence, libéralisme, tendresse, en vertu de la loi bien connue de l'alternance, qui fait que, lorsqu'on a eu une enfance dure, on se montre d'autant plus coulant avec les enfants qu'on a. Par suite papa, toujours selon la loi de l'alternance, aurait peut-être, en dépit de l'effacement général des parents actuels, été un peu plus consistant dans ses rapports avec Lionel, Ségolaine et moi. Au lieu de cela, Robert, ci-devant galopin, a été un père féroce, partisan du serrage de vis et des devoirs de vacances, l'œil rivé sur les examens et les concours, sans amour bien sûr, mais palliant sa sécheresse par une méchanceté tatillonne (d'où le respect de papa pour lui et le genre petit garçon qu'il prend en sa présence) ; tandis que papa, conduit sans faiblir jusqu'au diplôme d'H.E.C., a été un père ultra-« permissif », pour appeler les choses par les noms qu'on a inventés pour elles.

Je dis que les parents d'aujourd'hui sont pires que ceux de jadis, attendu qu'ils sont, en plus, des provocateurs. En compensation, ils ont le caractère faible ; le désir qu'on leur fiche la paix l'emporte sur leur mauvaise foi. C'est ce qui advint lors de la scène avec Ségolaine. J'appris par elle que j'avais ouvert la porte du salon au plus mauvais moment (cela ne m'étonne pas de moi !), c'est-à-dire tout au début, au plus fort de l'engueulade, laquelle avait décru sensiblement au bout d'un quart d'heure, faute de vraie douleur, je pense, chez papa et maman, qui n'avaient ni l'un ni l'autre plus de quinze minutes d'énergie dans le cœur. Je trouve d'ailleurs, soit dit en passant, qu'un quart d'heure d'engueulade, en l'occurrence, c'était encore bien trop. Raisonnons : mes parents étaient parfaitement au courant des frasques de Ségolaine, qui n'en faisait pas mystère, mobilisait le téléphone pendant des heures pour ses roucoulades et nous assommait avec les tabous sexuels ; mon père se moquait bien de la vertu de sa fille et ma mère achetait elle-même les tubes de pilules. Alors que signifiait cette explosion ?

Mes parents ne trouvaient rien à redire aux débordements de leur fille ; ils l'encourageaient même dans cette conduite si moderne, mais dès que cela tournait mal, halte-là ! Comme s'il était moralement plus répréhensible d'être enceinte que d'avoir fait ce qu'il fallait pour l'être. En y réfléchissant, je crois que leur colère et leur dépit avaient d'autres raisons que l'inconséquence habituelle des adultes, plus subtiles, venant de plus loin, de ces raisons qu'on ne devine pas sur le moment parce qu'elles ne sont pas logiques mais sentimentales. Je vais tâcher de les démêler.

Après le cafardage téléphonique de Robert, papa était rentré dare-dare de son bureau. Maman se trouvait à la maison, ce qui était un coup de chance car elle va trois après-midi par semaine dans un centre d'orientation où elle s'occupe vaguement (et à peu près gratis), sous la houlette d'un nommé Jarrige (Albert), de diriger de jeunes incapables vers des métiers inutiles dont elle ne sait rien : animateur de radio, annonceur de télé, antiquaire, publicitaire, agent de voyages, kinésithérapeute, organisateur de vacances, journaliste, cinéaste, etc.

Papa lui avait assez dramatiquement annoncé le désastre. Par un réflexe qui m'étonna, elle fondit en larmes. Encore un chagrin inexplicable ! mais ce n'était pas du chagrin, je m'en rends compte en l'analysant aujourd'hui. Ma mère en 1971 avait accumulé contre Seg une foule de griefs ; cette dernière sottise faisait déborder la coupe et je crois qu'elle eut en réalité une crise de nerfs. D'ailleurs les sanglots ne durèrent pas longtemps ; elle et papa, en attendant le retour de la coupable qui ne se pressait pas, qui musardait dans Paris et apparut seulement une heure plus tard, eurent tout le temps de se monter le bourrichon en tête à tête, l'un exhalant la fureur du père de famille dérangé dans son travail et plongé dans ce que les hommes haïssent le plus : des « histoires », l'autre attisant cette colère à la manière des femmes par de petites remarques sans y toucher.

Je n'ose pas trop m'aventurer dans des suppositions sur les sentiments profonds de ma mère, mais j'ai bien l'impression qu'en dépit de ses pleurs elle n'était pas fâchée de la tuile de Ségolaine, que l'accablement que lui causait cette dernière trouvaille d'une personne qui lui en avait déjà fait voir de toutes les couleurs était tempéré par une espèce d'amère satisfaction. Elle ne l'aimait pas, ce qui était assez excusable, vu que Ségolaine, qui était autrefois une petite fille tendre, docile, joufflue et ronde, s'était brusquement métamorphosée à l'âge ingrat, tant au moral qu'au physique, s'allongeant comme une asperge, perdant sa gentillesse et surtout se dressant avec une hargne et une insolence persévérantes contre maman dont elle avait été la préférée jusque-là. Animosité temporaire, pensait-on, qui passerait vers la quinzième année, après que Seg serait redevenue jolie ; or elle ne passa pas ; elle s'aggrava plutôt ; ma sœur prit le genre chatte avec les messieurs, non pas avec Lionel ou moi qu'elle traitait de haut, en moutards que nous étions, mais avec papa et Robert. Elle allait s'asseoir sur les genoux de papa, lui donnait des baisers indécents dans le cou, ronronnait entre ses bras, lui soutirait de l'argent de poche supplémentaire, obtenait de lui la permission de faire des choses que maman avait défendues une heure plus tôt, bref, le jouait sans arrêt contre elle et gagnait à tout coup, car il était assez content, voire assez fier de ces câlineries de la part d'une jeune personne à la peau fraîche. Il n'y voyait aucun manège, il entrait candidement dans cette complicité, il mettait son bras autour de la taille de Ségolaine qui en profitait pour cambrer les seins et le derrière, ou poser artistement la tête sur son épaule. C'était des « mon petit papa chéri » par-ci et des « mon petit loup » par-là. Après six mois de ce régime, mon père se trouva absolument désarmé, incapable de dire non au moindre caprice de ma sœur, à la fois pour ne pas la contrister ou la décevoir et parce que, de façon curieuse, il s'était mis à avoir peur d'elle, qu'il était devenu incapable de résister à ses bouderies.

Maman, observant cela avec des yeux de femme, n'était dupe de rien et enrageait du matin au soir. On s'arrangeait pour lui faire sentir à tout bout de champ qu'on se fichait d'elle, qu'elle ne comptait pas, qu'elle était quantité négligeable, que ce qu'elle disait ou rien était la même chose, etc. Ségolaine, avec la bêtise et l'esprit de système des enfants, mettait son point d'honneur à ce qu'elle reçût des démentis chaque fois qu'elle avait l'audace de donner son avis et ne perdait aucune occasion de proclamer l'inébranlable solidarité de papa à son égard. Ils avaient l'un et l'autre des conversations pleines de sous-entendus et d'éclats de rire. Ils feignaient de partager des secrets. Lionel et moi jugions la situation plutôt burlesque et faisions des gorges chaudes sur les tortillements de l'une et les yeux de merlan frit de l'autre, mais maman contre qui cela était dirigé, qui en était la victime, qui en pâtissait autant dans la vie pratique que dans ses sentiments, n'y trouvait pas matière à plaisanterie. Je l'ai souvent vue, au cours de cette période, pleurer de dépit.

Je pense qu'elle aurait avalé ces couleuvres sans trop de difficulté et n'en aurait pas tenu longtemps rigueur à Ségolaine si celle-ci, concomitamment à la conquête de papa, n'avait entrepris celle de Robert. À mon avis, c'est cela qui a scellé leur éloignement définitif. S'allier avec papa contre elle, ce n'était pas très grave, l'alliance un jour ou l'autre se serait affaiblie et on aurait passé l'éponge (c'est d'ailleurs ce qui arriva) ; s'allier avec Robert était une trahison impardonnable. En effet, maman nourrit à l'égard de mon grand-père — qui la lui rend — une antipathie vigilante, ancienne, indestructible, confinant à la haine. Cela est d'autant plus remarquable qu'ils ne sont pas très différents l'un de l'autre quant aux idées, aux goûts, à la façon de réagir devant les événements et les êtres, au caractère même. Rien de fondamental ne les sépare. Mais ils ont décrété qu'ils ne s'aimaient pas. Comme quoi l'amitié et la détestation ne sont pas des choses rationnelles. Elles viennent de loin, d'impressions d'autrefois qu'on ne s'est jamais donné la peine d'effacer, d'entêtements où l'on s'est raidi, de vieilles blessures dont on a oublié l'origine et qui ne font même plus souffrir. Je ne suis pas peu fier de cette découverte, à laquelle je suis parvenu à la longue, en observant l'interminable guerre de Robert et de maman, car à l'âge que j'ai on admet difficilement que la vie ne soit pas gouvernée par la logique, on s'agrippe de toutes ses forces au principe de causalité, et l'on est désorienté quand on s'aperçoit que rien de consistant n'explique les passions.

Tout vient de ce que mon père et ma mère ont fait un

mariage d'amour. Robert a été furieux de cet amour et de ce mariage. Cela se situe en 1950, époque où il n'admirait pas encore la jeunesse, les élans du cœur, le libertinage, la révolution et toutes les belles choses qui lui furent révélées par la suite. Il semble également que ce fût la première fois que papa ait décidé quelque chose de son propre chef, sans demander la permission. Robert n'accepta de rencontrer maman qu'après des mois de résistances, de colères, de scènes de toutes sortes. Il ne voulait pas de cette union. Pur caprice de sa part, car ladite union n'avait rien de choquant au sens que les bourgeois de 1950 auraient pu donner à ce mot. La fiancée n'était ni vendeuse, ni dactylo, ni fleuriste, ni cousette ; elle venait d'un aussi bon milieu que le fiancé.

Ils s'étaient connus dans les surboums de ces années-là qui, paraît-il, avaient quelque chose de désespéré et de frénétique à cause de la guerre de Corée, dont on croyait qu'elle allait s'étendre à la planète entière, avec accompagnement de bombe atomique. On se dépêchait de jouir de son reste. Papa et maman connurent des bonheurs furtifs et romanesques, à minuit, dans les chambres majestueuses des parents de leurs copains, au son de la musique boogie-woogie qui gueulait à côté et des youpis des danseuses qui montraient leur porte-jarretelles en faisant des cabrioles. Papa avait vingt-quatre ans, ce qui est un peu vieux, je trouve, pour courir les surboums, d'autant plus qu'il était déjà « dans les affaires », attaché de direction quelque part et comptant bien devenir directeur général d'autre chose grâce à son diplôme d'H.E.C. Il est vrai qu'il y avait en ce temps-là, d'après ce qu'on m'a raconté, une folie d'amusement comme on n'en imagine plus aujourd'hui. Les gens étaient-ils plus jeunes de caractère, comme ils le prétendent ? Vingt-quatre ans d'alors, c'est peut-être dix-huit d'à présent.

Quand je compare le Paris que je vois en 1974, si morne, si sérieux, si triste, rongé par l'ennuyeuse politique, boursouflé d'ennuyeux gratte-ciel, avec les récits fabuleux de la vie en 1950, quand tout était vieux, sale, délabré, encore meurtri de la guerre, divinement accueillant, je suis saisi de nostalgie. Que n'ai-je eu vingt ans à cette époque ! Que n'ai-je connu les caves de Saint-Germain-des-Prés, la Rose rouge, le Tabou, Jouvet dans *L'École des femmes,* Marcel Cerdan, Martine Carol ! Il me semble que j'aurais aimé jusqu'à Boris Vian, contre qui, cependant, j'ai une prévention quasi insurmontable à cause des âneries que les profs m'ont racontées sur lui, mais qui devait être en fait un aimable garçon, bon enfant et rigolo. En écrivant ceci, j'ai envie de m'écrier comme les vieux : « Mon Dieu, que c'est loin, tout ça ! » Aussi loin que les joyeusetés du Second Empire ou de la Belle Époque 1900. J'envie mon père et ma mère de l'avoir connu ; je les interroge parfois, mais leurs réponses ne me satisfont pas. Je voudrais des détails, des atmosphères, des portraits, des airs de musique ; ils ne se rappellent qu'une espèce d'insouciance globale, qu'un appétit de vivre qu'ils ne savent pas analyser. Ils m'affirment que mon temps est bien plus intéressant, qu'ils préféreraient avoir vingt ans aujourd'hui plutôt qu'en 1950, ce qui montre que personne n'est jamais content du moment où il est venu au monde.

Moi c'est en 1515 que j'aurais aimé avoir vingt ans. Ou en 1792. Ou encore en 1830. Bref, n'importe quand sauf en 1974. Le monde n'a connu qu'une seule civilisation industrielle et le destin a voulu que je tombe à pieds joints dedans. À cent ans près, si j'étais né en 1854, j'y coupais. Je n'ai rien à faire de l'industrie, moi. Je suis à fond pour la civilisation agraire. Je suis à fond pour la littérature contre la science, pour les châteaux contre les usines, pour la guerre en dentelles contre la guerre atomique, pour la peste et le choléra qui dépeuplaient les pays contre l'hygiène qui les surpeuple, pour les loups qui apparaissaient en hiver et mangeaient les poules des paysans contre les moutons de Panurge qui submergent le monde. Je suis à fond pour la mortalité infantile contre les allocations familiales. Et je ne suis pas le seul de ma génération à penser de la sorte. Les adultes seraient foudroyés s'ils savaient quel intense regret des époques révolues occupe le cœur des jeunes gens de vingt ans. Ce « meilleur des mondes » qu'ils nous ont fabriqué, qu'ils nous proposent avec des mines gourmandes, enveloppé dans du papier-cadeau et noué de bolduc, nous l'échangerions avec des transports de joie contre une miette du vieux monde injuste, sans confort, mais si charmant, si intelligent, de Louis XV, par exemple.

XXI

Revenons au mariage de mes parents. Robert, par lubie de despote, parce qu'il était vexé qu'on ne l'eût pas informé de cette intrigue amoureuse, pour je ne sais quelle autre raison aussi sérieuse, décida que sa bru était une rien du tout et que son fils, en l'épousant, faisait son malheur. La première fois que maman et lui se trouvèrent face à face, il fut à peine poli ; maman en ressentit une humiliation d'autant plus cuisante qu'elle était jeune, donc facilement prise au dépourvu, et plutôt timide. Comme toujours, l'amour, d'être contrarié, ne prit que plus de force. Papa devint un enjeu entre maman et Robert, et bien entendu ce fut maman qui gagna, d'où chez elle l'arrogance du vainqueur et chez Robert la rancune du vaincu. À écrire, cela paraît d'une grande bêtise, mais toutes les passions, lorsqu'on les dépeint, n'offrent-elles pas cet aspect dérisoire, cette disproportion ridicule des causes et des effets ? Robert se vengea en exigeant une cérémonie colossale avec réception au Pré Catelan, jaquette, lunch et autres splendeurs bourgeoises, ce qui gâcha ce beau jour pour papa et maman, qui auraient préféré un mariage à la sauvette et un départ discret pour les Baléares, non découvertes encore, à ce qu'on m'a dit, par les touristes français.

Robert et maman continuèrent à se détester, en vertu de la vitesse acquise, après que maman eut cessé de considérer papa comme un trésor à conquérir de haute lutte ou à défendre contre les convoitises du monde, autrement dit de l'aimer. Le pli était pris. Ils ne désarmèrent jamais, ne cédèrent jamais à l'indifférence, comme il eût été normal. J'ai appris par là que la haine dure plus longtemps que l'amour. Ma pauvre maman, en épousant mon père par amour, a fait un fameux marché de dupes, car ce n'est pas lui avec qui elle s'est unie, mais avec Robert. Elle a gardé mon père un an ou deux, peut-être même pas si longtemps. D'après les renseignements que j'ai pu glaner de droite et de gauche (non sans difficulté, car on est très discret là-dessus devant les enfants), il semble que leur jolie passion n'ait pas survécu à six mois de cohabitation. Ils avaient cru couronner leur amour, ils s'aperçurent qu'ils l'avaient troqué contre une foule de petits embêtements communs, de petites incompatibilités d'humeur auxquelles ils n'avaient pas pris garde pendant l'éblouissement de leurs fiançailles contrariées. Ils étaient deux étrangers qui avaient par hasard couché ensemble et s'étaient laissé prendre à ce piège. Je suis gêné de consigner de pareilles choses sur mon père et ma mère, mais je ne parviens pas à m'en empêcher ; il m'est impossible de jeter un voile pudique sur ce qu'ils sont ou ce qu'ils ont été. C'est à peine ma main qui écrit. Ou plutôt j'ai l'impression que la vérité coule comme du sang dans ma main, qu'elle l'a enchantée, qu'elle la force d'aller, et que cela ne s'arrêtera que lorsque toute la vérité sera mise noir sur blanc.

« Le mariage, Agnès, n'est pas un badinage », disait justement Jouvet dans *L'École des femmes*. Il est même un état assez effrayant, d'après le tableau que j'en ai eu chez moi. J'ai raconté plus haut comment Ségolaine, un jour, m'avait ouvert les yeux sur les véritables rapports de mes parents. On n'a pas besoin de me dire les choses deux fois : dès lors rien ne m'a plus échappé. J'ai vu deux êtres qui vivaient l'un à côté de l'autre sans aucune intimité, ne se confiant rien, ne se parlant pas, ayant des soucis et des joies qu'ils ne partageaient ni entre eux ni avec nous, ne retrouvant un semblant de solidarité que contre leurs enfants, et encore dans de bien rares circonstances. Heureusement que les enfants ont la peau dure. Ce désert de sentiment ne m'a jamais affecté, non plus que mon frère ni ma sœur. En revanche, il m'intéressait beaucoup et j'ai observé assidûment mes parents, toujours étonné que deux personnes si éloignées l'une de l'autre continuassent à accepter les servitudes du ménage sans les contreparties de l'entente, de l'affection, des goûts semblables, des aspirations communes. Quelle leçon !

Poussons le sacrilège jusqu'au bout : à seize ans, à dix-sept ans, j'ai souvent pensé que papa et maman jouaient pour mon profit le rôle ingrat de l'ilote que les Lacédémoniens saoulaient de vin et exhibaient ensuite sur la place publique (ou agora) afin, par ce spectacle, de dégoûter les jeunes hommes de l'ivrognerie. Je n'étais pas près de me marier, moi ! Ou, si je le faisais un jour, ce serait avec une femme que je ne me serais pas borné à essayer au lit, mais que j'aurais étudiée longtemps, en qui j'aurais trouvé des affinités profondes, dont l'âme serait la sœur jumelle de la mienne. Moyennant quoi je me prédisais une belle carrière de célibataire, attendu qu'il n'existe sûrement pas un homme sur un million qui trouve cette perle rare.

Pourquoi, lorsqu'on écrit, a-t-on tendance à accentuer les contrastes ? Je me prends sans arrêt à caricaturer. Est-ce une fatalité de tous les arts ? La vie n'est jamais aussi nette que les récits qu'on en fait. Mes dernières pages ne donnent qu'une idée globale des relations de mes parents et de ma sœur entre eux. Tout ce que j'ai exposé est vrai, mais il manque une masse de détails quotidiens qui gauchissent le trait, qui brouillent le dessin, qui sont autant de menues ratures, lesquelles, sans changer le sens général de l'histoire, l'altèrent ou l'atténuent.

Par exemple, l'éloignement entre papa et maman variait avec leur humeur. Tantôt c'était deux ennemis, tantôt deux alliés. Certains jours, on avait l'impression qu'un précipice les séparait ; d'autres, que le poids de vingt ans d'existence commune pesait énormément sur eux et que, bien que ne s'aimant pas, une multitude de souvenirs, d'habitudes, de commodités, de facilités les souderaient ensemble jusqu'à leur dernier soupir.

De même, il est exact que ma mère ne pardonnait pas à Ségolaine sa collusion avec Robert, mais cela ne se traduisait pas par des hostilités permanentes. Il y avait des suspensions d'armes, des retours d'amitié, de longues parlotes qui leur faisaient plaisir à l'une et à l'autre, des sorties à deux où elles allaient lécher les vitrines et acheter des jupes ; elles papotaient volontiers aussi de choses sexuelles, et maman donnait à ma sœur des conseils pratiques avec cette crudité qui m'étonne tant chez les femmes, à qui j'ai la manie romanesque d'attribuer plus de pudeur que n'en ont les hommes. J'ajoute que leurs relations s'étaient améliorées sensiblement depuis un an, c'est-à-dire février ou mars 70, époque où ma sœur découvrit les beautés de la macrobiotique et se fit cruellement maigrir. Le régime alimentaire a-t-il une influence quelconque sur les sentiments ? Toujours est-il que ce régime-là coïncida avec un ralentissement des chatteries de Ségolaine pour papa. Les baisers dans le cou se raréfièrent. On se pelota de moins en moins. Comme les seins et les fesses s'aplatirent en quelques mois, il devint très difficile de les cambrer sous la douce pression du bras paternel passé autour de la taille. Sentit-elle que, s'il est charmant de voir une jolie fille dodue câliner son papa, cela ne convient guère à un grand échalas anguleux ? Je crois plutôt que les câlineries et la diététique furent deux étapes successives de ma sœur sur le chemin de la féminité, qu'elle alla par une démarche somme toute assez naturelle de l'une à l'autre.

Papa conçut quelque dépit d'être détrôné dans le cœur de sa favorite par le riz complet, le boulgour et le kacha. Du moins c'est ce que je déduisis de diverses remarques piquées qu'il lui fit pendant la période féroce du régime, lorsqu'elle s'acharnait à faire « décoller », comme elle disait, les premiers kilos. Mais rien ne dure jamais bien longtemps avec mon père, dans le domaine du sentiment en tout cas. Il prit son parti de l'attiédissement de Ségolaine comme il l'aurait pris de changer de voiture. D'autant que, pour ce qui est des consolations et des blandices, il n'était pas à court au-dehors. Seg s'était éloignée de lui ; il s'éloigna d'elle. D'où je conclus — peut-être un peu vite, mais je serais bien étonné de me tromper — qu'en apprenant la catastrophe il éprouva cette colère mêlée de rancune dont on est envahi quand quelqu'un pour qui on n'a plus guère d'attachement, mais dont on est quand même responsable, se met dans un mauvais cas. Ce qu'on lui reproche n'est pas d'avoir fait l'imbécile, mais de vous déranger, et la colère est d'autant plus méchante que ce n'est pas l'amour qui la provoque, mais le ressentiment et l'égoïsme.

Une des tristesses de ma vie, c'est que si peu de gens sachent conter. Ils rapportent les aventures qui leur arrivent platement, sommairement, en oubliant les détails les plus pittoresques. La pauvre Ségolaine est le contraire de Schéhérazade. Je ne m'attendais pas, de sa part, à un récit mouvementé et pathétique de sa discussion avec les parents, mais j'espérais quand même mieux que les quelques phrases incolores par lesquelles elle me la résuma. Moi qui n'avais passé le nez que cinq secondes, j'en avais vu et compris plus qu'elle.

Le thème général de l'engueulade de papa avait été le suivant : tu es une catastrophe ambulante, tu ne nous amènes que des ennuis. Cette fois « c'est la goutte d'eau qui fait déborder le vase ». Pour que mon père, qui bourrait sa conversation d'expressions modernes, fussent-elles nées de la veille, afin de paraître aussi jeune dans son langage que dans son aspect, eût employé ce vieux cliché, fallait-il que la colère brouillât sa tête ! Ségolaine reçut l'averse comme une gosse prise en faute, l'air en dessous, faussement contrite, attendant que les grandes personnes finissent leur inévitable crise d'hystérie et qu'on passe enfin à des choses substantielles. Autrement dit, elle n'écoutait pas, ou n'écoutait qu'un mot sur deux. Les enfants se sentent très forts devant la colère des adultes, car ils savent qu'il n'en sort jamais rien. Ce n'est qu'un peu de bruit, un peu de vent, une espèce de baroud d'honneur qu'ils se croient tenus de livrer pour remplir leur mission d'éducateurs, ou seulement ne pas perdre la face. Les convenances exigent qu'on écoute tête baissée, qu'on fasse une figure de circonstance. Le spectacle de notre impuissance les calme assez vite.

Bien que Ségolaine n'écoutât que d'une oreille distraite, il ne lui échappa quand même pas que la harangue de notre père ne reflétait guère d'amour ni de douleur. Elle en fut soulagée : cela ramenait l'affaire à des dimensions connues. Ce n'était pas la première fois que papa, malgré sa placidité et son habitude de tout prendre à la blague, piquait une colère. Cela lui arrivait de temps à autre. Colères saugrenues au demeurant, qui éclataient pour des riens, comme si, ayant accumulé pendant cinq ou six mois, derrière son impassibilité, une foule de contrariétés, il s'en libérait d'un coup.

Le phénomène de la colère m'étant assez étranger, je ne me hasarderai pas à analyser celles-ci. Elles me prenaient au dépourvu car elles étaient soudaines, convulsives et brèves. Elles me causaient à peu près la même gêne que de voir un homme en état d'ivresse, le cerveau brouillé par l'alcool et se livrant à des extravagances. Le visage de papa se crispait, il se mettait à crier d'une voix aiguë et faisait des gestes en gémissant. Cela nous impressionnait beaucoup, Ségolaine, Lionel et moi, quand nous étions petits. Puis nous y attachâmes de moins en moins d'importance, ayant remarqué que le processus ne variait pas, et surtout que ces colères étaient égoïstes. Papa, lorsqu'elles le prenaient, ne s'adressait pas à nous, mais à lui-même. Il ne nous reprochait pas d'être méchants ou bêtes, mais de l'excéder.

Il ne désirait pas notre amélioration, mais sa tranquillité. Or, je ne dirai pas que nous nous fichions de sa tranquillité, mais cela ne nous paraissait pas une chose aussi respectable, aussi digne de ménagements que son cœur. Nous sentions que, quoi que nous fissions, nous n'étions pas capables de lui donner de vrai chagrin ; bref qu'il ne nous aimait pas autant qu'il s'aimait lui-même.

Constatation désespérante pour des enfants, car ceux-ci veulent avant tout avoir la certitude qu'il n'y a pas de bornes à l'amour de leurs parents, que cet amour passe avant l'instinct de conservation, que les parents se priveront de manger pour les nourrir, qu'ils pardonneront toujours, que la vie des parents n'a de sens que par rapport à eux, qu'ils n'ont le droit d'être heureux que si les enfants sont heureux d'abord, que, s'il existe par le monde un seul refuge où l'on est protégé de tout et de soi-même, c'est leur tendresse et leur miséricorde inépuisable. L'enfant se sent si petit, si dépendant qu'il ne faut pas moins que cela pour le rassurer. Le seul pouvoir qu'il possède est celui de faire souffrir ses parents par amour. Si on le lui ôte, il n'a plus rien. Que les parents d'aujourd'hui sont donc imprévoyants et fous de ne pas aimer leurs enfants ! Cet amour est l'unique considération susceptible de nous retenir sur la pente des tentations et des méfaits. Se damner soi-même est peu de chose et l'on y court joyeusement, mais c'est une autre affaire quand on sait que notre damnation fera un mal irréparable à quelqu'un qui attache à notre âme plus de prix qu'à la sienne propre.

On parle tout le temps des pardons que les parents accordent aux enfants, et les enfants ont fini par croire que l'on ne pardonne qu'à sens unique. Mais ce n'est pas vrai.

Nous aussi, les petits, nous sommes amenés, et souvent, à passer l'éponge, à oublier, à inscrire au compte profits et pertes telle parole ou tel geste qu'on a eu à notre encontre. Nous aussi, nous avons des choses à pardonner à nos parents, et en plus grand nombre qu'ils ne croient. Cette faculté de pardon devait être toute aisée et toute simple pour les enfants d'autrefois ; ils savaient que les gifles, les fessées, le pain sec, les privations de sortie n'étaient que des expressions un peu vives de l'amour qu'on leur portait. Après le châtiment, leur rancune ne durait qu'une heure ou deux, après quoi leur raison ou leur cœur leur démontrait que, si l'on avait agi durement avec eux, ce n'était pas seulement « pour leur bien », comme on disait, mais aussi parce qu'on se faisait une haute idée d'eux, et qu'on n'admettait pas qu'ils dérogeassent. Les punitions, même les plus humiliantes, expriment toujours de l'estime, ou encore quelque admiration déçue et qui se venge, tandis que l'universelle indulgence, la facilité générale où suffoquent les enfants de 1974 ne traduisent que du mépris. Il ne faut pas chercher ailleurs que dans ce mépris, conscient ou non, de nos parents la cause de toutes les vaurienneries que l'on met sur le dos de la jeunesse actuelle. On ne peut pas vivre dans le mépris. C'est inhumain. Le mépris agit sur vous comme une force irrésistible, et on fait quasi fatalement, après coup, ce qu'il faut pour le mériter.

Quand je compare les imprécations sublimes d'un père d'autrefois à qui sa fille annonçait qu'elle était grosse aux vociférations terre à terre de papa, du genre : « J'en ai assez de tes histoires..., il faut toujours que tu t'arranges pour nous empoisonner..., quand tu auras vingt et un ans, je te jure que je te laisserai te débrouiller toute seule..., etc. », je me sens beaucoup plus triste que Ségolaine, qui ne voyait que l'aspect pratique de l'affaire. Certes il eût été chimérique de demander à M. Chédeville, bourgeois français de notre temps, de se conduire en personnage de Calderon ou de Corneille, mais enfin, je le dis au risque de passer pour un esprit rétrograde, un soupir d'honneur blessé m'aurait fait plaisir. Être enceinte en Espagne au XVIe siècle, voilà ce que j'appelle une aventure digne d'être vécue. C'était le drame de l'honneur, de la pureté souillée, de la solidarité tribale, c'était le malheur qui s'abattait sur une famille. Les pères et les frères lavaient l'offense dans le sang. À présent ce n'est qu'un embêtement comme un autre, moins grave qu'une augmentation d'impôts.

Dans mes périodes de découragement ou de tâtonnement, quand mon influx vital est en baisse et que, par lassitude, car on ne peut pas résister sans arrêt, je me réconcilie pour un jour ou pour une semaine avec le monde actuel, je tâche de me persuader qu'il y a là un adoucissement des mœurs, peut-être un progrès, car il faut bien avouer que placer l'honneur sous les jupons des filles est une absurdité. Je me dis que l'on est plus sage, plus raisonnable, que l'on a enfin juché l'honneur dans des endroits plus dignes de lui, c'est-à-dire plus nobles, plus difficiles à atteindre. Or, en écrivant ceci, je me rends compte que ce n'est pas vrai. On a retiré l'honneur de ses refuges saugrenus, et on ne l'a placé nulle part ailleurs. On l'a tout simplement jeté comme un vieux costume démodé. Il n'existe plus. D'ailleurs, qui ose encore l'invoquer, à part quelques crapules passibles de la correctionnelle ? Lorsqu'on entend quelqu'un déclarer : « Je défendrai mon honneur », on sait tout de suite qu'on a affaire à un aigrefin pris la main dans le sac. Il est possible après tout que l'honneur ait été une bêtise et une folie, attachée à des objets sans rapport avec lui, mais qu'est-ce qui n'est pas convention dans la société ? Au moins cette convention était haute ; elle créait de l'irréparable. Rien ne crée plus d'irréparable, de nos jours. Tout s'arrange. Chacun y met du sien. Les gens sont devenus *intelligents,* c'est-à-dire qu'ils cèdent devant n'importe quoi. Ils appellent cela du réalisme. Une des raisons pour lesquelles j'aimais tant Poirson en terminale, quoiqu'il n'eût rien de supérieur, est qu'il était le contraire d'un réaliste. Ce Lapoule dont j'ai parlé, qui m'ensorcela pendant trois mois, n'était pas non plus un réaliste. Toute ma vie j'ai recherché pour amis des gens qui n'étaient pas « de notre temps ». La morale de maintenant me hérisse, ses contraintes me sont insupportables, sa bassesse m'inspire une répugnance permanente. Alors quoi, me rétorquera-t-on, qu'est-ce que tu proposes ? Eh bien, mon Dieu, je propose que l'on adopte des préjugés, qu'on en fabrique de nouveaux ou que l'on récupère les anciens. Les adultes que je connais n'ont pas de préjugés. C'est affreux, des gens sans préjugés. On ne se heurte à rien. On est perdu.

XXII

À part moi, qui, dans ma famille, se souvient du bébé de Ségolaine, de cet infortuné paquet de cellules obscures resté quelques semaines dans le corps de ma sœur et expulsé *manu medicinae* ? Car on lui a offert l'avortement, bien entendu. En Hollande, où ces choses-là sont tout à fait légales, preuve de l'état de haute civilisation qu'a atteint ce pays. Maman l'a convoyée elle-même. Papa a casqué. Les grands-parents de maintenant gâtent leurs petits-enfants en aidant à les supprimer. Ceux-ci au moins ne pourront pas se plaindre qu'on ne leur a pas demandé leur avis pour les mettre au monde, comme j'entends quotidiennement tant de zozos le faire, en prenant des poses métaphysiques, pour s'absoudre d'être des voyous.

C'était une âme, pourtant, ce bébé de Ségolaine. La société de consommation n'est pas très accueillante pour les âmes. Ou du moins elle ne les admet que sur commande, comme des aspirateurs ou la collection complète de l'*Encyclopedia britannica.* Dieu a bonne mine, avec ses cadeaux princiers. On lui claque la porte au nez comme à un placier en brosserie. Gardez votre camelote, Seigneur. Nous n'en voulons pas pour le moment. On verra plus tard, quand le ménage sera complètement monté. Repassez dans deux ans, à tout hasard, à supposer que votre maison n'ait pas fait faillite d'ici là.

Je me souviens d'une idée cocasse que j'eus à propos du voyage abortif à Amsterdam. Depuis ma quatorzième année, j'étais fou de Rembrandt que je considérais comme le sommet de la peinture ; je rêvais d'Amsterdam, à cause du Ryjksmuseum et de *La Ronde de nuit* dont je voulais contempler les belles couleurs au naturel. Je crois que c'était la forme que prenait chez moi la spiritualité. Je n'aurais pas abordé saint Rembrandt d'Amsterdam avec moins de piété que les pèlerins du Moyen Âge Saint-Jacques-de-Compostelle. Vingt fois j'avais imploré ce modeste cadeau ; les parents me l'avaient refusé avec persévérance, les musées n'étant pas leur fort. Et voilà que Ségolaine allait là-bas à ma place, elle qui n'avait jamais regardé un tableau de sa vie ! L'injustice et le burlesque de la chose m'occupèrent assez l'esprit pour m'empêcher d'avoir du dépit.

Elle et maman revinrent de leur expédition fort rabibochées, avec toutes sortes de connivences qui me frappèrent. Dans cette circonstance romanesque, chacune avait retrouvé son rôle, l'une de protectrice naturelle, l'autre de fillette sans défense et sans responsabilité. L'opération s'était déroulée au mieux, entourée de toutes les sécurités de la médecine néerlandaise (une des premières du monde). Je me tins à quatre pour ne pas demander à maman si elle était heureuse d'avoir avorté par procuration, ce qui était sûrement vrai, vu son air rayonnant, mais qui aurait été jugé comme une insolence beaucoup plus impardonnable que la grossesse de Ségolaine.

Lorsque deux femmes ont fait ensemble quelque chose de spécifiquement féminin, elles se donnent des airs supérieurs et mystérieux que je trouve, pour ma part, exaspérants. Ma mère et ma sœur se gardèrent bien d'y manquer. Nous eûmes droit, mon père et moi, et même Lionel, à tout un festival de ces airs-là. À croire qu'elles avaient vécu une aventure fondamentale de leur sexe, impénétrable aux intellects grossiers des hommes. C'était deux soldats revenant de guerre, qui avaient connu des choses que les civils ne pouvaient imaginer. J'en aurais ri si je n'avais pensé à mon neveu jeté dans les polders. Est-ce drôle : j'aurais préféré que ma sœur avortât à Paris, dans la clandestinité, sordidement, dangereusement. Maman et Seg, pour fêter les relevailles, louèrent une voiture et parcoururent les Pays-Bas. Elles s'extasièrent sur les champs de tulipes « à perte de vue » et les moulins à vent, encore que la platitude du pays eût quelque chose de monotone. Seg avait pris des tas de photos. Vu les sujets, elle aurait aussi bien pu acheter des cartes postales.

Il y a dans la vie des individus, comme dans celle des nations, des périodes d'accélération de l'histoire. Pendant des mois, des années, rien. Les jours se ressemblent lugubrement (ou agréablement), chacun reproduit le précédent, on revoit sans arrêt le même film qu'on ne se donne plus la peine de regarder parce qu'on le connaît par cœur, et tout à coup, plouf ! sans crier gare, quatre ou cinq événements de première grandeur vous tombent sur le paletot. On dirait que la vie, périodiquement, après vous avoir longtemps fichu la paix, se souvient que vous existez, vous prend par les épaules, vous propulse dans l'avenir. J'ai observé cela aussi chez les adultes, qui ne vieillissent pas d'un mouvement continu et insensible, comme je croyais qu'on vieillissait, mais par brusques attaques. Pendant plusieurs années, ils ne bougent pas, ils ne prennent pas une ride, pas un cheveu blanc ; le temps les a oubliés, et un matin on s'aperçoit qu'ils ont dix ans de plus que la veille. À mon avis, c'est l'âme qui vieillit. Le corps finit par se rendre compte qu'elle est très loin, très en avance sur lui et se dépêche de la rejoindre. De là ces « coups de vieux » dont se plaignent les gens. Ce ne sont que des réajustements.

Mon âme avait-elle vieilli en secret ? En tout cas, je sentais que j'avais besoin d'un réajustement, moi aussi. Non entre elle et mon corps, mais entre beaucoup de choses que je savais ou que je devinais et les puérilités ou le romanesque de mon caractère. Le déséquilibre entre mes pensées et mes actes me causait un embarras perpétuel, que je ne parvenais pas à m'expliquer sur le moment, mais que je vois clairement avec le recul. J'avais un esprit au-dessus de mes moyens et au-dessus de ma condition.

J'ai tort de dire que l'accélération de l'histoire est due à des événements qui vous *tombent* dessus. Ils ne tombent pas tous. On en provoque soi-même une bonne moitié. L'avortement de Ségolaine coïncide avec une période où j'étais en plein dans Stendhal, qui me mettait dans la tête une foule d'idées tendres que je reportais sur Brigitte Clerc. Telle était ma manie, alors. Je croyais si aveuglément ce qu'inventent les grands écrivains dans leurs fictions que, sitôt que je l'avais lu, je le posais comme une grille sur la réalité. Dans le principe, j'avais raison : les grands écrivains ne mentent jamais, mais ils se servent d'un code, et à dix-sept ans on ne le sait pas. Il me semble que j'entrevois le code aujourd'hui : c'est qu'ils donnent au monde leur couleur propre, qui n'est pas tout à fait la sienne. On est si émerveillé qu'on s'y laisse prendre. Mieux : on croit que c'est leur couleur qui est vraie, et que c'est le monde qui se trompe.

À quelle héroïne de Stendhal Brigitte pouvait-elle se comparer ? Grave question, qui m'occupa quinze bons jours. J'avais dévoré *La Chartreuse* en trois nuits. Elle n'y était pas, à part Clélia Conti, à la rigueur, mais par malchance c'était le seul personnage du bouquin qui ne m'emballait pas. Je la trouvais fadasse ; son idée de baiser dans le noir, à cause de son vœu, me paraissait un mélange saugrenu de superstition et de jésuitisme. La Sanseverina était trop vieille pour mon goût.

Je ne découvris pas non plus Brigitte dans *Le Rouge et le Noir*. Je n'étais pas fou de Mme de Rênal, mais j'aurais donné cher pour qu'elle fût Mathilde de La Mole. Quelle amante, celle-là, avec ses orgueilleuses imprudences ! Voilà la femme qu'il m'aurait fallu. Finalement, c'est de Mme de Chasteller, dans *Lucien Leuwen,* que Brigitte était la plus proche. J'étais donc amoureux de Mme de Chasteller. J'avais cristallisé sur Mme de Chasteller. C'était embêtant, car je me reconnaissais davantage sous les traits de Julien Sorel que sous ceux du gentil Lucien. Je me posai très sérieusement le problème suivant : comment Julien se conduit-il avec Mme de Chasteller ? Il n'est pas possible qu'il ait la patience de Lucien. Il n'est pas fils de banquier. Il n'a pas de temps à perdre. Il se promet une balle dans la tête s'il ne prend pas la main de la femme qui lui plaît, et il la prend, avec le cœur qui bat à tout rompre, parce qu'il a plus peur de lui-même que d'un acte difficile. Avais-je peur de moi ? Étais-je assez violent pour me condamner à mort si je reculais devant une épreuve inventée par moi ? Ces idées, rien que de les avoir, me faisaient battre le cœur comme à Julien. J'étais loin de ce petit pédé de Lafcadio, de son canif et de ses piqûres dans la cuisse pour des idioties, qui m'avait tant épaté jadis. La vie avec Stendhal avait un autre ragoût qu'avec Gide. À chaque instant, c'était dangereux.

Je commençai par donner rendez-vous à Brigitte un après-midi, à l'issue d'un cours sur l'interprétation marxiste de la philosophie de Hegel, durant lequel Jean-Loup força d'une façon particulièrement vomitive sur le genre curé sud-américain, l'œil mouillé, la voix tremblante, se payant un festival de charabia et se grattant la braguette avec componction. De ce morceau d'éloquence, je ne saisis qu'une chose : c'est que Jean-Loup prononçait « Hégueule », et que Poirson, chaque fois que le nom revenait, complétait à mi-voix par des facéties telles que : « … d'empeigne, … de raie, … de con…, etc. », d'où des ricanements au fond de la classe, et des haussements d'épaules des lèche-cul. La môme Chapus se retournait périodiquement pour nous jeter des regards féroces.

Être dans l'état de Julien Sorel à Verrières me fit moins plaisir que je ne l'escomptais. Primo c'était peu agréable en soi. Secondement ce n'était pas nouveau. Ce frémissement continu, ce cœur battant en mineur, cette frousse d'autant plus pénible qu'on sait qu'on la surmontera finalement et qu'on pourrait bien en faire l'économie, je connaissais ces symptômes-là comme ma poche. C'était mon vieux complexe de Turenne, mon « Tremble carcasse » périodique.

Le « Tremble carcasse » a plusieurs phases : la pire est celle où l'on se demande s'il est bien utile de se mobiliser de la sorte, où l'on est vingt fois sur le point d'abandonner.

N'étais-je pas un peu fou de vouloir changer une situation dont, en somme, je m'accommodais ? Aimais-je Brigitte, seulement ? Je veux dire aimer très fort, brûler, ne pas supporter davantage que le corps de cette créature humaine ne m'appartînt pas. Voilà que je n'en étais plus sûr du tout. Ne m'étais-je pas joué la comédie de l'amour ? Kant, dont la doctrine est que le monde n'existe qu'en nous, par la représentation subjective que nous en avons, me tira de ces débilitantes incertitudes : du moment que je croyais aimer Brigitte, c'était la même chose que si je l'aimais. Raisonnement inepte, mais le turennisme se nourrit de n'importe quoi. La seule question que j'aurais dû me poser et qui ne m'effleurait pas était : « Brigitte m'aime-t-elle ? » Car enfin j'étais dans une complète ignorance sur ce point capital. Pas une seule fois en cinq mois, Brigitte ne m'avait laissé entendre qu'elle pût avoir le moindre goût pour moi qui ne fût pas de la simple amitié.

Elle avait ce jour-là l'air exceptionnellement ingénu et convenable, comme si elle avait pénétré mes intentions et voulait les décourager. Comment franchir cette muraille d'innocence ? Peu s'en fallait que je me prisse pour un vieux cochon s'apprêtant à corrompre une petite fille de huit ans. Cette image mit un peu de comique dans mon esprit qui en manquait singulièrement depuis deux ou trois heures. L'appréhension revint dans la rue. Le champ de bataille que j'avais choisi était un bistrot de l'avenue Victor-Hugo, tout neuf, avec des volutes, des arabesques, du bois, du cuivre, des coins ombreux, des éclairages rougeâtres, bref ultra-rétro, comme c'est la mode en ce moment. Pendant le trajet qui dura dix minutes, j'avais la gorge contractée. Ma compagne babillait comme si de rien n'était. J'entendis qu'elle disait qu'elle n'avait pas beaucoup de temps, qu'il était fâcheux que je lui eusse donné rendez-vous maintenant, qu'elle aurait préféré demain, etc. Et qu'avais-je de si important à lui révéler si brusquement, qui n'aurait pu attendre la semaine prochaine ?

L'inconvénient du turennisme, lorsqu'on ne remplit pas la petite condition d'être maréchal de France, responsable d'une ou de plusieurs armées, que l'on n'est qu'un deuxième classe, n'ayant d'autre souci que de surmonter sa peur, est qu'il vous enlève toute espèce d'habileté. La peur est un sentiment comme un autre, avec lequel on s'arrange ; il devient insupportable quand on lui résiste. Le déchirement de soi est si fort qu'on n'a qu'une idée : en finir au plus tôt avec ce supplice, n'importe comment, en sautant dans le feu les yeux fermés, en se jetant sur les mitrailleuses ennemies. À peine étions-nous assis dans une loggia du mastroquet rétro pour étudiants de luxe que, l'œil clignotant, la bouche en bois, je bredouillai la parole fatale, que j'aurais voulu rattraper aussitôt, garder pour une meilleure occasion, mais qui était sortie de moi, irrémédiablement : « Je t'aime. » J'ajoutai : « Brigitte », après un hoquet, pour meubler, en pensant qu'une fois de plus dans ma vie j'avais fait le contraire de ce qu'il aurait fallu, que le maréchal de Turenne était un grand con et Julien Sorel un petit con, que le mieux est l'ennemi du bien, que j'aurais, comme toujours, été plus avisé de me taire. La bonne tête affectueuse de Mlle Pintoin m'apparut durant une seconde. C'est elle qui méritait une déclaration. Si je lui en avais fait une, elle m'aurait donné un baiser pour me remercier de cette politesse. Quel démon me poussait à créer des situations absurdes ? Mais soudain, d'avoir prononcé « Je t'aime » et surtout que Brigitte l'eût entendu, qu'elle eût reçu pour ainsi dire la notification officielle de mon amour, me montra en moi cet amour énorme, dévorant, désolant, sans espoir. Car il était évident que Brigitte, elle, ne m'aimait pas, qu'elle n'avait même jamais songé à cela. Pas moyen de s'y tromper. Son expression embêtée, sérieuse, gentille, compatissante était l'éloquence même. C'était la tête de quelqu'un ayant fait de son mieux pour éviter une bêtise à un ami et constatant que, malgré ses efforts, la bêtise a été faite, que rien ne sera plus comme avant, qu'il va falloir le dire pour couper court tout de suite aux malentendus.

Elle le dit, et avec autant de délicatesse que l'on peut en mettre dans un discours de ce genre. Je ne me rappelle plus très bien ce que je répondis, mais je sais que cela me redonna mon éloquence. Rien n'est inspirant comme une cause perdue. À la seconde même où je compris que Brigitte Clerc était aussi éloignée de moi que le pôle Nord, que les prouesses les plus surhumaines ne me rapprocheraient pas d'elle d'un millimètre, toute ma peur s'envola. La brume qui m'engourdissait le cerveau et les membres se dissipa. Il y avait une partie à gagner peut-être, qui sait ? Ou, si je ne la gagnais pas, au moins fallait-il se tirer avec honneur du ridicule guêpier où je m'étais fourré.

Combien de temps dura notre conversation ? À vue de nez, je dirai une demi-heure. Brigitte était-elle réellement pressée, ou avait-elle inventé un petit mensonge parce qu'elle ne se souciait pas de rester trop longtemps avec moi ? J'en appris plus sur elle pendant cette demi-heure que pendant les cinq mois précédents. Elle me raconta sa vie, jugeant qu'il n'en fallait pas moins pour me consoler de n'être pas aimé. Ce récit me prouva que je ne m'étais pas trompé sur son caractère. Elle était encore plus pure et plus anachronique que je ne pensais. Avec ce sens infaillible de la difficulté que j'ai, je m'étais attaqué à l'unique jeune fille imprenable de la ville de Paris. Elle était cuirassée de tous côtés. Au lieu d'en être enchanté, je fus déçu. L'anachronisme, dont j'étais si friand, n'avait pas que des aspects radieux. Dans le détail, je le trouvai assez ennuyeux et étriqué. Ah ! certes, il y avait cette charmante et naïve gaieté de Brigitte, conséquence de sa vie si transparente, de son cœur si intact, que je n'avais rencontrée que chez elle, qui était incomparable, qui m'attendrissait toujours ; mais, en regard, que de choses qui m'étaient aussi étrangères que les mœurs des Indiens ! Je me rappelle que ce qui me foudroya le plus fut qu'elle appartînt à la chorale de l'église Saint-Ferdinand. Je tombai des nues. Elle n'en avait jamais parlé à quiconque. Il fut plusieurs fois question de la religion, qu'elle pratiquait avec assiduité, messe et communion chaque dimanche, non pour la montre (qui, du reste, aujourd'hui, s'extasierait là-dessus ?), mais par foi vraie, parce que ses parents étaient pieux et lui avaient inculqué leur piété, parce qu'elle-même avait l'amour de Jésus et de la Vierge dans le cœur.

— Sais-tu au moins que tu es belle ? dis-je avec amertume. À ce moment-là, je la voyais bonne sœur.

— Et alors ? dit-elle en éclatant de rire. C'est pas défendu ? On peut quand même être à peu près convenable sans forcément être pute, non ?

Tant que la chorale de Saint-Ferdinand et la messe dominicale n'étaient pas apparues dans notre entretien, je gardai un certain espoir (ténu, vacillant, etc., mais espoir malgré tout) de retourner la situation. La religion me découragea définitivement. Je pouvais me battre contre des rivaux, des philosophies, des principes, des préjugés. Pas contre Dieu. En outre, je n'en avais pas envie. Cela m'eût paru une mauvaise action, et de toute façon vouée à l'échec. Brigitte, avec sa douceur, son esprit moqueur, ses manières affectueuses, ses rires innocents qui m'attendrissaient, était un roc. Je n'avais plus du tout le cœur battant. Je me disais intérieurement : « Je tire un trait. C'est fini. Terminé. Classé. » J'en éprouvais de la tristesse, mais pas trop.

— Mais qu'est-ce que tu veux faire ? demandai-je. Entrer au couvent ?

— Tu es fou ! s'écria-t-elle. Moi, au couvent ! Je veux me marier et avoir une ribambelle d'enfants. C'est ça la vie d'une femme.

L'enfant, pour l'instant, c'était moi. Je regardai Brigitte, son joli visage gai, ses yeux, ses bonnes joues, son corps tranquille, je vis ses futurs moutards l'entourant comme des bébés flamboyants dans un tableau de Rubens, et je ne me sentis pas de taille à être le fournisseur de cette mère chrétienne. Mon destin n'était pas là.

— Et si je te les faisais, moi, ces vingt ou trente chiards ? dis-je, à la fois pour conjurer mon chagrin et par esprit de contradiction envers moi-même. Je dis parfois, ainsi, le contraire de ce que je pense, pour faire la bête.

Cette réflexion stupide eut un effet tellement cocasse que j'éclatai de rire à mon tour : Brigitte posa sa main sur la mienne. Elle la posa avec tendresse, comme une grande personne pour rassurer un petit garçon : « N'aie pas peur, mon chéri, maman est là ! » Pas trace de sensualité, pas trace d'amour. Ce n'était qu'un geste amical et protecteur.

Et moi qui m'étais fabriqué tout un roman avec cette petite main de Brigitte emprisonnée dans celle de Julien Sorel ! Pour me racheter à mes yeux, je racontai tout cela, en y mettant la dose de caricature appropriée. Ce fut le meilleur moment de la conversation : je retrouvai ma verve pour ce récit burlesque. Je ne lésinai pas. Je décrivis mes affres, ma tremblote, Julien Sorel qui me contemplait du haut des quatre cents pages du *Rouge,* ma panique pendant le numéro de Jean-Loup sur Hegel en pensant que je m'étais condamné à avouer mon amour coupable et à malaxer une menotte dans un café du XVIe arrondissement.

Rien ne tourne jamais comme je prévois. Je croyais amuser Brigitte avec mes plaisanteries, or elle ne sourit pas. À son air sérieux, doux, presque pensif, j'eus le soupçon que j'avais enfin, quand je ne le cherchais plus, quand j'avais cessé de le vouloir, touché quelque chose dans son cœur. Elle avait enlevé sa main de dessus la mienne. Elle l'y reposa, avec une pression qui ne me fit ni chaud ni froid. J'y vis quatre-vingts pour cent de pitié ; cela me gâcha les vingt pour cent d'émotion restants. J'aurais préféré des éclats de rire. Regardant en moi, je constatai que je commençais à ressentir de l'impatience, autrement dit que je m'embêtais. J'avais envie de *penser à autre chose,* comme d'habitude lorsque les choses ont duré trop longtemps ou ont pris un tour différent de celui que je souhaitais.

Je me levai et dis à Brigitte, non sans une trace de méchanceté, que je ne l'avais que trop retenue, pressée qu'elle était, et qu'il était temps de nous serrer la pince. Je la raccompagnai jusque chez elle. En marchant, je songeais que c'était sans doute la dernière fois que je faisais ce trajet dans sa compagnie, que je devrais bien regarder tout, les façades des maisons, les platanes de l'avenue, les kiosques à journaux, les mémères à chien, pour fixer cela dans ma mémoire comme les photos d'un bonheur que j'avais manqué, et dont je me souviendrais probablement davantage que d'un bonheur que j'aurais eu. J'étais contrarié parce qu'à chaque instant mon esprit se détachait de ces spectacles pour se promener ailleurs. Je me rappelle que je fus assez gai pendant ce voyage de retour, malgré des bouffées de tristesse quand je jetais les yeux sur son profil, et que je bavardai sans contrainte. J'étais dans les sentiments de M. de Turenne à la bataille de Salzbach, après avoir reçu en pleine poitrine un boulet expédié par Montecuculli, se disant avec soulagement que la carcasse avait définitivement cessé de trembler.

J'avais un tel calme qu'au moment de quitter Brigitte j'accomplis une action inconcevable la veille : elle me tendait sa joue pour un baiser ; je pris sa nuque, lui tournai la tête vers moi et l'embrassai sur la bouche. Elle ne se défendit pas, elle ne fit pas un mouvement pour m'esquiver. Ses lèvres étaient froides. Je l'aurais volontiers embrassée jusqu'au soir. Au bout de quelques secondes, elle se recula doucement, me sourit, me dit au revoir et disparut derrière sa porte cochère.

XXIII

Pour un individu normalement constitué, cet épisode eût remis tout en cause. Comme on disait à cette époque-là : « C'était reparti comme en 14. » Mais il est à présumer que je ne suis pas un individu normalement constitué. Le baiser acheva de me refroidir. Tout à coup, je vis qu'il n'y avait plus en moi une ombre de sentiment pour Brigitte. Mes amours avec elle étaient finies, non pas de son fait, mais du mien. Pfutt ! Tout s'était envolé. J'avais décristallisé en un clin d'œil, de fond en comble. Pas une étoile du sel ne restait accrochée au rameau de Salzbourg. C'est comme si Brigitte n'avait jamais existé. Que l'expression « penser à autre chose » était donc juste ! J'avais envie de penser à n'importe quoi sauf à elle. « Ce n'est pas possible, me disais-je, cela ne durera pas ! » Un amour si profond, si assidu, nourri de tant de choses peut-il s'arrêter ainsi et ne laisser aucune trace ? Je n'en revenais pas. Un quart d'heure après l'avoir quittée, j'avais plus oublié Brigitte qu'une rencontre éphémère dans le métro. Pis encore, de toutes les femmes qui marchent sur la terre, elle était la seule que je n'avais plus envie de revoir. Au moment même où je l'embrassais, elle appartenait déjà à mon passé. J'en étais aussi las, aussi repu que si j'avais couché avec elle. Hier, elle m'inspirait une curiosité que je pensais qui ne se rassasierait jamais. Ce soir, rien, zéro. Le premier boudin venu m'aurait amusé davantage. Comment fêter ma délivrance ? Il n'y avait pas deux façons : courir chez Poirson et me payer avec lui une formidable *bosse* de rigolade.

Comme à l'accoutumée, il se montra ravi de me voir. Ma présence en outre était un excellent prétexte à laisser tomber une dissertation sur l'idée de néant dans le Nouveau Roman, qui le faisait, selon son expression, furieusement tartir, pour deux raisons péremptoires : à savoir qu'il n'avait jamais lu une ligne de cette littérature dont Jean-Loup raffolait et qu'il se foutait de l'idée de néant dans les grands prix. Ma bonne humeur le frappa. Il me demanda en rigolant si je venais de me farcir une souris. Quant à lui, il avait deux proies « dans le collimateur », qui allaient sous peu lui accorder leurs faveurs, question de jours, d'heures peut-être : la mère de Rabattu, femme superbe qui lui avait fait de l'œil l'avant-veille, et — alors là, mon vieux, tu vas te marrer — Carole, parfaitement, Carole, la vendeuse de la librairie Prunot-Despernelles, personne infiniment séduisante dont la paupière lourde, la bouche épaisse, le teint de lait, l'expression boudeuse, la poitrine mobile sous le chemisier, la croupe sculptée par la jupe drainaient vers son officine des compagnies entières de lycéens, qui voyaient dans la possession de cette super-vedette de film porno une gloire insurpassable.

Poirson me proposa d'aller faire un tour à la librairie, afin que je constatasse *de visu* sa bonne fortune, puis abandonna cette idée pour évoquer la personne non moins attirante de

Mme Rabattu. Là c'était un autre genre, mais il était éclectique. La distinction, mon pote, la classe. D'autant plus chouette que cela ne se remarquait pas au premier abord. Mme Rabattu portait des foulards sur la tête, des souliers plats, des tailleurs, des chaînes autour du cou. Rien d'extraordinaire. Tu la verrais passer dans la rue, tu ne te retournerais pas. Mais, en regardant mieux, on s'apercevait que le foulard venait de chez Hermès, le tailleur de chez Chanel, la montre-bracelet de chez Cartier, et que les chaînes qui tintinnabulaient sur le poitrail de la divine Mme Rabattu étaient de l'or le plus pur. Pareil pour son bronzage, sur lequel s'émoussaient les rigueurs de l'hiver. Ce bronzage-là venait de vacances à la Jamaïque, de safaris au Kenya, d'expéditions au pôle Sud, pas de la lampe à souder, crois-moi. Et la beauté de la dame ! Le nez, la bouche, les yeux, tout cela la perfection sur terre. Pas une ride malgré ses quarante ans. Car elle avait cet âge, plus ou moins, vu que Rabattu avait dix-sept ans, comme nous autres. Suivit un récit confus, ponctué de rires et de coups de coude dans mes côtes, dont je saisis que Mme Rabattu était le type même de la vraie salope.

Poirson l'avait rencontrée alors qu'elle se rendait à une réunion de parents d'élèves. Elle lui avait jeté un regard en dessous, quoique perçant, qui ne laissait aucun doute sur ses mœurs. Aucun doute non plus sur l'effet que Poirson lui avait causé. Ledit Poirson avait aussitôt mis le cap sur Rabattu, dont on n'aurait jamais imaginé qu'il possédait un tel trésor de mère, moche comme il était, et crétin au surplus. Il s'était laissé tirer les vers du nez sans méfiance et avait révélé le petit nom de la nymphomane, à savoir Juliette. Poirson disait « petit nom » pour prénom, ce qui me surprenait chaque fois, comme une résurgence enfantine dans ce corps velu. Il avait subtilement manœuvré pour que Rabattu l'invitât chez lui. Connaissant les subtilités de mon camarade, je suppose qu'il lui avait déballé tout à trac qu'il trouvait sa mère au poil, et désirait la revoir. Je le lui dis ; il en convint, en pouffant de façon désarmante.

Un des multiples agréments de Poirson est qu'il parle de lui sans arrêt. Comme il est un personnage romanesque, non tant par ce qui lui arrive que par l'interprétation qu'il en donne, on ne s'ennuie pas dans sa société. La journée du lendemain s'annonçait chargée. Il avait rendez-vous à midi avec Carole qui, à l'en croire, allait capituler sans condition. La seule difficulté était de trouver un local pour cette capitulation. Chez elle ? C'eût été l'idéal. Malheureusement elle habitait Aulnay-sous-Bois, et la librairie rouvrait à deux heures. Paris-Aulnay et retour, sans compter la chose, tu vois un peu ? Chez le séducteur ? Amener une poule au moment du déjeuner risquait d'occasionner des situations délicates. Restait l'hôtel. Or Poirson, jeune homme de notre temps, n'ayant jamais eu à s'occuper de logistique amoureuse, vu que nos petites copines s'en occupaient elles-mêmes, à moins qu'elles ne se donnassent n'importe où, ne connaissait aucun établissement de cet ordre. Avais-je par hasard une adresse ? Hélas ! non. Moi aussi j'étais un jeune homme de notre temps.

— Oh, et puis merde ! s'écria-t-il. Je trouverai bien. Je ne vais pas me casser le tronc.

Réflexion caractéristique de ce paladin, qui se jetait dans l'action sans se soucier de l'intendance, laquelle, évidemment, ne suivait jamais, ce qui avait deux résultats : le premier que Poirson échouait neuf fois sur dix dans ses entreprises, le second que ces échecs lui fournissaient de bien plus belles épopées, et plus détaillées, que s'il avait réussi.

De Carole, il passa à Mme Rabattu, qui devait l'accueillir dans sa couche à dix-sept heures. C'était absolument certain, après son coup d'œil ravageur. En effet, sachant que son fils rentrerait à la maison en compagnie de l'irrésistible Poirson, elle ne manquerait pas d'être là, dans un déshabillé transparent, l'œil noyé de volupté, nympho à bloc.

— Et Rabattu, demandai-je, qu'est-ce qu'on en fait ?

— On l'envoie jouer au train électrique ou acheter des patates, dit Poirson en ricanant. C'est pas ça le plus calé.

Le plus calé était d'honorer suffisamment Mme Rabattu, qui avait des appétits d'ogresse. Carole à midi, Juliette à cinq heures, on a beau être un titan, un surhomme, cela fait quand même un emploi du temps héroïque. Le plus charmant dans cette conversation est que ni Poirson ni moi ne croyions à ce que nous racontions. Cependant nous y croyions un peu. Assez pour que cela nous fît plaisir. C'était le genre de blagues dont j'avais besoin. Avec Brigitte et sa vérité, je circulais dans les nuages. Avec Poirson et ses galéjades, je rentrais dans la réalité, je remettais les pieds sur terre.

Je n'entendis plus jamais parler de Carole ni de Juliette, ce qui ne me surprit pas. Trois jours plus tard, Poirson soupirait pour une certaine Mme Galopin, épouse d'un médecin, venue à un bridge chez ses parents, avec qui il avait « un ticket gros comme une maison » et qui surpassait en splendeur, en lubricité, en vicelardise tous les individus du sexe féminin répandus dans l'hémisphère boréal. D'ailleurs, on me la ferait connaître, ou plus exactement on me la refilerait après usage, vu qu'on était un ami véritable.

Entre le moment de la naissance et le baccalauréat, soit pendant dix-huit ans, on chercherait en vain de l'imprévu, à part celui que l'on fabrique soi-même, et qui d'ordinaire tourne mal, car on s'y jette aveuglément, dans la seule intention d'échapper à la monotonie des journées. J'ai déjà dit cela. Tant pis si je me répète ; mais la vie est une perpétuelle répétition des mêmes choses, et singulièrement la vie qu'on a dans sa jeunesse.

Après trois ans je me rappelle encore l'écœurement que me causaient par exemple les quatre voyages quotidiens de chez moi au bahut et du bahut chez moi. Il y avait trois façons de les faire : à pied, en autobus ou en métro. Assommantes toutes les trois. En métro, je changeais deux fois pour un parcours de dix minutes. Quant à l'autobus, il fallait le chercher au diable, et on l'attendait un quart d'heure. En comptant que je suis resté dix ans dans le même lycée, à raison de trois trimestres par année scolaire et de quatre-vingts jours par trimestre, j'ai refait le même chemin quatre fois quatre-vingts fois, multiplié par trois, multiplié par dix, soit quatre mille huit cents fois. Si j'ôte les jours de maladie (rares, pour mon malheur j'ai une santé de fer), je trouve encore quatre mille sept cents trajets. Ah ! je peux dire que je les connais, les maisons de la rue de la Pompe ! Une à une, et jusqu'au nom de leurs architectes gravé dans la pierre. Et les boutiques ! Et les bordures de trottoirs, sur lesquelles on marche comme sur une marelle, et les parcmètres, et l'espace entre les réverbères ! Pouah ! En cent ans je ne remettrais pas les pieds dans ces endroits, sauf obligé sous peine de mort.

La principale raison qui m'a fait choisir l'hôtel Pitre pour m'y établir est qu'il est situé très loin du théâtre de mon existence passée, sur la rive gauche, presque dans un autre pays, où tout est nouveau pour moi. La coutume des enfants de se raccompagner mutuellement chez eux sans pouvoir s'arracher l'un à l'autre ne s'explique pas seulement parce qu'on découvre l'amitié, qu'on en est émerveillé, qu'on se bourre de cette friandise jusqu'à l'indigestion ; c'est aussi qu'en causant on ne voit plus le paysage.

À dix-sept ans, on n'a pas perdu ce trait enfantin. Avec Poirson, j'étais désespéré quand il fallait nous quitter, comme si j'avais eu dix ans, et lui, j'en suis sûr, éprouvait la même chose. Nous n'arrivions pas à nous dire au revoir. À la seconde où nous nous serions séparés, l'écrasante uniformité du monde allait nous retomber dessus. Qu'est-ce qui m'attachait donc à un garçon tel que lui, au point que je lui avais donné le titre de « mon meilleur ami » ? En quoi lui plaisais-je ? L'amitié est un sentiment aussi mystérieux que l'amour. Pour Poirson, borné, ignare, incapable de réfléchir deux minutes d'affilée sur un sujet, tournant tout à la blague, j'aurais fait n'importe quoi. Bien qu'il répétât indéfiniment les mêmes âneries, et avec les mêmes clichés, je ne me lassais pas d'en rire, et de meilleur cœur qu'aux saillies les plus fines. Nous n'en revenions pas que, de caractères si différents, nous fussions si proches. Au fond, notre amitié nous épatait. Elle nous semblait un chef-d'œuvre d'autant plus rare qu'il était baroque. Elle se nourrissait d'elle-même.

La pensée de retrouver ma famille, papa, maman, l'avortée, l'avorton, me rasait tellement que je rentrai en traînant les pieds et en collant mon nez à toutes les vitrines.

Par chance j'avais faim. À la maison, j'eus une bonne surprise : ma grand-mère Jacqueline était là. N'eussé-je entendu sa voix dans le salon quand Sarita m'ouvrit que j'aurais reniflé sa présence à l'expression tout ensemble réjouie et solennelle de la servante, que celle-ci arborait chaque fois qu'un ancêtre visitait nos pénates, honneur qui rejaillissait sur son humble personne. Dieu sait si Jacqueline n'était pas une grand-mère à l'ancienne ! Cependant, avec elle, mystérieusement, la maison reprenait un semblant d'ordre. Un peu de tradition y revenait. J'ai toujours été très sensible à cette influence. Je suis sûr qu'elle est à l'origine de l'affection que j'ai pour ma bonne-maman (sa tête si elle savait que je la désigne ainsi !). Malgré sa blondeur, ses jupes plissées, ses bijoux excessifs, son maquillage, malgré Charles, elle représente pour moi le monde tranquille, organisé, rempli de points de repère, immuable que cherchent si fiévreusement les enfants d'aujourd'hui.

Autre chose qui me réjouit : elle m'appelle Riquet, à la campagnarde, le petit Riquet, puis le grand Riquet, Riri, Riquetou, Riqueti (comme Mirabeau), ce qui exaspère mes parents. Lorsqu'ils entendent ces diminutifs si peu culturels, je jurerais qu'ils regrettent de ne pas m'avoir baptisé Bérenger ou Florent. Regrets vains car Jacqueline aurait certainement saccagé ces prénoms luxueux avec des Bébé, Gégé, Floflo, Florentin, Florinet.

Comme à son habitude, elle avait apporté des victuailles, dont, expressément pour Riquet, un baba au rhum, gâteau pour lequel je me serais damné aux alentours de mes dix ans, mais qui ne m'inspirait plus une aussi violente passion. Je ne remerciai pas moins avec hyperbole, en pestant contre cette politesse chinoise, génératrice implacable de malentendus, dont je suis affligé. Pourquoi fais-je constamment des choses qui m'ennuient pour ne pas contrister les gens ? Il faudra bien un jour que je me débarrasse de cette sensiblerie. Mais que c'est difficile, mon Dieu ! J'ai souvent essayé, sans succès. Dire « je n'aime plus le baba » ne sort pas. La phrase reste coincée dans ma gorge, comme un blasphème. Je mangeai le baba avec des airs gourmands et des soupirs de bonheur qui m'inspirèrent un dégoût sans borne pour moi-même, dont je fus un peu consolé par un bon sourire de ma grand-mère : mes efforts, au moins, n'étaient pas vains. Ils n'étaient pas non plus près de finir, car elle dit tendrement :

— Ah ! Riquet et son baba, c'est un spectacle !

À la maison, Jacqueline a une manière incomparable d'être à la fois chez elle et en visite. Cela tient à une façon de s'asseoir sur les fauteuils un peu plus droite que si le fauteuil lui appartenait, à s'arrêter de parler à la seconde où elle serait indiscrète, à demander la place d'un objet dont elle sait où il se trouve, à ne donner son avis qu'à la dernière extrémité et sous forme dubitative, à ne pas opposer son expérience à celle des autres, etc. Il y a vingt, trente impondérables de ce genre, dont l'ensemble produit une attitude si agréable que jamais je n'ai entendu personne se plaindre lorsqu'elle annonce sa venue. Avec cela prenant au besoin les choses en main, s'adressant à Sarita comme un colonel à un homme de troupe, commandant à tout sans en avoir l'air, retournant en quelques minutes les situations les plus chaotiques.

Pendant le dîner, elle me lança deux ou trois coups d'œil anxieux qui m'irritèrent car je déteste qu'on se fasse du souci pour moi. En outre, je ne comprenais pas pourquoi elle s'en faisait. J'étais comme je suis habituellement, quoique moins causant. Était-ce mon demi-mutisme qui l'inquiétait ? Il n'y avait vraiment pas de quoi. N'étant plus amoureux, je me sentais très léger. Ma tête n'était plus occupée par rien. Je songeais voluptueusement que j'avais fui le monde pendant cinq mois et que demain j'allais le retrouver, avec ses hasards, ses occasions, ses facilités, ses plaisirs. Je me taisais parce que je goûtais le bonheur d'être de nouveau seul. Ma grand-mère, étant une femme, ne pouvait sans doute pas entrer dans ces sortes d'idées, spécifiquement masculines, je crois.

En fait de malentendu, le baba suffisait pour la soirée. Or je voyais l'autre malentendu pointer. Il se précisa quand nous nous levâmes de table. Jacqueline exécuta un mouvement tournant afin de me coincer. Il était très facile de l'esquiver, et j'en eus fortement l'envie, mais je me dis qu'il y avait là une épreuve de force avec moi-même et que, si j'en sortais vainqueur, j'aurais accompli un grand pas vers je ne sais quoi. C'était tout à fait mystérieux. Je sentais que cette action insignifiante que je m'apprêtais à accomplir était celle dont j'avais justement besoin pour me guérir d'un tas de sottises enfantines, pour terminer la journée en beauté.

— Vous permettez ? dit Jacqueline. J'ai deux mots à dire à Riquetou. Tu veux bien, mon chéri ?

— Chéri de sa grand-mère..., persifla papa. Roman à épisodes ! Ne le dépravez pas trop quand même, belle-maman, ce n'est encore qu'un enfant !

— Est-il bête, dit Jacqueline en riant. Elle s'approcha de

moi et me prit la main dans sa menotte sèche. Une bouffée de parfum baudelairien corrompu, riche et triomphant m'enveloppa.

— Allez, maintenant, raconte-moi tout, dit-elle de la voix nette et brève de quelqu'un qui vient à votre secours.

Les grandes personnes ont vraiment des formules impossibles. Que répondre à une telle injonction ? Elle aurait coupé la chique à Cicéron et à Démosthène qui pourtant, à ce qu'on dit, étaient de sacrés bavards. Ah ! tu veux tout, ma vieille, pensai-je, eh bien ! tu vas l'avoir. En même temps j'étais touché qu'elle eût deviné, avec son amour, que j'avais vécu ce jour-là des événements un peu plus forts que de coutume. Le reste de la famille, tournoyant à des années-lumière de moi, ne s'était douté de rien. Je lui racontai Brigitte et Poirson, à peu près comme ci-dessus, quoique avec moins de détails, mais l'idée générale y était. Ce coup-ci, il n'y aurait pas de malentendu. Je ne laisserais pas Mémé me prendre pour un autre. Je commençai par m'étonner moi-même : je fis mon récit avec un certain ordre, sans frénésie, sans avoir envie de tout déballer à la fois, ce qui me fit penser que j'avais vieilli considérablement depuis la veille et me donna de l'espoir pour la suite de ma vie. Je ne mettais pas toute mon attention et toute mon énergie dans mes paroles, comme d'ordinaire ; il m'en restait un peu pour regarder la personne qui m'écoutait et suivre sur son visage l'effet de mon histoire. Je constatais avec satisfaction qu'à mesure que je parlais elle quittait sa mine de saint-bernard cherchant un alpiniste sous la neige. Il lui arriva même de rire, singulièrement à l'évocation de Mme Rabattu, et de si bon cœur que ses colliers résonnèrent comme les clarines d'un troupeau de vaches en pleine transhumance.

— Riri, alors là, bravo ! me dit-elle en m'enveloppant d'un regard si gentil et si admiratif que je l'aurais embrassée, la chère vieille évaporée. Je me souvins à temps que ses baisers laissaient des traînées de rouge affreusement tenaces. Ce barbouillage aurait fourni à mon père quelques sarcasmes qui m'accablèrent d'avance.

— Écoute, Jacqueline, dis-je en me lançant les yeux fermés dans l'aventure, puisque je te raconte tout, je voudrais que tu saches encore quelque chose que je n'ai jamais osé t'avouer. Jure-moi que tu ne le prendras pas mal.

— Qu'est-ce qui pourrait me fâcher, venant de mon Riquet ? dit ma grand-mère. C'est si grave que ça ?

— Oui, dis-je. Très grave. Je n'aime plus le baba. Allez, c'est dit. Merde !

— Seigneur ! s'écria-t-elle en éclatant de rire. Il y a longtemps que tu ne l'aimes plus ?

— Deux ans au moins, sinon trois.

— Et tu en as mangé plus de cinquante pour me faire plaisir ! dit-elle. Quel chou ! Quel ange ! Ce soir encore... Viens, penche-toi, que je te fasse la bise. On n'a pas idée d'être grand comme ça.

Comment me souviens-je de tous ces minuscules épisodes ? Je les avais réellement oubliés. Je suis même certain de rendre notre dialogue avec exactitude. En écrivant, j'ai dans les oreilles la voix haut perchée, coupée de roucoulements, de Jacqueline, je sens sur la joue le chatouillement de ses faux cils.

XXIV

Je me demande si j'aurai encore le courage d'ouvrir *Brulard*. Peut-être à quarante ans, quand je serai vieux. Tout me fait mal dans ce livre. Je l'ai lu dans les mêmes sentiments que Julien le *Mémorial de Sainte-Hélène*. L'enfance, la jeunesse de Stendhal ne sont pas celles que j'aurais désirées particulièrement pour moi ; mais le moment et le pays où elles se sont déroulées me désespèrent. En a-t-il eu de la chance, celui-là, de naître en France quatorze ans après Bonaparte ! La fin du bouquin, surtout, est poignante. Stendhal y a l'âge que j'avais en terminale, dans ce lycée sinistre où j'ai passé dix ans de ma vie. Il écrit : « J'étais absolument ivre, fou de bonheur et de joie. » Mon Dieu, je le comprends ! Il est à cheval, il a deux pistolets dans ses fontes et il s'apprête à passer les Alpes. Son Barragaud s'appelle le capitaine Burelviller, « grand homme blond entre deux âges, maigre et d'un aspect narquois et fripon ». Costume : habit bleu, boutons et épaulettes d'argent. C'est autre chose que le cache-nez et le pantalon en tire-bouchon de Jean-Loup. Moi aussi, à cheval, en compagnie de ce soudard, avec le Premier

Consul m'attendant à Milan, j'aurais été absolument ivre et fou de bonheur.

La vie était-elle plus claire et plus simple en 1800 qu'en 1974 ? Il me semble qu'alors tout était transparent. À présent, on ne sait jamais ce qu'il faut faire, ce qu'il faut penser, on est pris dans un fourmillement de gens, d'événements, de sentiments, de lois, de minuties. Mais peut-être que je suis le jouet d'une illusion, que le présent est toujours incompréhensible, instable, confus, plein de faux-semblants et de pistes qui ne mènent nulle part, tandis que le passé n'est clair que parce qu'il est immobile, et simple parce que le temps a effacé les détails.

Il n'en reste pas moins qu'à dix-sept ans l'autre Henri est sur un grand cheval, qu'il a un sabre bien coupant, bien affûté à la ceinture, que sa main droite, instinctivement, se referme sur la poignée du sabre quand il croit qu'on se moque de lui. Bref, il a des émotions d'homme. En 1800, deux cent mille petits Français de dix-sept ans avaient des émotions d'homme, que leur fournissait le grand maître d'école de la République. Ils apprenaient Marengo et Rivoli sur le tas, pas dans un manuel d'histoire concocté par un collègue de Barragaud. L'Henri qui écrit ceci, à dix-sept ans, était assis derrière un pupitre ; il passait le bac en compagnie des deux cent mille petits Français du même âge, avec des trouilles déshonorantes de moutard qui ne veut pas redoubler. Voilà une différence, quand même, entre le passé et le présent.

J'en vois une autre. En 1800, la France était une idée neuve. Aujourd'hui, c'est une vieille idée, tellement rabâchée que personne n'aurait la lubie de mourir pour elle : cela ferait rigoler. Les idées neuves sont l'U.R.S.S., l'Amérique, la Chine. Je ne sais pourquoi, il me semble que la France était plus amusante. J'ai tort, sûrement. En 1800, l'idée France devait paraître aux Autrichiens, aux Anglais, aux Russes aussi ennuyeuse qu'à moi l'idée U.R.S.S. ou l'idée Amérique.

J'ai un peu réfléchi sur Mai 68, qui est notre prise de la Bastille. Le seul côté estimable de la chose est celui dont on n'a pas parlé : à savoir que c'était une révolte des enfants français contre l'état d'enfance dans lequel le monde les tient emprisonnés. Ils ont eu envie de se faire tuer comme des hommes. Mais la société actuelle, qui ne veut pas d'hommes, a été plus maligne qu'eux : elle n'a tué personne. Mai 68 ou le triomphe de Crainquebille. Il s'égosille à crier « Mort aux vaches ! » ou « C.R.S., S.S. ! » Les flics lui tapent gentiment sur l'épaule et lui disent d'aller cuver son vin ailleurs. Quelle honte ! Je ne comprends pas que les grandes personnes aient gardé un mauvais souvenir de ce chahut de potaches. C'est elles qui en sont sorties victorieuses, et nous autres, « les jeunes », encore plus infantiles qu'avant.

Allez, basta ! Voilà que je tombe dans le travers que j'ai toujours pris soin d'éviter : être solidaire d'une collectivité. Qu'est-ce que ça peut me fiche que Mai 68 ait été réussi ou raté ? Mon affaire est de réussir égoïstement la vie d'Henri Chédeville. Ce sera plus difficile qu'à Henri Brulard de réussir la vie de Stendhal, ne serait-ce que parce que les chevaux et les sabres ont disparu, et que ce sont là deux auxiliaires précieux de la réussite individuelle. Il ne reste que le stylo. Cela va moins vite que le cheval et coupe moins bien que le sabre, mais on va quand même quelque part avec ce petit instrument.

Ici, à l'hôtel Pitre, je suis heureux comme je ne l'ai jamais été. J'y ai le bonheur de Fabrice dans la tour de Parme, d'où il pouvait contempler Clélia quelques minutes par jour. Comme Fabrice, je ne désire rien d'autre que d'y rester. Ma Clélia, c'est ce cahier à reliure spirale où je trace ceci, plus deux autres cahiers semblables, qui font presque trois cents pages d'écrit. Je les ai remplis en deux mois et dix-huit jours. Voyant sur mon calendrier que nous sommes à la fin mars, je n'en crois pas mes yeux. Pour la première fois de ma vie, je n'ai pas senti le temps couler. Il a passé comme un éclair. En même temps le début de janvier, époque où j'ai écrit : « Ce matin, je suis monté au Sacré-Cœur de Montmartre... », me paraît aussi lointain que le règne de Charlemagne. J'ai réussi un exploit qui me semblait impossible quand je lisais si joyeusement Schopenhauer : faire des semaines longues avec des heures courtes.

Autre découverte, non moins charmante : lorsqu'on crée quelque chose (car ceci est une création : je l'ai tiré entièrement de moi, de ma vie, c'est-à-dire de rien), on dépense très peu. Ma chambre me coûte vingt-huit francs par jour. Je me nourris de croque-monsieur et de hot-dogs comme une dactylo, je ne bois que de l'eau et du café. Avec mes huit mille francs d'économies à la Caisse d'Épargne, et les mille francs de papa, je peux tenir facilement jusqu'au mois de mai. En juin, n'étant pas étudiant (et fier de ne pas l'être), donc ne bénéficiant pas d'un sursis, je serai appelé sous les drapeaux (quelle jolie expression !). À partir de là, plus de souci à se faire pour la subsistance. Comme dit Stendhal à la fin de *Brulard* : « [...] je vais voir le monde, devenir un brave militaire, et après un an ou deux je reviens à la musique, mes uniques amours. » Il ajoute : « Je me disais ces paroles emphatiques. »

Moi aussi, je voudrais bien me dire des paroles emphatiques. Hélas ! ni l'époque ni ma situation ne s'y prêtent. Il faut des époques héroïques qui vous mettent dans des situations héroïques. Dans ces moments-là, on peut déclamer n'importe quelle ânerie : tout est beau, tout est romain. Aujourd'hui, c'est plutôt la dérision qui est à la mode. On ne fait de l'emphase qu'avec les accidents de bagnole. Je sais d'avance que le service militaire ne me transformera pas en brave soldat, et qu'en fait de voir le monde je verrai surtout la caserne, mais peu importe, ce sera du nouveau. Si décriée que soit la caserne, cela ne peut pas être pire que ce que j'ai connu dans le XVIe arrondissement. Si salauds que soient les gradés, ils ne le sont pas autant que Jean-Loup, ou ils le sont plus naïvement, ce qui sera déjà quelque chose.

Les jours où je vais dîner dans ma famille (quand une semaine de crêpes bretonnes, d'œufs au plat-jambon et de crème de gruyère m'a trop affamé !), j'ai des moments de vraie jubilation en évoquant le service militaire. La tête de papa, en particulier, est à peindre. C'est le seul sujet, à ma connaissance, qui lui coupe le persiflage. Il me regarde avec des yeux égarés, ma foi ! Je m'attends à ce qu'un jour maman essuie une larme. On dirait que je m'apprête à risquer ma vie, à entrer au bagne. Lionel, en grandissant, a attrapé le genre révolutionnaire, ce qui n'est pas pour m'étonner ; il me dévisage avec un rictus de mépris. Mon grand-père Robert n'avait pas tort de fonder de grands espoirs sur ce jeune homme moderne. Il tourne très bien. Il a eu deux chtouilles, brevet indiscutable de maturité, puis est entré à H.E.C., dont il sortira avec un diplôme, ce qui est bien doux pour des parents. Je prévois que sous peu on me le donnera en exemple. Grand-papa, qui est aussi rouge que lui, le prendra dans ses affaires, et ces deux républicains farouches gagneront beaucoup de sous, l'un montrant à l'autre les canailleries qu'il n'a pas devinées d'instinct.

Nous ne sommes que quatre à table car Ségolaine a émigré en Corrèze, avec une demi-douzaine de ses amis. Elle mène là-bas une existence extrêmement écologique dans une masure à demi ruinée, située sur un plateau balayé par le vent. La communauté possède un clebs, deux biques que ma sœur a appris à traire, et de nombreuses poules qui fientent écologiquement dans la baraque. D'après les rares messages de Ségolaine, que la poste finit par nous remettre, il paraît qu'elle trouve à puiser de l'eau à la pompe, à s'éclairer à la chandelle, à avoir des engelures jusqu'au mois de mai, à manger du pain rassis (on ne va à la ville que tous les quinze jours) une félicité incompréhensible aux citadins. Selon son expression, c'est « la vraie vie ».

La seule personne que je voie avec plaisir au sein de ma famille est celle qui n'en fait pas partie : Sarita la bonne. Elle m'accueille avec des transports, des rires, des baisers mouillés, des « Enriquito » criés à tue-tête. En mon honneur, elle cuisine des paellas énormes (son chef-d'œuvre) dont je me bourre, quoique étant assez blasé sur ce plat dont elle nous a gratifiés plus souvent que nous n'aurions désiré depuis qu'elle est à notre service.

Digression sur la paella : lorsque mes parents embauchèrent Sarita, en 1963 ou 64, ils furent émerveillés par cette espèce de ragoût marin, qui leur parut le comble de l'exotisme chic ; ils invitaient leurs amis à venir « manger une paella », ajoutant avec des mines gourmandes la phrase rituelle : « Elle la réussit très bien. » (Le pronom « elle », sans autre précision, signifie invariablement « la bonne » en langage bourgeois.) Moi qui n'avais pas les yeux dans ma poche, je ne manquais pas de surprendre l'air embêté des gens à qui l'on proposait cette gâterie majeure. C'est qu'ils avaient eux aussi des servantes espagnoles, qui les gorgeaient de paellas, les malheureux, et qu'ils étaient écœurés d'avance à la perspective d'en endurer une qui n'était pas obligatoire. La paella, en quelques années, est devenue le cauchemar de la bourgeoisie parisienne ; elle y est condamnée tant que les populations ibères lui fourniront des employées de maison (aussi nommées « aides familiales »). Elle ne pourrait y échapper qu'en prohibant cette tambouille de *tra los montes,* terrible décision à prendre, car la bonne, atteinte dans son honneur national, rendrait peut-être son tablier, ce qui serait un drame bien pire que de mastiquer des moules sèches et des langoustines calcinées dans du riz pâteux.

L'hôtel Pitre, établissement exceptionnellement sordide, a déteint sur moi, je pense. À passer mes journées dans une chambre tendue de papier à fleurs égayé par des ronds d'humidité, assis à une table de pitchpin, vêtu de deux pulls troués et d'un pantalon de velours usé, j'ai fini par prendre l'air pauvre. Le mimétisme doit être une chose toute naturelle. Je ne me rends compte de ma déchéance que chez mes parents où, indiscutablement, je détonne. Nul n'y fait allusion, bien entendu. D'ailleurs peut-être qu'on ne s'en aperçoit pas, que l'on se félicite que j'aie enfin adopté l'uniforme de la jeunesse pensante. Mais Sarita ne s'y trompe pas. Je le lis sur son gros visage, son gros nez, ses gros sourcils, ses grosses joues. Tout cela, quand elle m'ouvre la porte, se déplace légèrement pendant une demi-seconde dans le sens de la réprobation. Elle est choquée que le fils de la maison, le jeune seigneur, se dégrade de la sorte, elle blâme secrètement mon nouveau genre.

Une demi-seconde, dis-je. Pas davantage. L'amitié de Sarita revient au galop : elle s'illumine de compassion, de connivence. Il est convenu tacitement que, quand je viens, je lui apporte mon linge sale (on salit beaucoup lorsqu'on est jeune, mais un peu moins si l'on est pauvre parce qu'on change moins souvent de chaussettes !). Elle s'empare avidement du sac en plastique contenant mes hardes, le serre sur son cœur comme un trésor et court le déverser dans la machine à laver. Ma mère, qui a surpris ce trafic, en manifeste quelque dépit. En effet Sarita fait passer mes affaires en priorité ; à cause de moi, le blanchissage de la maison souffre de retards insupportables. On m'adresse des remarques piquantes comme quoi, si je n'avais pas de chemises à nettoyer, on ne me verrait jamais. Je proteste poliment, encore que cela soit vrai à cinquante pour cent. Voilà encore une inconséquence des grandes personnes. Si je faisais des études, je logerais chez mes parents. Dieu sait jusqu'à quand cela durerait. Ils m'auraient sur les bras pour six ou sept ans encore, supportant tout mon entretien, et même me fournissant de l'argent de poche. Or je ne leur coûte pas un sou. Je ne demande qu'un repas par semaine et le lavage d'un peu de linge. C'est encore trop ; lorsque je repars en emportant le sac de linge propre, remis pieusement par Sarita, je perçois une ration supplémentaire de petites aigreurs. Tout adulte, quel qu'il soit, a le complexe du millionnaire, qui gaspille sans sourciller des fortunes, mais fait la tête pendant trois heures s'il perd deux francs aux cartes. Sarita n'est pas épargnée dans l'affaire du linge sale. Elle aussi a droit à des picoteries. Elle les écoute avec un sourire radieux. Je la soupçonne, depuis le temps qu'elle est en France, de comprendre les moindres nuances de notre langue et de donner habilement le change par son baragouin, qui ne s'est pas amélioré, en sorte qu'on ne sait jamais à quoi s'en tenir avec elle.

En partant, je n'emporte pas seulement mon sac de linge. Sarita me couvre de victuailles. Tantôt c'est un quatre-quarts fait à la graisse de quelque animal inconnu sous nos climats, et qu'il faut avoir mon appétit pour absorber, tantôt ces biscuits de fer qui sont sa spécialité, ou encore un *chorizo* entier arrivé droit de Cadix et qui vous met la bouche en feu. Une fois j'ai eu l'émerveillement de découvrir sous mes caleçons, bien enveloppé dans son papier d'aluminium, un poulet froid.

Assez avec mes parents ! Assez avec le XVIe arrondissement ! Assez avec ma jeunesse ! Je n'ai que trop parlé de cela. M'en suis-je débarrassé, au moins ? C'était une partie des choses que je désirais lorsque j'ai commencé d'écrire. Ah ! je ne suis pas de ces gens qui pleurnichent indéfiniment sur leur enfance et leur adolescence, moi, qui disent en frémissant que c'était les plus belles années de leur vie, expression qui, du reste, m'a toujours fait rire, qui que ce soit qui la prononce, et dans quelque situation. Les plus belles années d'une vie sont celles qu'on ne connaît pas, qui arrivent, qu'on va vivre, pendant lesquelles on subira des métamorphoses dont on n'a pas idée, jusqu'à la grande métamorphose finale, aussi intéressante et désirable que les autres, à mon avis. Mes parents ont tort de me quereller sur mon linge sale. Sans cette petite obligation de le livrer à Sarita, je ne les verrais peut-être plus jamais. Suis-je un monstre ? De temps en temps j'ai envie de quitter mes souvenirs comme on plaque une femme, brutalement, définitivement, pour penser à autre chose, pour faire autre chose, pour retrouver le monde, devant lequel cette personne était placée comme un écran. Je ne veux pas devenir un homme nouveau (l'ancien me va très bien). Je veux secouer le passé. Je veux *rompre*.

La « vraie vie » n'est pas d'aller s'enterrer en Corrèze avec des imbéciles. C'est de voyager. Mais voyager comme autrefois, quand on restait parti dix ans ou trente ans, faute de moyens de transport pour revenir. Adieu, jeunesse ! Bon vent ! Peu s'en faut que je ne pleure d'attendrissement en lisant ceci dans *Brulard* : « Je ne sens pas du tout le charme de ma patrie, j'ai pour le lieu où je suis né une répugnance qui va jusqu'au dégoût physique (le mal de mer). » Cher H.B. ! Je suis content qu'il ait écrit cela. Le XVIe arrondissement m'est aussi pénible qu'à lui le Dauphiné. Sans lui, je n'aurais pas osé le dire.

Mon ouvrage ne serait pas complet (enfin, complet pour moi) si je ne notais pas que de janvier à fin mars, c'est-à-dire à aujourd'hui, je me suis strictement conformé au principe de Balzac. Je n'ai pas touché une femme. Rien. Pas même un bécot. Mieux : cela ne m'a pas coûté. Je n'avais pas seulement la tête ailleurs : le corps aussi. J'ai gardé toute mon énergie (influx vital) pour écrire. J'ai bu beaucoup de café. Je ne suis pas fatigué le moins du monde, quoique n'ayant dormi en moyenne que cinq ou six heures par nuit. Les idées me réveillaient dans le noir.

La composition
et l'impression de ce livre ont été effectuées
par l'Imprimerie Hérissey à Évreux
pour les Éditions Flammarion

Achevé d'imprimer en décembre 1982
N° d'édition 9691. N° d'impression 30727
Dépôt légal janvier 1983